KB058647

불곰의
왕초보
주식투자

불곰의 왕초보 주식투자

1판 1쇄 발행 2019년 5월 30일
1판 5쇄 발행 2021년 3월 2일

지은이 불곰, 박선목, 박종관

발행인 양원석
편집장 정효진
책임편집 차지혜
디자인 표지 지현정, 본문 허선희
일러스트 김영진
영업마케팅 양정길, 강효경

펴낸 곳 ㈜알에이치코리아
주소 서울시 금천구 가산디지털2로 53, 20층(가산동, 한라시그마밸리)
편집문의 02-6443-8862 **도서문의** 02-6443-8800
홈페이지 http://rhk.co.kr
등록 2004년 1월 15일 제2-3726호

ISBN 978-89-255-6672-6 (03320)

불곰의 왕초보 주식투자

불곰, 박선목, 박종관 지음

RHK
알에이치코리아

성공적인 주식투자를 위해 반드시 알아야 할 5가지 핵심

핵심 1 주식투자를 시작한 당신은 회사의 작은 오너

주식회사의 주식을 산다는 것은 그 회사의 주주가 된다는 뜻이고, 주주가 된다는 것은 회사의 주인이 된다는 뜻입니다. 당신이 어느 회사의 주식을 0.001% 가지고 있다면, 0.001%의 권리를 가지고 있는 작은 '오너owner'입니다. 따라서 주식투자를 할 때의 마음가짐은 '투자할 회사의 사업에 참여하는 동업자'여야 합니다. 이러한 마음으로 주식투자를 해야 회사, 아이템, 사업 방향에 대한 관심이 쌓이고 이해도가 높아져 신중한 선택이 가능합니다. 바로 이것이 성공하는 주식투자의 시작점입니다.

핵심 2 소문과 루머에서 자유로운 '홀로서기'를 반드시!

소문과 루머만으로 주식투자를 결정하면 결국 깡통을 차게 된다는 것은 누구나 아는 상식이지만, 여전히 대부분의 투자자들은 소문과 루머를 좇아 투자합니다. 친구나 지인, 주변인의 정보를 소문과 루머가 아닌 '고급 정보'로 인식하는 오류 때문입니다. 하지만 투자 정보를 수집할 때 가장 경계해야 할 대상이 바로 주변인과 내부자의 정보입니다. 물론 옳은 정보일 가능성도 있지만 이에 의존하다 보면 회사의 가치와는 무관한 '묻지마 투자'를 하게 됩니다. 스스로 기업의 가치를 철저히 평가하고 투자하는 홀로서기 방식을 선택해야 소문과 루머에서 자유로울 수 있습니다.

핵심 3 주가는 상승과 하락을 반복한다는 걸 기억하기

주가는 오르기도 하고 떨어지기도 하는 것이 당연한 흐름입니다. 주가가 올랐다고 해서 반드시 회사의 펀더멘털(근본 · 본질 · 핵심)fundamental이 좋아진 것도, 떨어졌다고 해서 나빠진 것도 아닙니다. 회사의 펀더멘털에 문제가 없고 가치가 그대로인데 주가가 계속 하락한다면, 오히려 투자 매력도는 높아진 상황입니다. 주가가 떨어졌다는 이유만으로 해당 주식을 팔거나, 주가가 올랐다는 이유만으로 살 필요는 없습니다.

하지만 대부분의 투자자들은 '주식은 오를 때 사고 떨어질 때 팔아라'라는 잘못된 투자 격언을 맹신합니다. 예를 들어, 자신이 매수한 가격보다 3~5% 하락하면 바로 팔아버리는 편이 더 큰 손실을 막을 수 있으리라 착각하는 경향이 있습니다. 이는 회사의 본질적인 가치는 평가하지 않는 주먹구구식 투자 방식입니다. 투자자에게 중요한 사항은 언제든 잠깐씩 오르내릴 수 있는 주가보다 자신이 투자할 회사의 가치를 정확하게 파악하는 것입니다.

핵심 4 절대 기술적 분석을 맹신하지 말 것

주식투자를 처음 시작하는 많은 이들이 중요한 매수 포인트와 매도 포인트를 잡아내기 위해 경제TV, 인터넷 사이트 등의 그래프 분석에 매진하고는 합니다. 오로지 그래프만 보고 매수 포인트와 매도 포인트를 잡아 투자하는 방식을 기술적 분석•이라 하는데, 이는 현재 개미 투자자들만 사용하는 이상하고 그릇된 투자법입니다.

기술적 분석으로 주가를 예측하는 것은 불가능합니다. 증권사 애널리스트가 발표하는 종목 리포트만 보더라도 기술적 분석을 통해 매수 의견이나 매도 의견을 제시하지 않습니다. 애널리스트들 또한 기술적 분석으로 미래의 주가를 예측하는 일이 불가능하다는 사실을 알고 있기 때문입니다. 그럴 듯해 보이지만 기술적 분석은 선량한 투자자들을 현혹하고 판단을 흐리게 하는 사술詐術이자, 개미 투자자들만 관심을 기울이는 잘못된 투자법입니다.

• 본서 51~61p 참고

핵심 5 종합적 분석을 통한 진정한 가치투자법을 익혀라

이 책은 성공적인 주식투자를 위해서, 여러분이 평생 활용할 수 있는 진정한 가치투자법을 전수하고자 합니다. 가치투자를 하기 위해서는 투자할 회사의 과거, 현재, 미래의 가치를 평가할 수 있는 능력을 갖춰야 합니다. 과거 가치는 과거의 공시, 뉴스 등을 통해 매출과 이익 등이 어떻게 성장해왔는지 파악하고 회사의 발자취를 학습하는 것입니다. 현재 가치란 회사의 재무제표 등을 분석하고 우량주 여부를 참고해서 현재의 주가가 고평가된 것인지 또는 저평가된 것인지 판단하는 것을 말합니다. 미래 가치는 회사가 주력하는 아이템을 두고 경쟁사를 비롯한 관련 산업계 정보 등을 비교·분석해 미래 성장성을 예측하는 것입니다. 이처럼 과거·현재·미래 가치를 종합적으로 분석해 투자가치가 있는지를 판단해야 진정한 가치투자를 시작할 수 있습니다.

유일하게 남은 방법

누구나 자본, 돈에게 구애 받지 않는 '경제적 자유'를 꿈꿉니다. 현대 자본주의 사회에서 경제적 자유를 누리지 못하는 대부분의 사람들은 매일 '가지지 못했던, 가지지 못한, 가지지 못할' 자본에 대해 상상합니다. 개인마다 액수는 다르겠지만 '만약 얼마가 있다면 무엇을 하겠다'라는 상상의 날개를 일상생활 중에서도 습관처럼 펼칩니다.

경제적 자유, 어떻게 해야 가능할까요?

크게 보면 두 가지 방법이 존재합니다. 하나는 돈에 대한 욕심 자체를 없애는 것, 다른 하나는 돈을 많이 벌어서 경제적 자유를 쟁취하는 것입니다. 지금 이 책을 읽고 있는 당신이 전자가 가능한 사람이라면, 축하합니다. 불행히도 사람이란 어느 정도 욕심을 억누를 수는 있지만 아예 없애버리기란 굉장히 어려운 본능을 가진 동물입니다. '돈에 대한 욕구를 없앤다'는 거의 모든 이들에게 불가능한 가정이므로 99% 이상의 이들에게는 후자가 그나마 쉬운 방법입니다.

돈을 많이 벌어서 경제적 자유를 얻는 방법으로는 재산 상속, 결혼, 도박, 고액 연봉·사업, 재테크 등이 있습니다.

우선 첫 번째, 재산 상속. 조부모님이나 부모님이 부자이고 당신이 재산을 상속 받기로 예정돼 있다면, 이 부분은 태생부터 결정된 운명이므로 별도의 언급 없이 넘어가도록 하겠습니다.

두 번째, 결혼. 부자와의 결혼은 오로지 태생에 따라서만 결정되는 일은 아니지만, 쉽게 이룰 수 있는 일도 아닙니다. 부자는 부자와 결혼하는 경우가 대다수인 현실 속에서 당신이 우연히 사랑하게 된 이가 부자였고 그 상대와 결혼했다면, 축하합니다. 하지만 부자를 찾아 결혼하는 쪽보다 진정한 사랑을 찾아 결혼하는 편이 훨씬 더 현명한 선택입니다. 인생에 있어 돈은 굉장히 중요한 요소지만 사랑을 넘어설 수는 없습니다.

세 번째, 도박. 기적이 일어나 도박으로 부자가 된 사람들도 소수지만 존재하며, 매주마다 로또에 당첨된 행운아도 등장하고 있습니다. 이는 너무 희박한 확률이며 학습할 수 있는 부분이 아니기에 역시 넘어가겠습니다.

네 번째, 고액 연봉자 되기 혹은 사업으로 성공하기. 확률이 매우 낮긴 하지만 본인이 노력한다면 충분히 가능하며, 지금까지 언급한 것 중 가장 '제대로 된' 방법입니다. 하지만 여러분에게 현재의 생업을 버리고 고액 연봉을 주는 직업을 구하거나 새로운 사업을 시작하라고 권할 수는 없습니다. 경제적 자유를 얻기 위해 지금껏 살아온 인생을 뒤엎으라는 발언은 너무 무책임한데다 앞서 말한 세 가지 방법만큼이나 비현실적입니다.

마지막으로, 재테크가 남았습니다. 태생과 관계없이 후천적으로 배울 수 있고, 제대로 공부한 이후 어느 정도의 운이 따라준다면 돈을 벌 가능성도 높으며, 본업에 충실하면서 투자 활동을 이어가는 일도 가능합니다. 이 중 가장 현실적인 해결방안입니다.

현재 대한민국에 자리 잡은 재테크는 주식투자와 부동산입니다. 투자자 입장에서 주식투자가 부동산보다 유리한 장점이 크게 세 가지 있습니다.

첫 번째, 주식투자는 부동산과 달리 높은 양도소득세가 부과되지 않습니다. 세금을 덜 낸다는 것은 그만큼 돈을 더 번다는 말과 같습니다.

두 번째, 적은 돈으로도 시작할 수 있습니다. 간혹 부동산도 소액으로 투자할 수 있다고는 하지만, 결코 쉽지 않은 일이며 매물을 찾아 발품을 팔아야 하므로 시간도 오래 걸립니다. 이러한 '소액 투자 부동산'보다 더 적은 돈으로도 가능한 주식투자는 컴퓨터 앞에 앉는 순간 바로 시작할 수 있어 시간적 제약도 없습니다.

세 번째, 유동성이 높습니다. 부동산은 세금을 덜 내기 위해서 오랫동안 가지고만 있는 경우도 있고, 손해를 보면서까지 팔고자 해도 팔리지 않는 경우도 허다합니다. 반면, 주식은 즉시 사고팔 수 있습니다.

이러한 주식투자의 세 가지 장점은 투자자 입장에서 절대로 무시할 수 없고, 무시해서도 안 되는 강력한 요소들입니다. 주식투자야말로 경제적 자유를 꿈꾸는 당신을 위한 최후의, 최적의 수단이라고 할 수 있습니다.

하지만 이 책을 다 읽고도 주식투자가 이해되지 않거나, 가치투자를 할 자신이 없다면 시작하지 않는 편을 추천합니다. 주식투자로 인생역전이라는 꿈 같은 일을 이룰 수 있지만, 이는 어디까지나 '제대로 한다'는 전제하에서

만 가능하기 때문입니다.

다시 말해 단순한 주식투자가 아닌, 제대로 공부하고 투자하는 주식투자만이 경제적 자유를 꿈꾸는 여러분과 저 같은 일반인들이 실행에 옮길 수 있는 유일한 방법입니다. '무엇'을 할지는 정해졌습니다. 이제 '어떻게' 할 수 있을지를 공부하고 실행하면 됩니다. 경제적 자유와 해방에 한발 더 가까이 다가간 것을 축하 드립니다.

CONTENTS

3부 절대 흔들리지 않는 주식투자 하기
: 기본적 분석의 모든 것

STEP 9 불곰의 투자 결정 6단계

실전 사례 학습

- STEP 1. 나는 주식투자에 적합한가?
- STEP 2. 주식이란 무엇인가?
- STEP 3. 주식회사, 상장회사, 주식시장
- STEP 4. 기술적 분석과 시황 분석

1부

주식투자 이해하기

일러두기

이 책에 나오는 모든 종목은 예시로 활용한 것뿐입니다. 투자가치와는 관련이 없습니다.

STEP 1

나는 주식투자에 적합한가?

주식투자, 왜 해야 하는가?

주식투자를 해야 하는 이유를 묻는다면 누구나 돈, 즉 '자본이득'이라고 답할 것입니다. 물론 잠재력을 갖춘 회사에 투자해 우수한 회사가 성장할 기회를 마련함으로써 국가 경제에 도움이 된다는 한층 대의적인 답변도 있겠지만, 투자자 개인의 입장에서 주식투자를 하는 가장 큰 이유가 '투자수익'이라는 사실은 변하지 않습니다.

투자수익, 돈이 더 필요한 이유를 굳이 설명할 필요는 없겠지만, 앞으로 인생에서 부족해질 돈이 얼마 정도인지는 알아둘 필요가 있습니다. 우선 자신의 자산 상태를 구체적으로 분석하고 계획을 세워봅시다.

연도	나이	예상 연봉	수익	필요 비용
2019				
2020				
2021				
2022				

위 도표의 왼쪽 칸부터 '연도', 해당 연도의 본인 '나이,' 주식투자를 제외한 예상 '연봉'과 '수익'을 적고, 마지막 칸에는 '필요 비용'을 적습니다. 필요 비용에는 최대한 많은 요소를 넣도록 하며, 어디까지나 목표 설정이므로 꼭 필요한 생활비뿐만 아니라 원하는 품목들도 전부 적습니다. 식비, 월세, 전기세, 수도세, 교육비, 교통비, 통신비(휴대전화, 인터넷, TV), 여행 자금, 도서 구입비, 결혼자금, 경조사비, 병원비, 보험료 등 최대한 많은 소모 비용을 포함시키세요.

당신이 필요로 하는 비용이 연봉과 수익으로 충족이 될까요? 거의 모든 이들의 예상 연봉과 수익이 필요 비용보다 적거나, 현재는 그럭저럭 괜찮은 수준이지만 부족해지는 연도가 있을 겁니다. 이는 지극히 정상적인 결과이며, 그래서 주식투자를 해야 합니다.

이는 부족한 금액을 해마다 주식투자로 벌어야 한다는 뜻이 아닙니다. 매해 부족한 금액을 주식투자로 메꾸면 자금 상태는 제자리를 맴돌게 되며, '밑 빠진 독'과 같은 상태가 될 수 있습니다. 우선 향후 몇 년간은 지출을 줄이거나 수입을 늘려 필요 비용을 주식투자로 보태야 합니다. 투자자금을 조금씩이라도 불려나가야 경제적 자유를

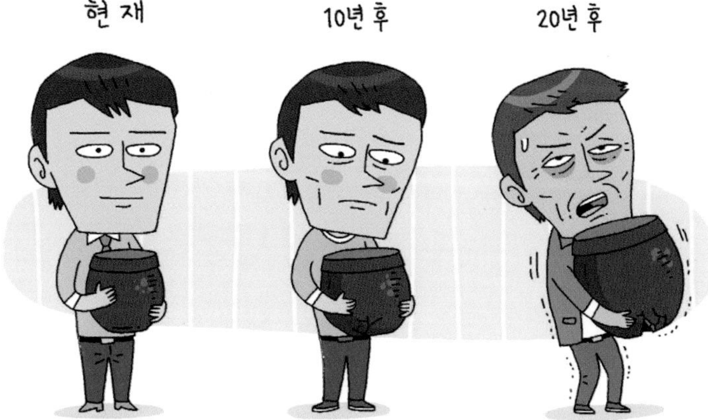

거머쥘 수 있습니다.

수익과 별개로 주식투자를 하는 또 다른 목적은 자신이 가진 자본을 보호하는 데 있습니다. 소비자물가가 꾸준히 상승하면서 시간이 지날수록 돈의 가치는 하락하고, 우리가 가진 자본의 가치는 지구온난화 수준으로 녹아 내리게 됩니다. 물론 경제 성장을 위해서 어느 정도의 물가 상승은 필수적이지만, 물가가 오르는 동시에 돈의 가치가 떨어지는 상황은 우리의 의사와 상관 없으며 우리가 바꿀 수 있는 문제도 아닙니다.

대다수의 독자들은 방금 자본 계획을 세우면서 필요 비용에 자신이 원하는 몇 가지 요소만 추가해도 자금이 부족해진다는 사실을 느꼈을 겁니다. 우리가 가진 돈의 가치는 점점 떨어지고 있는 추세여서,

이제 저축만으로 자본을 모으기는 부족합니다. 고금리 시대에도 적은 돈으로 저축만 해서 넉넉하게 산 사람은 많지 않았지만 지금은 저금리 시대입니다. 세계적인 투자 전문가 워런 버핏Warren Buffett은 심지어 예금이 가장 위험한 투자라고 경고하기도 했습니다. 투자를 하는 목적은 미래에 더 큰 구매력을 갖추는 데 있습니다. 이제 예금으로 받는 이자로는 물가 상승을 따라가지 못해, 저축은 더 이상 해답이 되지 못합니다. 돈을 더 버는 것 말고는 방법이 없으므로 주식투자를 시작해야 합니다.

주식투자 또한 돈을 잃을 위험이 있으며 결코 손쉬운 방법이라고 말할 순 없지만, 아무도 모르는 비밀이나 선천적으로 타고나야 하는 능력이 필요하지 않습니다. 잘 배우고, 배운 대로 실행하고, 운이 따르면 충분히 승산이 있습니다.

주식 투자자 중에는 관련 지식을 제대로 알고 있는 사람보다 잘못 알고 있는 사람이 더 많습니다. 특히, 주식투자를 '투자'가 아닌 '투기'로 생각하는 사람들이 많으며, 이들의 특징은 단기투자를 한다는 점입니다. 코스피와 코스닥의 전체 데이트레이딩 중에서 95% 이상•이 개미 투자자입니다. 개미 투자자들이 돈을 잃게 되는 수많은 이유 중 한 가지가 여기에 있습니다.

용어

코스피 | 유가증권시장 상장기업의 전체 주가를 수치로 나타내는 종합주가지수를 말합니다. 주식시장의 흐름과 함께 총체적인 우리나라 경제 상황을 파악할 수 있는 중요한 지표입니다.

코스닥 | 1996년 7월 1일 개설된 우리나라의 장외거래 주식시장을 말합니다. 전자거래시스템을 통해 상장기업들의 주식이나 채권을 거래할 수 있으며, 주로 중소기업 및 벤처기업을 위한 주식시장입니다.

데이트레이딩 | 단기간 안에 주가, 거래량과 같은 기술적 지표를 사용해 시세 차익을 얻는 것을 목표로 하는 초단타매매 기법입니다.

개미 | 주식에 관한 전문 지식이 없는 일반적인 주식 투자자와 소액 투자자를 칭하는 투자 용어입니다. 이들 중에서 간혹 억대에 이르는 월등한 수익을 낼 경우 '슈퍼 개미'라고 칭하기도 합니다.

• 뉴시스, 2017년 10월 4일, "'수 천원짜리 주식에 건 대박의 꿈'...올 단타매매 96%는 개미"

주식투자를 잘못 배운 사람들이 더 많으니, 옳은 방법으로 투자하는 사람들보다 잘못된 방법으로 투자하는 사람들이 더 많습니다. 전자도 운이 없으면 돈을 잃을 수 있지만 후자의 경우 돈을 잃을 확률이 훨씬 커집니다. 반면, 제대로 배우면 실패할 확률이 확연히 줄어들며 매일같이 투자 현황에 신경 쓸 필요도 없습니다.

처음으로 돌아가 다시 질문하겠습니다. 주식투자, 왜 할까요?

돈을 벌려고, 벌 수 있어서, 그리고 '할 만해서' 합니다.

주식투자 시작하기 전 이것만은 숙지하기

주식투자를 할 때 다음의 세 가지를 반드시 숙지해야 합니다.

첫 번째, '돈을 잃을 수도 있다'는 사실을 꼭 기억해야 합니다. 주식투자자 중 약 95%가 손해를 보며, 그중에는 잘못된 방법으로 투자한 사람들도 많겠지만 제대로 가치투자를 한 사람들도 포함될 수 있습니다. 도박은 아니지만 주식투자도 어느 정도의 운은 필요하다는 뜻입니다. 저와 여러분이 손해를 보는 95%에 포함되지 않는다는 보장은 없습니다. 재무제표, 회사의 아이템, 시장이 다 좋은 상황이라 해도 운이 따라주지 않으면 돈을 잃기 마련입니다. 아무리 노력해도 어쩔 수 없는 요소들이 분명히 존재하며, 주식시장에서 '절대'란 없습니다. 그러므로 자신이 매수할 주식에 대한 견고한 믿음이 있더라도 여유자금으로만 투자해야 합니다.

두 번째, 인내심을 갖고 기다릴 줄 알아야 합니다. 짧은 시간에 적은 돈을 벌 수도, 긴 시간에 많은 돈을 벌 수도 있지만, 짧은 시간에 많은 돈을 벌 수는 없습니다. 오랫동안 여러 부류의 주식 투자자들을 지켜봤지만, 단기투자로 큰 돈을 버는 사람을 본 적은 없습니다. 설령 그런 사람이 있다고 하더라도, 방법, 수단, 실력, 노력의 문제가 아닌 그저 천운입니다. 올바른 방법의 주식투자도 운이 필요한데, 천운만을 노리고 투자할 수는 없습니다. 천운을 노리고 투자하는 순간부터 도박을 하는 것과 다름 없습니다.

단기투자와 장기투자 중에서 시간이 내 편이 되어주지 않는 단기투자 대신 장기투자를 선택해야 합니다. 어떤 결정을 내릴 때, 중요한 기준 중 하나는 '시간이 지나도 좋은 결정인가?'입니다. 인생에서 중요한 문제들은 항상 이 기준을 떠올리게 됩니다. 취업, 이직, 퇴사, 결혼, 사업처럼 투자도 마찬가지입니다.

사람은 시간을 이길 수 없으며, 돈까지 걸고 이길 수 없는 상대와 싸우는 것은 멍청한 일입니다. 시간이 지날수록 자신에게 유리해지는 선택을 해야 합니다. 종목을 고를 때도 마찬가지로, 단기적 이득보다 장기적으로 봤을 때 이득이어야 합니다. 단기투자와 달리 장기투자는 시간이 '내 편'이 되어줍니다.

시간을 기다리기 위해서는 100% 수익률을 내겠다는 마음가짐이 필요합니다. 이는 수익이 99%일 때는 팔지 말라거나 100%가 되면 무조건 팔아야 한다는 뜻이 아닙니다. 어쩔 수 없이 손절매하거나 수익 200%를 달성해도 팔지 않는 경우도 있습니다. 하지만 100% 수익률을 내겠다는 마음가짐이 있어야 종목에 대해서 자세히 연구하게 되고, 오랫동안 기다릴 수 있습니다. 단기투자처럼 목표 수익률이 3~5%밖에 되지 않는다면, 종목에 대한 연구 대신 온종일 그래프만 쳐다보게 됩니다.

용어

손절매 | 주가가 매수했을 때보다 떨어졌고, 지금보다 더 떨어질 것으로 예상해서 보유하고 있는 주식을 손해를 보면서라도 파는 것을 말합니다.

기다림을 자신과의 싸움이라고 생각하면서 최대한 스트레스를 받지 말고 여유롭게 생각하는 태도를 가져야 합니다. 무엇이든 과정 자체가 즐거워야 시간이 자기 편이 됩니다. 기다리는 것 외에 다른 방안이 없다면 오히려 기다림의 시간을 느긋하게 즐기길 바랍니다.

세 번째, 분산투자해야 합니다. 주식투자 자체가 위험성이 있기 때문에 최대한 안전하게 투자하는 방법을 택하도록 합니다. 첫 번째에서 이야기한 대로 여유자금으로만 투자하며, 그 여유자금도 분산해서 투자해야 합니다. 여유자금으로만 주식투자를 하는 방식이 투자자에게 여유와 안전성을 가져다 준다면, 분산투자는 그 안전성을 한층 더 높여줍니다. 제임스 토빈James Tobin의 "계란을 한 바구니에 담지 말라"라는 속담은 여전히 그리고 앞으로도 유효한 말입니다.

단, 무조건 종목 수만 늘리는 것은 옳지 않습니다. 분산투자란 최대한 많은 종목에 투자하라는 뜻이 아니며, 확신도 없는 다수의 종목들을 매수하는 방식은 분산투자가 아닙니다. 종목이 너무 많아지면 관리하기 힘들고 신경을 많이 써야 합니다. 우리에게는 선택과 집중이 필요합니다. 앞으로 배울 '불곰의 기본적 분석'•에 따라서 100% 확신이 서는 종목 수를 늘리되, 본인이 관리할 수 있는 만큼만 매수해야 합니다. 몇 종목에 투자해야 옳은지는 정확하게 규정할 수 없고 각자의 능력과 성향에 따라 다릅니다.

이 세 가지는 주식투자에 있어 기본 중의 기본으로 초보자부터 주식 상급자까지 모두 가지고 있어야 할 자세입니다. 이러한 마음가짐 없이 주식투자를 한다면, 돈을 잃을 확률도 크고 일상생활도 피폐해

• '3부. 절대 흔들리지 않는 주식투자 하기: 기본적 분석의 '모든 것' 참고

지기 마련입니다.

직접투자 vs 간접투자(펀드)

주식투자는 다른 누구도 아닌 본인이 '직접' 해야 합니다. 아무도 여러분들의 피 같은 돈을 지켜주지 않습니다. 주식투자에 대해서 여러분보다 더 '고수'는 있겠지만, 자신의 돈에 있어서는 자신이 최고의 고수입니다. 아니라면 지금부터라도 고수로 거듭나야 합니다.

누구나 주식투자에 관심이 생기면 자연스럽게 펀드를 알아보기 시작하는데 이는 어찌 보면 당연한 일입니다. 처음에는 주식투자 자체가 막막하기 때문에 전문 증권사가 더 많은 정보를 알고 있으리라는 막연한 믿음을 갖게 됩니다. 하지만 주식투자를 잘 모르겠다면 펀드에 가입하는 대신 잘 알게 될 때까지 제대로 공부해야 합니다. 주식투자가 이해되기 전까지는 투자를 안 하면 그만이고, 투자를 하지 않으면 돈을 잃지도 않습니다. 주식투자를 이해해도 돈을 잃는 경우가 있는데, 이해하지 못하면 당연히 돈을 잃습니다. '제대로' 잘 배워서 잃을 확률을 줄여가야 합니다. 일찌감치 주식투자 공부를 시작하는 건 괜찮지만, 무조건 주식투자부터 시작하는 건 좋지 않습니다.

주식투자가 뭔지도 모를 때 누군가 추천했던 주식이 지금 많이 올랐다고 후회할 필요는 없습니다. 그 주식은 본인과 인연이 없었던 주식이며, 크게 오를 주식은 앞으로도 많습니다. 주식투자는 평생 할 만한, 그리고 해야 되는 재테크입니다. 평생 할 재테크라면, 대충 공부해서 대충 투자하는 게 아닌 제대로 공부해서 제대로 투자해야 합니다. 다소 귀찮고 시간이 걸릴 수는 있겠지만, 펀드에 가입해서 내는 여러 수수료보다는 저렴한 대가일 겁니다.

직접 투자하기 위해서 이 책을 읽는 분이 대다수겠지만, 말 나온 김에 펀드에 대해서도 간략하게 알아둡시다. 일반적으로 펀드의 유형은 주식 투자 비중, 투자 지역, 투자 성향, 투자 방식을 기준으로 나눌 수 있습니다.

투자 비중 기준

| 주식형 펀드 | 운용자산의 60% 이상을 주식에 투자하는 펀드입니다. 다른 펀드들과 비교해 기대수익이 높지만 손실도 클 수 있어 고위험군에 속합니다.

| 채권형 펀드 | 운용자산의 60% 이상을 국공채, 회사채 등의 채권에 투자하는 펀드입니다. 저위험군에 속하지만 기대수익도 낮습니다.

| 혼합형 펀드 | 혼합형 펀드는 주식 혼합형과 채권 혼합형이 있습니다. 주식 혼합형은 운용자산의 50% 이상, 60% 미만을 주식 및 주식 관련 파생상품 등에 투자하는 펀드입니다. 채권 혼합형은 운용자산의 50% 미만을 주식 및 주식 관련 파생상품에 투자하고 나머지를 국공채, 회사채 등의 채권에 투자하는 펀드입니다.

투자 지역 기준

| 국내 펀드 | 국내 주식이나 채권 등에 투자하는 펀드입니다.

| 해외 펀드 | 원화로 해외 주식이나 채권 등에 투자하는 펀드입니다. 한번쯤 들어봤을 브릭스(브라질, 러시아, 인도, 중국)BRICs 펀드가 해외 펀드에 속합니다. 해외 자산에 투자하므로 환율이라는 변수를 고려해야 하며, 환율을 신경 쓰고 싶지 않다면 환헤지가 되어 있는 상품을 고르면 됩니다. 단, 해외 펀드에서 수익이 발생하면 세금을 내야 합니다.

용어

환헤지 | 환율 변동으로 인한 투자 위험성을 줄이기 위해 환율을 고정해두는 거래 방식입니다.

| 역외 펀드 | 해외 펀드처럼 해외 자산에 투자한다는 점은 동일하지만, 역외 펀드는 한국 통화가 아닌 외국 통화로 해외 자산에 투자한다는 차이점이 있습니다. 조세나 법적 규제를 피하기 위해 조세 피난지인 버뮤다, 키프로스와 같은 제 3국에서 만들어지는 경우가 많습니다. 외국 자산운용 회사가 해외에서 설립하고 운영하므로 국내법이 적용되지 않습니다.

투자 성향 기준

| 성장주 펀드 | 성장 잠재력이 있는 회사에 집중적으로 투자하는 펀드입니다.

| 가치주 펀드 | 기업의 실적에 비해서 주가가 낮은 주식에 투자하는 펀드입니다.

투자 방식 기준

| 거치식 펀드 | 목돈을 한번에 납입하는 방식입니다.

| 적립식 펀드 | 적립하듯이 정해진 기간마다 정해진 금액을 납입하는 방식입니다(ex: 매달 25일마다 10만원씩 납입).

| 임의식 펀드 | 처음에 투자금을 넣고 이후 자유롭게 납입하는 방식입니다.

이처럼 펀드의 종류는 다양하고 지금도 계속 새로운 펀드가 만들어지고 있습니다. 하지만 펀드는 구조상 개인 투자자에게 불리하다는 점을 기억해야 합니다.

운용사 입장에서는 개인 투자자의 수익이 최우선일 수 없습니다.

용어

VIP 고객 | 국민연금과 같이 큰 돈을 맡기는 고객을 말합니다.

먼저 자신과 고객을 데려오는 모집사의 몫을 챙겨야 합니다. 그다음 VIP 고객의 수익을 고려해야 하는데, VIP 고객이 자금을 빼버리면 펀드 매니저가 해고 당하기 때문입니다. 이렇게 개인 투자자는 수익 우선순위에서 최하위로 밀려나게 됩니다.

또한, 수익구조 자체도 문제가 있습니다. 운용사와 모집사에게 있어 펀드란 수수료로 돈을 버는 구조이므로, 수수료 중 하나인 운용보수를 높이기 위해서 매매 회전율을 높여야 합니다. 그 과정에서 운용사는 단타매매에 집중할 수밖에 없습니다(다시 한번 말하지만 단타매매는 잘못된 방법입니다). 펀드 매니저들이 명문대 출신, 고학력자, 엘리트라고 하더라도 펀드의 이러한 수익구조 자체를 바꿀 수는 없습니다.

용어

인덱스 펀드 | 펀드 수익률을 주식시장의 종합주가지수에 맞춰 놓은 형태의 펀드입니다.

여기까지 읽었다면 이런 질문이 떠오를 겁니다. '이러나 저러나 시장 평균치보다 더 벌면 되는 거 아닌가?(시장 평균치를 원한다면, 특별히 생각할 것 없이 인덱스 펀드에 가입하면 됩니다)' 2014년 11월 14일 한국경제에 의하면, 5년 내내 시장을 이긴 펀드는 10개뿐입니다.* 2016년 6월 14일 아시아경제에 의하면, 해당 연도 상반기에 시장을 이긴 운용사는 2곳밖에 없었습니다.** 2017년 7월 21일 한국경제에 의하면, 3년간 시장을 이긴 주식형 펀드는 451개 중 15개밖에 없었습니다.*** 펀드의 구조가 바뀌지 않는 이상 2019년에도, 앞으로도 이러

---

* 한국경제, 2014년 11월 14일, "5년 내내 시장 이긴 '우등생 펀드' 10개뿐"
** 아시아경제, 2016년 6월 14일, '올해 상반기 시장 이긴 펀드 운용사는 고작 2곳'
*** 한국경제, 2017년 7월 21일, '3년간 시장 이긴 주식형 펀드…451개 중 15개밖에 없었다'

한 사실은 바뀌지 않습니다.

펀드로 돈을 많이 벌 수 있다면, 신경을 쓰지 않아도 된다는 장점 때문에라도 저부터 가입했을 겁니다. 하지만 주식투자를 '조금 아는' 사람들이 펀드를 하지 않는 데는 다 이유가 있다는 것을 잊지 마십시오.

불곰's Tip

펀드와 종목

어느 펀드를 구성하고 있는 종목이 너무 마음에 들어서 그 펀드를 사고 싶은가요? 그렇다면, 펀드를 살 것이 아니라 그 종목을 직접 사는 편이 더 이득입니다.

STEP 2

주식이란 무엇인가?

주식의 의미

주식株式을 이해하기 위해서는 우선 주식회사가 무엇인지 알아야 합니다. 주식회사는 여러 명이 투자에 참여해 법적인 권리 능력을 부여 받은 법인法人, Legal Person입니다. 주식회사에 투자한 투자자들은 주식회사의 주인인 주주株主가 되며, 각자 투자한 만큼의 지분을 갖고 권리를 행사할 수 있습니다. 예를 들어, 한 주식회사가 사업 확장으로 큰 이익을 달성해 회사 주주들에게 배당금을 나눠준다면, 주주들은 각자 투자한 비율만큼 가져가게 됩니다. 이때 투자자들이 얼마나 투자를 했는지를 증빙하는 서류가 바로 주식입니다.

주식은 주권株券이라고도 하는데 '주식회사의 주식을 100% 가지고 있다'는 것은 주식 보유자가 주식회사의 완전한 주인이라는 뜻입니다. 그런데 회사가 투자를 받기 위해서 주식을 외부에 팔면, 기존 투자자의 보유 주식 비율은 줄어들게 됩니다. 이 순간부터 회사의 주인은 여러 명입니다.

회사의 주인이 여러 명이라고 하더라도 경영권을 완전히 장악하기 위해서는 '50% + 1주'를 보유해야 가능합니다. 이처럼 주식은 회사의 경영권과 불가분의 관계입니다.

결론적으로, 주식투자를 한다는 것은 투자한 비율만큼 회사의 주인이 되어 경영에 참여하고 배당을 청구할 수 있는 권리를 가진다는 뜻입니다.

궁극적으로 주식투자의 최대 목적은 회사가 성장하고 가치가 높아지면서 자신이 주식을 매수할 때의 가격보다 높은 가격에 매도하여 발생하는 투자수익(자본이득)Capital Gain을 얻는 것입니다.

불곰's Talk

그럼, 개인회사는 무엇인가요?

개인회사는 한 명의 개인이 소유 및 지배하는 회사입니다. 개인 사업자가 사업의 주체이고 사업의 결과에 대한 모든 성과와 책임은 개인에게 귀속됩니다. 개인회사에 투자를 한다는 것은 해당 사업체를 운영하는 개인에게 투자한다는 의미이므로 주식투자와는 관계가 없습니다.

주식의 종류

용어

상장기업 | 주식시장에 상장되어 있어서 주식 거래가 가능한 기업입니다.

주식은 크게 보통주와 우선주로 나뉩니다. 대부분의 주식회사들은 보통주만 발행하지만 일부 상장기업들은 우선주도 발행합니다.

보통주

대부분의 투자자들이 주식시장에서 거래하는 주식이 바로 보통주입니다. 주식회사가 일반적으로 발행하는 주식으로 주주의 권리인 경영참여와 이익배당권이 보장되며 회사 청산 시에는 잔여재산 분배권도 받습니다.

우선주

우선주는 보통주보다 배당금, 잔여재산 분배에 있어서 일정 비율을 더 받을 수 있는 우선권이 있지만 경영에 참여할 수 있는 의결권이 없는 주식입니다. 우선주도 주식시장에서 거래되는데 '삼성전자우,' '현대차우'처럼 종목명 뒤에 '우'가 표시됩니다. 대체적으로 우선주는 의결권이 없기 때문에 보통주보다 주가는 낮지만 배당은 높게 받습니다.

예를 들어 2017년 삼성전자의 현금 배당수익률은 보통주가 1.7%였고, 우선주는 2.1%였습니다. 같은 시기 현대자동차의 현금 배당수익률은 보통주가 2.0%, 우선주가 4.0%였습니다.

불곰's Tip

우선주를 발행하는 이유

기업 입장에서 봤을 때, 자금 조달을 위해 의결권이 있는 보통주를 지속적으로 발행하면 회사의 주인들 수도 계속 증가합니다. 이런 경우 기존 주주들이 보유한 주식의 주당 가치는 떨어지게 되는데, 우선주를 발행하면 이러한 문제가 발생하지 않습니다. 동시에 금융권 차입 같은 부채가 아닌 자본금의 개념으로, 부담 없는 자금 조달이 가능합니다. 투자자 입장에서 보면, 우선주 투자는 경영권 참여보다 배당금 투자에 관심이 많은 투자자들에게 적합합니다.

주식의 액면가

용어

통일주권 | 증권법으로 규정되어 있는 통일된 규격으로 만든 주권(주식)을 말합니다.

회사가 주식시장에 상장하기 위해서는 통일주권 형식으로 실물주권을 발행해야 합니다. 이때 한 주당 가격을 주권에 적는데 이를 '액면가'라고 하며, 주식의 발행 가격에 해당합니다. 액면가의 종류로는 1주당 100원, 200원, 500원, 1,000원, 2,500원, 5,000원이 있습니다. 1주당 액면가를 정하지 않고 발행하는 무액면주식도 있으나 거의 발행하지 않으며, 가장 많이 발행하는 액면가는 5,000원입니다.

액면 분할

주식회사가 발행한 기존 주식의 액면가를 분할해서 총 주식수를 늘리는 것입니다. 예를 들어 2018년 삼성전자는 액면가를 5,000원에서 100원으로 낮추는 액면 분할을 실시했습니다. 이때, 주식 가

격은 250만원 선에서 50분의 1인 5만 원대로 떨어졌고 주식수는 50배로 늘었습니다.

액면 분할을 하는 목적은 더 많은 투자자가 주식을 매매하게 해서 거래량을 늘리는 데 있습니다. 1주당 가격을 낮추면, 가격에 대한 부담이 줄어들어서 더 많은 투자자들이 매수할 가능성이 커집니다. 거래량이 늘면 주가가 오르는 경우가 많기 때문에, 예전에는 액면 분할을 호재로만 여기는 분위기였습니다. 하지만 최근에는 너무 많은 유통 주식수 때문에 오히려 주가가 하락하는 경우도 많습니다.

주로 이런 경우는 이미 주식을 보유하고 있는 투자자들이 보유 주식수가 늘자 일부를 매도해서 그렇습니다(특히, 주식시장이 침체 국면이라면 더 많은 주주들이 매도합니다). 액면 분할 전 삼성전자 주식을 1주가지고 있었다면, 매도에 대해서도 더 신중할 수밖에 없습니다. 하지만 이 1주가 50주로 늘었다면 일부를 매도하는 데는 부담을 덜 느끼기 마련입니다.

액면 병합

액면 분할과 반대되는 개념으로 주식을 합쳐서 주식수는 줄이고 액면가는 높이는 방식입니다. 예를 들면, 액면가를 100원에서 5,000원으로 액면 병합을 하면 주식수는 50분의 1로 줄어들지만 주가는 50배나 높아져 높은 주가의 회사 이미지를 만들 수 있습니다.

액면가의 맹점

용어

시가총액 | 주식시장에 상장된 모든 주식의 시가를 나타내는 금액으로, 주식시장의 규모를 파악할 수 있는 경제지표입니다.

어떤 종목이 고평가인지 저평가인지 파악하기 위해서는 주가가 아닌 시가총액을 기준으로 합니다. 액면 분할과 액면 병합으로 액면가가 변동한 만큼 주가에도 변동이 생기지만, 시가총액이나 회사의 가치가 변하지는 않습니다. '한 종목의 전체 가격'인 시가총액은 그대로고 이를 쪼개거나 합친 것뿐입니다. 따라서 액면가나 주가만 보고 회사의 가치가 고평가인지 저평가인지 판단할 수 없습니다. 액면가는 주식의 발행 가격이고 주가는 한 주식의 가격일 뿐입니다.

예컨대, 앞서 언급한 삼성전자 주식처럼 250만 원짜리 주식이 액면 분할로 5만 원이 되었다고 해도 시가총액이 변하지는 않으며, 250만 원이 50분의 1로 나뉜 것뿐입니다. 종목이 고평가인지 저평가인

지는 PER●를 통해서 알 수 있습니다

● 184~195p 'PER', '미래 예측을 담은 FD PER' 참고

주식투자의 역사

주식과 주식투자를 정확하게 이해하려면 그 시작을 알아야 합니다. 주식투자는 유럽인들이 '식사를 좀 더 맛있게 하고 싶은 마음(?)'에 향신료를 찾아 떠난 데서 시작됐습니다.

유럽은 중세시대에 접어들면서 이슬람과의 교역이 확연히 줄어들었습니다. 아시아에서 이슬람을 거쳐서 유럽으로 들어갔던 향신료가 급감하면서, 향신료 가격은 천정부지로 뛰었습니다. 향신료가 일종의 화폐처럼 통용되고 금과 일대일로 거래되기도 할 정도로 향신료의 인기가 높았습니다.

즉, 아시아에서 향신료를 가지고만 오면 돈이 되는 상황이었습니다. 여러 사람들이 향신료를 가지고 올 생각을 했지만 초기 자본이 너무 많이 든다는 문제점이 있었습니다. 향신료를 운송할 배, 선원, 생산지의 인력, 생산지를 지배할 군대 등 소수의 귀족들이 감당하기에는 너무 막대한 자금이 필요했습니다.

이 문제를 해결하기 위해서 1602년 네덜란드 동인도회사가 출범해 여러 사람들의 자본을 모아 비용을 충당하기로 합니다. 불특정 다수에게 투자를 받은 최초의 사례입니다. 이때 자본을 투자한 사람들에게 증빙용으로 종이로 된 권리증서를 나누어 주었는데 바로 이것이 지금의 주식입니다. 이후 범선이 아시아에서 향신료를 가지고 오면 투자한 금액에 따라서 수익을 분배했습니다.

지금으로 비유하면 향신료 운송이 회사의 제품, 향신료 수요가 시장의 크기, 군인들과 선원들이 회사의 임직원입니다. 항해를 위해 충당된 비용을 각출한 사람들이 바로 주식회사의 주주입니다. 주식회사의 주인은 회사의 대표이사와 같은 임직원이 아니라 주식회사를 만들기 위해 자본을 투자한 주주입니다.

당시 범선이 아시아로 출항한 후 향신료를 가지고 다시 유럽으로 돌아오기 위해서 대략 3년 정도의 시간이 필요했다고 합니다. 그런데 자본을 댄 투자자들 중에서 3년이라는 기간 중에 급전이 필요한 사람들이 자신의 투자증빙 종이인 권리증서를 타인에게 파는 일이 생겼고, 이러한 일이 많아지자 아예 전문적으로 권리증서만을 거래하는 장소를 만들게 되는데 이곳이 현재의 증권거래소입니다.

이러한 권리증서 매매가 활발해지자 더 높은 가격에 팔려는 사람들과 더 싸게 사려는 사람들이 '범선이 난파되었다' 또는 '후추 50톤을 추가로 선적하였다'와 같은 허위 소문을 만들기도 했는데 이들을 지금의 작전세력이라고 보면 됩니다. 1600년대나 지금이나 주식에 투자하는 목적은 단 하나입니다. 투자한 자본을 이용해 더 많은 이득을 얻으려는 것인데 이것이 앞서 살펴본 자본이득입니다. 이런 사례를 보면 세상이 많이 바뀌었지만, 본질은 여전히 그대로인 것 같습니다.

STEP 3

주식회사, 상장회사, 주식시장

주식회사 설립 목적

주식회사의 설립 목적은 부족한 사업자금을 모으려는 목적이 가장 큽니다. 주식회사는 회사를 설립하기 위해서 투자자들을 모집해 자본(사업자금)을 받고 투자자들에게 회사의 주인이라는 증빙인 주식을 나눠줍니다. 이러한 사업자금은 주식회사의 주주인 자신들이 직접 출자했기 때문에 자기자본自己資本이라고 합니다. 자기자본은 갚을 이유가 없기 때문에 부담이 없는 사업자금입니다.

물론 은행이나 사채업자로부터 돈을 빌릴 수도 있습니다. 하지만 이렇게 빌린 돈은 부채(사업자금)로 변제의 의무가 있으며 이자도 지급해야 하기 때문에 무척 부담이 되는 자본입니다. 이 사업자금은 설립된 주식회사의 주인인 주주들과는 전혀 관련이 없는 제 3자의 자본이기 때문에 타인자본他人資本입니다.

주식회사는 바로 부담 없는 사업자금인 자기자본을 더욱 많이 조달하기 위해서 설립하는 것입니다.

상장을 하려는 목적

상장上場의 뜻은 한자어 그대로 '주식을 시장에 매매될 물건으로 올린다'는 뜻입니다. 영어로는 'IPOInitial Public Offering'라고 합니다. IPO를 풀어서 쓰면 주식회사가 처음으로Initial 대중에게Public 주식을 공개매도Offering해서 코스피나 코스닥 시장에 등록한다는 내용입니다. 상장된 주식은 주식시장에서 매매할 수 있으며 더 단순하게 풀이하면, 전 국민을 상대로 대규모 자금을 조달한다는 의미입니다. 결국 상장하려는 가장 큰 목적도 IPO라는 기업공개를 통해 부담 없는 대규모 사업자금을 조달하기 위함입니다.

상장한 회사의 의무

주식회사가 상장하게 되면 반드시 지켜야 하는 의무가 생깁니다.

비상장 상태에서는 외부에 경영 상황을 자세히 알려주지 않아도 되지만, 상장을 하면 기업의 모든 주요 경영 상황(중요한 변동사항, 재무 상태, 매출현황 등)을 공개적으로 밝혀야 합니다. 이것을 공시公示라고 합니다. 공시를 통해서 투자자들은 회사의 실적, 변동사항, 대주주와 경영에 참여하는 이사진의 정보 등을 투명하게 확인할 수 있습니다. 투자자들은 이러한 정보들을 믿고 주식 매매에 참여하게 됩니다.

상장폐지가 되는 경우

주식시장에서 상장 자격이 취소되는 것을 상장폐지上場廢止라고 하는데, 상장폐지가 되는 경우는 다음의 두 가지가 있습니다.

한국거래소의 강제 상장폐지 결정

주식시장을 관리하는 한국거래소는 투자자 보호를 위해 상장회사에 상장폐지 사유가 발생하면, 증권관리위원회의 승인을 얻어 상장폐지를 결정합니다. 상장폐지 사유는 회계법인의 감사의견 거절, 사업보고서 미제출, 지속적인 자본잠식, 부도 등 회사의 존폐와 관련된 사항들입니다. 한국거래소의 결정으로 상장폐지가 진행되면 반드시 해당 기업이 사라지는 것은 아니지만 투자자들은 큰 손실을 보게 됩니다.

| 회계법인의 감사의견 거절 | 회계법인은 상장회사의 경영 상태와 재무 상태를 알 수 있는 재무제표를 감사하고 감사보고서를 작성합니다. '회계법인의 감사의견 거절'은 회계법인이 기업을 감사한 이후 감사의견 제출을 거절한 것입니다. 이는 회계법인이 기업에서 제출한 자료가 신뢰성이 부족하거나 기업이 존폐의 문제에 놓여 있다고 판단했기 때문입니다. 상장폐지 사례 중 가장 많은 부분을 차지하는 사유입니다.

| 사업보고서 미제출 | 보통 경영실적이나 재무 상태가 나쁜 기업들이 회계법인에 자료를 늦게 제출하거나, 회계법인과 감사의견에 대한 의견 충돌로 사업보고서를 제때 제출하지 못하는 경우가 있습니다. 이것이 '사업보고서 미제출'로 상장폐지 대상이 됩니다.

| 자본잠식 | 주식회사 설립 후 경영실적과 재무 상태가 나빠져 처음 투자된 자본금을 까먹기 시작하면 그 회사는 '자본잠식 상태'라고 합니다. 더 악화되어 자본금의 50% 이상이 잠식되면 회사는 관리종목으로 지정됩니다. 2년 연속 50% 이상 자본잠식이 지속되거나 자본금 전액이 잠식되면 상장폐지가 됩니다.

용어

관리종목 | 상장회사가 갖추어야 할 기준에 부합되지 않는 회사의 주식은 관리종목으로 지정됩니다. 일정 기간 거래가 정지될 수 있고, 신용거래가 금지되며 대용유가증권으로 사용할 수 없습니다. 투자자들을 보호하는 동시에 기업이 정상화될 수 있도록 일정 기간을 주는 것입니다.

| 부도 | 회사가 발행한 만기도래 어음을 막지 못하여 어음 금액이 최종 부도 처리되면 은행과의 당좌거래가 즉시 정지됩니다. 상장회사는 상장폐지 절차에 돌입하는데 일정 시간 정리 매매 기간을 거쳐 주식시장에서 완전히 퇴출됩니다.

| 기타 | 기업 경영의 지속성 혹은 경영 투명성이 의심되는 대규모

횡령, 배임, 경영진의 불법적인 지급보증 같은 우발채무, 기업 존폐와 관련된 대규모 소송이나 분쟁 발생 시 상장폐지의 대상이 됩니다.

용어

지급보증 | 금융기관 대출 시 신용이나 담보가 부족한 회사의 경우 모기업이나 계열사가 지급을 보증하도록 하는 것입니다. 보증을 받은 회사가 대출을 갚으면 문제가 되지 않지만, 그렇지 않을 경우 보증해준 회사의 채무가 됩니다.

상장회사의 자발적인 상장폐지 결정

상장폐지가 더 이득이라고 판단해 기업이 직접 상장폐지를 결정하는 경우도 있습니다. 상장 후에는 기업의 경영 상황을 투명하게 공시해야 하는 의무가 생깁니다. 이 의무 때문에 경쟁사에게 중요한 기업 정보가 노출될 수도 있는 문제가 발생합니다. 또한, 상장 목적인 사업 자금의 추가 조달이 필요치 않을 정도로 회사가 튼실해서 더 이상 상장할 필요가 없을 수도 있습니다.

자발적으로 상장폐지를 결정한 기업은 대주주가 주식시장에 뿌려진 모든 주식을 현재보다 훨씬 높은 가격에 공개적으로 매수하겠다고 발표합니다. 이를 공개매수라고 하는데 발표하는 즉시 주가는 공개매수 가격까지 오르게 됩니다.

상장회사와 비상장회사

상장회사와 비상장회사의 주식 거래

상장회사, 비상장회사의 주식 모두 매수자와 매도자가 가격에 합의하면 거래가 가능합니다. 상장회사의 주식은 공식적으로 거래할 수 있는 주식거래소가 존재하므로 매수자나 매도자가 스스로 거래 상대자를 찾아나설 필요가 없습니다. 반면, 일반적인 비상장회사의 주식은 공식적인 거래소가 없기 때문에 직접 거래 상대자를 찾아서 매매해야 합니다.

상장회사와 비상장회사의 정보 공개

투자할 회사의 모든 정보를 완벽하게 인지하고 정확한 평가를 내린 뒤 제대로 된 투자가 가능합니다. 앞서 상장한 회사는 주요 경영 상황 등을 투명하게 공시해야 한다고 배웠습니다. 이러한 공시 내용은 누구나 전자공시시스템•에서 확인할 수 있으며, 투자자들은 이를 통해 상장회사들을 평가하고 투자를 진행합니다.

하지만 비상장회사는 특수한 관계자가 아니라면 상장회사처럼 회사의 정보를 취합하는 데 제한이 많습니다. 회사 내부자가 아니면 알 수 없는 중요한 정보들이 많이 숨겨져 있기 때문에 비상장회사에 투자하는 것은 상장회사보다 훨씬 큰 리스크(위험)risk를 수반하게 됩니다. 결론적으로, 비상장회사에 대한 정확한 내부 정보를 알지 못한 채 투자하는 것은 현명하지 못한 투자 방식입니다.

• dart.fss.or.kr

주식시장, 상장한 주식이 거래되는 곳

앞서 살펴본 바와 같이 상장을 한다는 것은 회사의 주식이 주식시장에서 거래가 개시된다는 뜻입니다. 시장(주식시장)에 물건(주식)을 내놓았다는 것으로, 해당 시장은 한국거래소에 형성돼 있습니다.

한국거래소Korea Exchange, KRX는 2005년 기존 증권거래소, 코스닥 증권시장, 선물거래소 등을 통합해 출범했습니다. 증권, 채권, 파생상품 같은 금융상품들의 매매를 공정하고 투명하게 관리하기 위해 설립됐습니다.

이름 때문에 정부기관으로 오해할 수 있지만, 한국거래소는 40개의 주식회사가 각각 0.07~5% 이하의 지분으로 1,000억 원을 출자하여 만든 주식회사입니다. 현재 한국거래소에서 주식만을 거래하는 시장은 유가증권 시장, 코스닥 시장, 코넥스 시장이 있습니다.

유가증권 시장(코스피 시장)

유가증권 시장KOSPI market은 한국을 대표하는 제 1의 주식시장으로, 대부분의 대형 우량기업들이 상장돼 있습니다. 투자자들은 유가증권 시장의 흐름을 파악하기 위해 종합주가지수(코스피)를 참조합니다. 코스피는 1980년 상장기업들의 전체 시가총액을 100포인트로 기준 지수를 만든 이후 지금까지 지속적으로 우상향 성장 중입니다. 만약 현재의 코스피가 2,500포인트라면 1980년 시가총액보다 25배

(= 2,500/100) 성장했다는 의미입니다.

코스닥 시장

코스닥 시장KOSDAQ market은 미국의 나스닥NASDAQ 주식시장에서 아이디어를 얻어 IT Information Technology, BT Bio Technology, CT Culture Technology 중심의 첨단기술기업이나 벤처기업의 자금 조달을 목적으로 만들어졌습니다. 1996년 7월 개장한 대한민국 제 2의 증권시장입니다. 코스닥 기업에 투자하는 투자자들도 시장의 흐름을 파악하기 위해 코스닥지수를 참조합니다. 코스닥지수는 1996년 7월 코스닥 시장에 상장된 기업들의 전체 시가총액을 1,000포인트로 기준 지수를 만들었습니다. 벤처 붐이 일었던 2000년에 2,925포인트로 최고치를 기록하였으나 현재는 기준치 1,000포인트를 넘지 못하고 있습니다.

용어

나스닥 | 1971년 2월 8일 개장한 미국의 장외주식시장으로 세계 여러 나라 장외주식시장의 모델이 되었습니다. 주로 벤처기업들이 상장돼 있으며 마이크로소프트, 애플 등 유명 기업들도 나스닥에 등록돼 있습니다.

코넥스 시장

코넥스 시장KONEX market은 자금 조달이 어려운 창업 단계에 놓여 있는 중소기업과 벤처기업의 자금 조달을 돕기 위해 만들어진 시장입니다. 하지만 개인 투자자가 코넥스 상장 주식을 매수하려면 3억 원 이상을 예탁해야 하는 제한 조건이 있어서 코넥스 시장의 주요 투자자들은 기관이나 벤처 캐피탈 같은 전문 투자자들이 대부분입니다.

용어

예탁 | 금융기관에 돈, 주식, 물건 등을 맡겨두는 것을 뜻하며 여기서는 돈을 칭합니다.

우리가 거래할 주식

투자의 목적은 자본이득입니다. 자본이득은 매수 가격과 매도 가격의 차이에서 생깁니다. 간단히 말해서, 싸게 사서 비싸게 팔아야 합니다. 어떤 종목이 싼지 비싼지를 파악하려면 해당 회사의 정보를 알아야 합니다.

투자자 입장에서 상장 주식은 정보를 손쉽게 접할 수 있지만, 비상장 주식은 정보를 구하기 어렵습니다. 그래서 기업의 정보가 투명하게 공개되어 있는 코스피와 코스닥 시장에 집중해야 합니다. 우리는 이 두 시장에 상장돼 있는 약 2,000곳 이상의 기업들 중 선택해서 투자를 진행하면 됩니다.

기술적 분석과 시황 분석

기술적 분석의 본질 이해하기

투자 종목을 선정할 때, 기술적 분석technical analysis이나 기본적 분석fundamental analysis을 사용합니다. 기술적 분석은 회사의 정보보다 현재의 주식 가격과 매매된 거래량의 데이터를 이용하기 때문에 그래프 분석에 집중합니다. 단순하게 정리하면, 그래프를 보고 주가가 올라갈 것 같으면 사고, 내려갈 것 같으면 파는 식입니다. 이와 반대로 기본적 분석은 사업 내용과 재무제표 등을 이용해 회사의 본질적인 내재 가치를 분석합니다. 이 또한 단순하게 보면 주가가 내재 가치보다 낮으면 사고, 높으면 파는 것입니다.

가치투자를 지향하는 저는 기술적 분석이 좋은 투자 방법이라고 생각하지 않아서 사용하지 않습니다. 그러므로 이 책에서는 기본적 분석을 공부할 것입니다. 하지만 기술적 분석도 많이 사용하는 분석법이므로 무엇인지 알아둬야 왜 사용하지 않는지도 이해할 수 있습니다.

이동평균선

기술적 분석을 시작하면 처음으로 배우게 되는 기술적 지표가 바로 이동평균선입니다. 일정기간(5일, 20일, 60일, 120일) 움직이는(이동) 주가의 평균가격을 연결한 선(평균선)이 바로 이동평균선입니다.

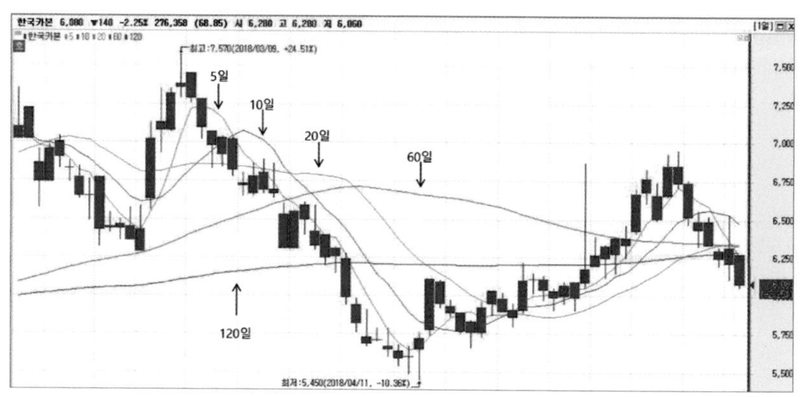

출처: 삼성증권

| 5일 이동평균선 | 일주일간의 주가 평균가격을 연결한 선

| 20일 이동평균선 | 1개월간의 주가 평균가격을 연결한 선

| 60일 이동평균선 | 3개월간의 주가 평균가격을 연결한 선

| 120일 이동평균선 | 6개월간의 주가 평균가격을 연결한 선

골든크로스

골든크로스Golden Cross, 우리 말로 옮기면 '황금 십자가'입니다. 기술적 분석의 지표로 이동평균선을 이용해서 매수 시점을 파악합니다. 예를 들어 5일선처럼 단기 이동평균선이 20일선인 중기 이동평균선을 아래에서 위로 뚫고 올라가는 경우를 말합니다. 이때, 추세가 상승으로 바뀌었으니 매수할 시점으로 보는 방식입니다.

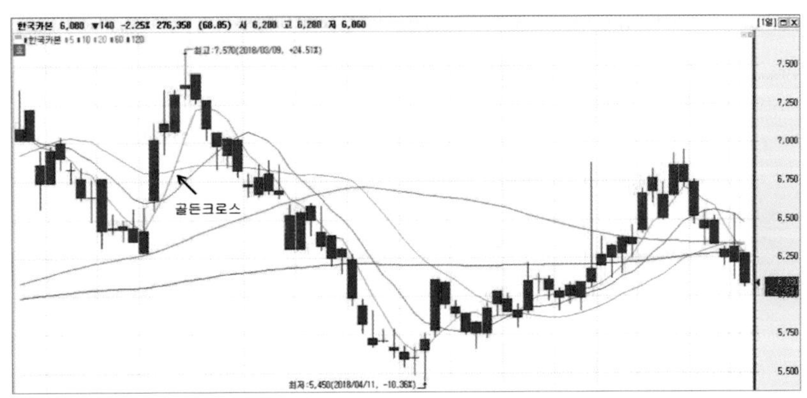

출처: 삼성증권

하지만 제가 보기에 골든크로스는 매수 타이밍을 나타내는 것이 아니며 최근에 주가가 올랐다는 사실 외에 어떠한 의미도 없습니다. 가치투자를 중시하는 방식에서 보면 저가에 매수한 종목이 최근에 주가가 급등했다면 매도하기에 좋은 황금 찬스가 될 수 있습니다.

데드크로스

데드크로스Dead Cross는 골든크로스와 정반대의 개념으로 이동평균선을 이용해 매도 시점을 파악합니다. 5일선처럼 단기 이동평균선이 20일선인 중기 이동평균선을 위에서 아래로 뚫고 내려가는 경우, 추세가 하락으로 바뀌었으니 매도할 시점이라는 논리입니다.

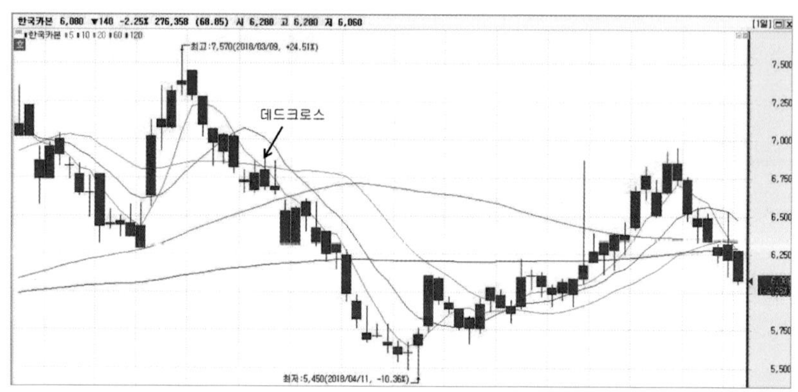

출처: 삼성증권

데드크로스 역시 매도 타이밍을 나타내는 것이 아니며 최근에 주가가 내려갔다는 사실 외에 어떠한 의미도 없습니다. 저평가된 가치 우량주가 이유 없이 데드크로스가 만들어질 정도로 주가가 급락했다면 저가에 매수할 수 있는 황금 찬스가 될 수 있습니다.

엘리어트 파동이론

엘리어트 파동이론•은 회계학자 랄프 넬슨 엘리어트Ralph Nelson Elliott가 1938년에 발표한 이론입니다. 지금까지도 기술적 분석을 신봉하

• 『파동이론(the wave principle)』이라는 저서에서 발표했습니다.

는 사람들 사이에서 회자되고 있습니다. 기본적인 내용은 봄 · 여름 · 가을 · 겨울 사계절이 반복되는 자연의 법칙과 같이 주식시장도 상승 5파와 하락 3파로 구성된 연속적인 파동이 반복되면서 일정한 패턴을 가지고 움직인다는 것입니다. 또한 피라미드 연구에서 밝혀진 황금분할비율을 설명하는 피보나치 수열을 이용해 상승폭과 하락폭을 예측하는 데 적용합니다. 엘리어트 파동이론의 전체 패턴을 그림으로 표현하면 다음과 같습니다.

용어

피보나치 수열 | 앞의 두 수의 합이 바로 뒤의 수가 되는 숫자들의 배열로, 이 수열을 발견한 이탈리아 수학자 피보나치의 이름을 따 피보나치 수열이라고 부릅니다.

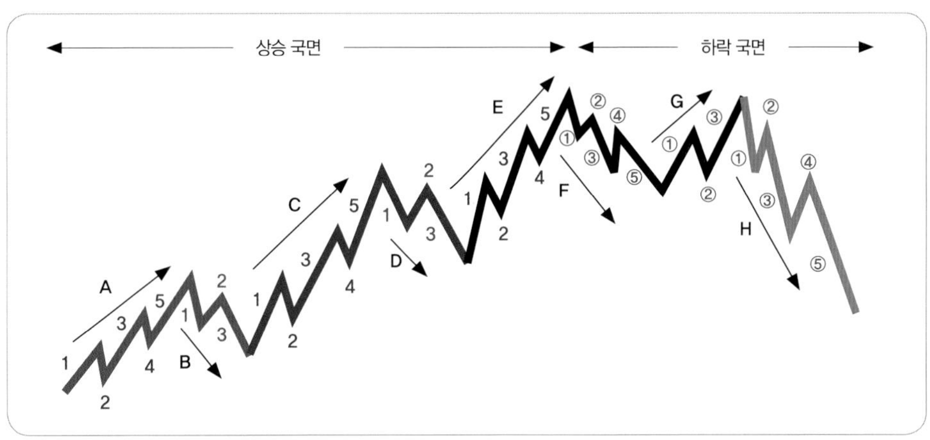

그림처럼 상승 국면과 하락 국면으로 나누어 보면, 상승 국면에서는 상승 5파(1, 2, 3, 4, 5)와 하락 3파(1, 2, 3)를 반복하고 하락 국면에서는 하락 5파(①, ②, ③, ④, ⑤)와 상승 3파(①, ②, ③)를 반복합니다. 장기적인 큰 그림으로 봤을 때에도 상승 5파(A, B, C, D, E)와 하락 3파(F, G, H)의 패턴을 형성한다는 이론입니다. 이때 상승 국면 중 한 개의 패턴인 상승 5파(1, 2, 3, 4, 5)와 하락 3파(1, 2, 3)에서 세부적으로 상승파동(1, 3, 5), 조정파동(2, 4, 2), 하락파동(1, 3)으로 구분합니다.

상승 국면일 때를 살펴보면 다음과 같습니다.

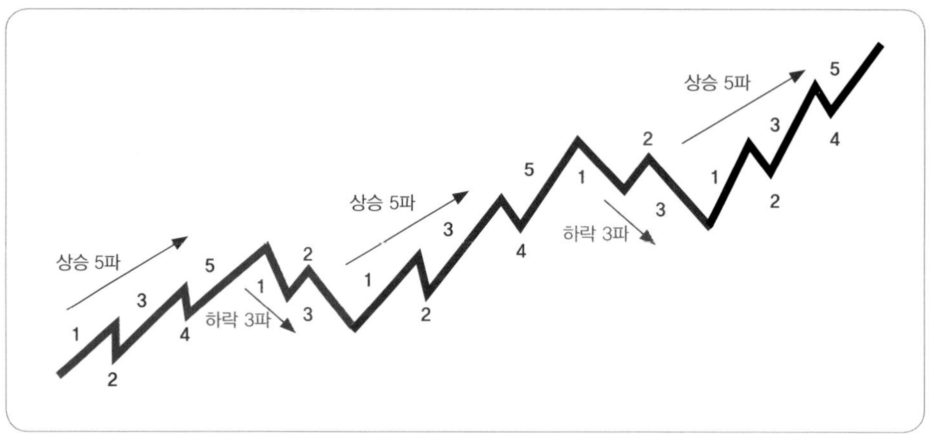

큰 그림으로 봐도 상승 5파입니다.

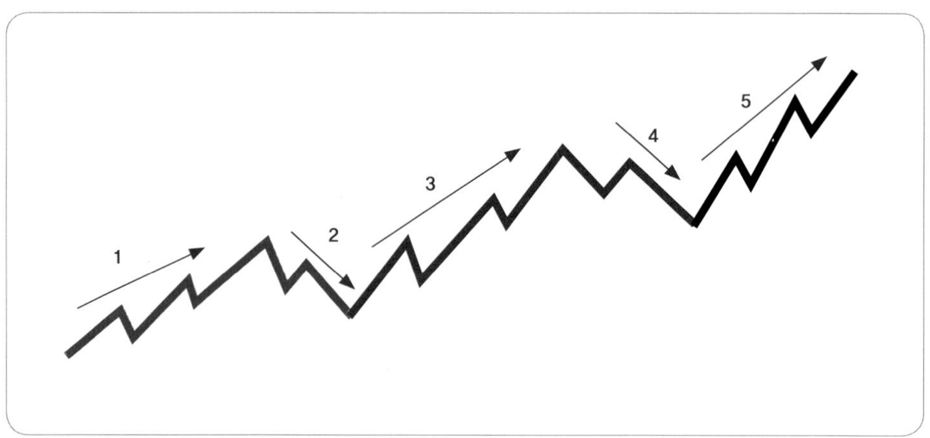

하락 국면일 때는 하락이 5파가 되고, 상승이 3파가 됩니다.

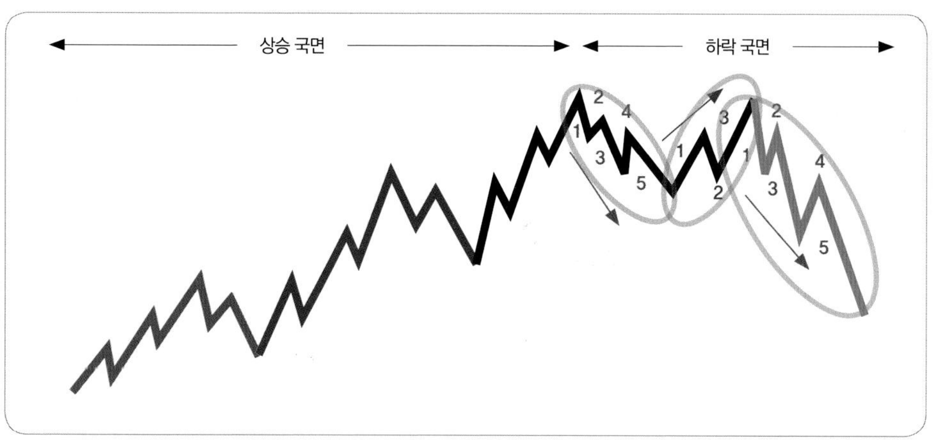

큰 그림으로 보면 하락 3파입니다.

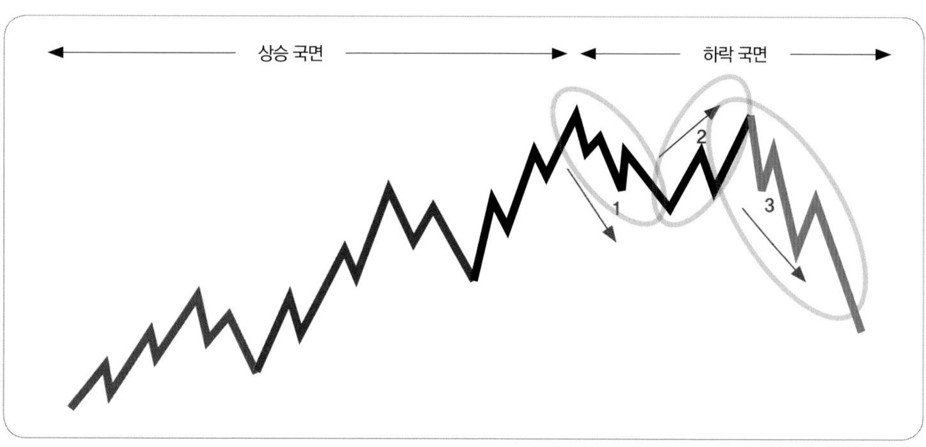

전체적으로 보면 상승 5파에 하락 3파입니다.

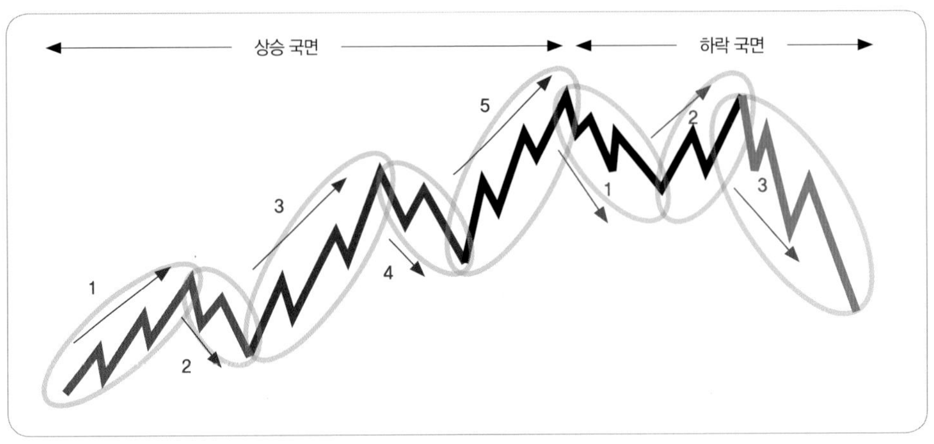

그런데 엘리어트 파동이론은 상승 5파의 시작이 언제인지와 하락 3파의 끝이 어디인지를 명확하게 설명하지 않는다는 문제점이 있습니다. 장기적인 순환주기 안에서 작은 상승 5파와 하락 3파라는 작은 순환주기가 있다고 설명하는데, 이 순환주기의 파동기간에 대한 설명도 구체적이지 않습니다. 따라서 실제 주식투자에 적용하는 것은 거의 불가능합니다. 엘리어트 파동이론에서 우리가 배울 수 있는 점은 단 하나, '주가는 반드시 상승과 하락을 반복한다'는 사실입니다.

다우이론

다우이론은 '다우지수(다우존스산업평균지수)'를 개발한 미국 다우존스 사의 창시자인 찰스 다우Charles H. Dow로부터 비롯됐습니다. 그가

1900년부터 2년간 썼던 신문 사설을 그의 후계자들이 정리하고 체계화해 1932년 『다우이론』이라는 제목으로 출판하면서 세상에 알려졌습니다. 100여 년 전에 등장한 이론이지만 지금까지도 기술적 분석의 기초로 인정 받고 있습니다.

다우이론에 의하면 주가는 상승과 하락 중 한 방향을 잡으면 추세가 바뀌는 신호가 나타날 때까지 그 방향을 계속 유지합니다. 여기서 추세는 3단계로 나뉩니다. 첫 번째는 매집국면accumulation phase으로 정보를 알고 있는 투자자들이 일반인보다 적극적으로 주식을 매매하는 단계입니다. 두 번째는 대중참여국면public participation phase으로 급격한 가격 변화가 발생하는 단계입니다. 세 번째는 기민한 투자자들이 자신들의 지분을 시장에 뿌리는 분배국면distribution phase이 형성되는 단계입니다. 특히, 추세가 바뀌는 데 있어서 중요한 요소는 뉴스(새로운 정보)와 주가가 상승과 하락을 반복할 때 발생하는 거래량이라고 주장했습니다.

다우이론의 가장 큰 맹점은 투자자는 추세가 언제 바뀌는지 알 수 없다는 것입니다. 투자자 입장에서 주가가 바닥일 때 매수하고 정상에서 매도하는 것이 가장 이상적이겠지만 바닥과 정상을 파악할 수가 없습니다. 과거의 그래프를 봤을 때는 어느 시점에서 추세가 바뀌었다고 누구나 말할 수 있지만, 앞으로 어떻게 될지는 알 수 없습니다. 자전거 타기에 비유해보면, 자전거에 반대로 앉은 채 앞은 보지 못하고 지나온 길(과거 데이터)만 보고 앞으로 전진하는 것과 같습니다. 도

박꾼들이 '홀짝 게임'이나 '바카라'에서 지금까지 무슨 패가 나왔는지를 보고 다음 베팅을 결정하는 방식과 비슷한 개념입니다. 즉, 주식 투자보다는 도박에 가깝습니다.

기술적 분석의 치명적인 문제점

기술적 분석은 다음의 치명적인 문제점 두 가지가 있습니다.

상장폐지 관련 정보를 전혀 고려하지 않는다

주식투자에서 가장 큰 재산 피해를 입게 되는 위기 상황은 기업의 상장폐지입니다. 상장폐지가 되면 투자금의 거의 전부가 휴지조각이 됩니다. 따라서 투자하기로 결정한 회사를 예의 주시하면서 항상 재무 리스크, CEO 리스크, 아이템 리스크 등 수많은 정보를 취합해서 판단을 내려야 합니다. 하지만 기술적 분석으로 주식투자를 하게 되면 기업 정보 대신 그래프만 보고 투자 여부를 판단하기 때문에 많은 리스크에 노출될 수 있습니다.

과거 자료에만 의존한다

모든 기술적 분석에서 대표적으로 언급되는 지표인 추세, 파동, 국면, 지지선, 저항선, 이동평균선 등은 과거의 자료로 만든 '죽은' 정보입니다. 여기서 '죽었다'고 표현한 이유는 모든 지표들의 시작과 끝은 시간이 지난 다음에야 인식할 수 있기 때문입니다. 이러한 지표들은 미래의 주가에 영향을 미치지 못하는 독립된 변수일 뿐, 주식투자에 일말의 도움도 되지 않습니다. 내일의 주가를 예측할 수 있는 방법은 어디에도 없습니다. 주식투자에 있어 회사의 본질적인 가치와 성장성 등을 철저히 파악하는 일이 중요하지 그래프만으로는 그 무엇도 얻을 수 없습니다.

시황 분석의 본질 이해하기

시황 분석은 시장의 상황을 분석해 미래의 주식시장이 어떻게 움직일지 예측하는 방식입니다. 수많은 TV와 신문매체를 통해서 접하게 되는 주식 전문가들은 향후 활황장세(불 마켓)Bull Market가 예상된다는 시황 분석을 내놓을 때는 적극적으로 매수하라고 권합니다. 또한 침체장세(베어 마켓)Bear Market가 예상된다는 시황 분석을 내놓을 때는 보유하고 있는 주식의 비중을 축소할 것을 추천합니다.

용어

활황장세 | 주식시장에서 '황소bull'란 주식을 매수하는 이를 칭합니다. 장기간에 걸쳐 주가가 상승하고 있는 강세장을 뜻하는 말이 '불 마켓'입니다.

침체장세 | 주식시장에서 '곰bear'이란 황소와는 반대로 주식을 매도하는 이를 칭합니다. 따라서 '베어 마켓'은 주가가 하락하고 있거나 향후 하락이 예상되는 약세장을 말합니다.

시황 분석은 주로 환율, 금리, 기타 악재를 가지고 시장을 분석합니다. 환율, 금리, 기타 악재는 분명히 주가와 연관이 있기는 하지만 이런 소식에 동조해 주식투자를 하면 실패할 확률이 큽니다. 그래도 공부한다는 의미에서 시황 분석이 무엇이고 왜 필요하지 않은지 알아보겠습니다.

환율과 주식시장

1달러로 바꿀 수 있는 한국 돈을 나타낸 지표를 '원달러 환율'이라고 합니다. '1달러=1,000원'을 기준으로 보면 1달러가 500원이 되면 원달러 환율이 하락한 것입니다. 한국 돈의 가치가 올라갔기 때문에 '원화 강세'라고 합니다. 1달러가 2,000원이 되면 원달러 환율은 상승한 것입니다. 한국 돈의 가치가 떨어졌기 때문에 '원화 약세'입니다.

환율 상승, 즉 원화 약세가 되면 항상 나오는 시황 분석이 있습니다.

수출주는 수출에 가격 경쟁력이 높아져 수출이 늘어나고, 이익도 증가하기 때문에 주가는 오를 것이라고 예상합니다. 수입을 많이 하는 내수주는 원자재 수입단가 상승으로 인해 수익이 감소하고 주가는 하락할 것이라 예상합니다.

반대로 환율 하락, 즉 원화 강세가 되면 정확히 반대의 시황 분석이 나옵니다. 수출주는 수출에 가격 경쟁력이 떨어져 수출도 줄고, 이익도 감소하기 때문에 주가는 내려갈 것이라고 예상합니다. 수입을 많이 하는 내수주는 원자재 수입단가 하락으로 인해 수익이 증가하고 주가는 상승할 것이라 예상합니다.

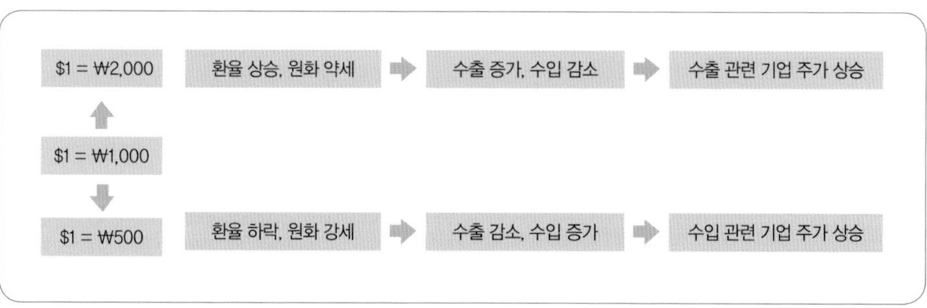

단기간만 봤을 때는 맞는 말입니다. 하지만 환율은 지속적으로 상승이나 하락만 거듭하지 않으며 주가와 마찬가지로 상승과 하락을 반복합니다.

환율이 올라 수출이 늘어난 회사들이 달러를 많이 벌어들이면 국내에 달러가 많아져 자연스럽게 원화 강세로 전환됩니다. 원화 강세,

환율 하락이 발생하면 처음의 시황 분석과는 반대되는 시황 분석이 나옵니다.

결국 환율을 기준으로 하는 시황 분석은 기간의 문제일 뿐입니다. 활황장세, 침체장세를 번갈아 가면서 예측하는 것에 불과합니다. 여기서 중요한 점은 항상 선행 투자가 필요한 주식투자에 있어서 대부분의 시황 분석이 환율이 변한 뒤에 발표되기 때문에 뒷북치기 분석으로 끝나는 경우가 대다수라는 점입니다.

금리와 주식시장

금리와 주식시장의 상관관계는 아주 단순합니다. 금리가 올라가면, 주식시장에서 '방황하던' 여유자금들이 은행으로 몰리면서 주가지수는 하락합니다. 은행 이자율이 올라갔으니 안전하게 은행에 돈을 맡기고 이자를 받으려는 사람들이 늘어나기 때문입니다. 반대로 금리가 떨어지면, 은행에서 '쉬고 있던' 돈이 주식시장으로 몰리면서 주가지수는 상승합니다. 은행 이자율이 내려갔으니 더 높은 수익을 바라는 사람들이 주식시장으로 눈을 돌리고, 기업은 낮은 금리의 은행 대출을 이용해 투자를 하기 때문입니다. 예를 들어, IMF 시절 은행 이자율은 20%에 가까웠습니다. 주식시장에 있던 여유자금 대부분이 은행으로 몰렸고 주가는 폭락했습니다. 여기까지만 생각해보면, 금리와 주식시장은 '절대적인' 상관관계가 있는 것으로 보입니다.

하지만, 다양한 방면에서 생각해보면 꼭 그렇지만은 않다는 것을

쉽게 알아챌 수 있습니다. 일본의 경우 거의 제로 금리가 지속되고 있는데 제로 금리가 일본 니케이지수Nikkei Stock Averages에 영향을 준다고 생각하는 사람들은 거의 없습니다. 일본의 전체적인 실물경제가 위축되면서 주가와 금리가 예상했던 상식선에서 움직이지 않았기 때문입니다. 이렇듯 시장 상황은 실물경제, 금리, 주가 등이 복합적으로 작용하기 때문에 금리 변화에 따라서만 분석하는 것은 무리가 있습니다.

용어

니케이지수 | 일본경제신문사가 발표하는 주가지수로 도쿄증권거래소에 상장된 주식 중 225개 종목을 대상으로 산출합니다.

불곰's Talk

부채비율이 높은 회사도 저금리 시대라면 투자하기 좋을까?

시황 분석과 같은 경제 논리를 맹목적으로 추종하는 주식 투자자들이 경계해야 할 것 중 하나가 부채비율이 높은 기업의 경우 저금리 상태가 지속되면 금융 부담이 적어져 호재가 된다는 논리입니다. 투자하기 적합하지 않은 부채비율이 높은 회사에 '작은 호재'가 하나 발생했다고 해서 무턱대고 투자하면 안 됩니다. 금리도 고정돼 있지 않고 변화하기 때문에 이는 잠깐 지나가는 호재에 불과할 수도 있습니다.

기타 악재

악재가 터져서 주가가 폭락하는 경우도 종종 있습니다. 한국의 IMF, 미국의 9 · 11 테러와 리먼브라더스 사태, 영국의 브렉시트 사태, 일본 후쿠시마 원전 폭발, 북한 리스크 등은 각 악재의 규모만큼 한국 주식시장에 타격을 줬습니다. 악재가 등장할 때마다 수많은 전문가들은 시황 분석과 함께 보유 종목 비중 축소를 주장했습니다.

이러한 주장들은 단기 투자자들에게는 필요할 수도 있겠지만, 가치 투자자들에게는 큰 의미가 없습니다. 철저한 기본적 분석을 통한 불곰의 주식투자방식은 시황 분석이 크게 필요치 않습니다. 위기가 지나간 후 좋은 주식들의 주가는 위기 전보다 훨씬 상승하기 마련입니다. 오히려 갑작스러운 악재가 매수 기회가 될 수도 있습니다. 현명한 투자자가 되기 위해서는 시황 분석보다 회사의 본질적인 가치를 이해하고 각종 악재들을 이겨낼 수 있는 기업을 찾아내는 눈을 기르는 것이 더욱 중요합니다.

용어

리먼브라더스 사태 | 리먼브라더스는 2007년 파산한 글로벌 투자은행으로 이 회사가 파산하면서 미국은 물론 세계 금융시장이 흔들린, 글로벌 금융 위기의 시발점이 되었습니다. 당시 부채 규모는 6,130억 달러에 달해 미국 역사상 최대 규모의 기업 파산으로 손꼽힙니다.

브렉시트 사태 | 영국을 뜻하는 'Britain'과 탈퇴를 뜻하는 'exit'의 합성어입니다. 2012년 하순 유럽연합EU의 재정 위기가 심화되자 영국은 EU 탈퇴를 두고 국민투표를 한 결과, 탈퇴 51.9%, 잔류 48.1%로 2016년 EU 가입 43년만에 탈퇴를 선언하였습니다.

공매도의 본질 이해하기

많은 사람들이 주식투자에 있어서 시황 분석만큼이나 절대적인 기준으로 삼는 요소 중 하나가 공매도입니다. 일반적으로 공매도가 많으면 주가가 떨어지기 때문입니다. 그래서 주식 관련 뉴스나 게시판에는 공매도에 대한 불만과 분노의 댓글들이 많습니다. 이를 살펴보면 주가 하락의 모든 원인이 공매도에 있는 것처럼 보입니다. 공매도는 주가에 영향을 미치기 때문에 투자 시 고려사항이긴 하지만 공매도의 유무만으로 주식 매매를 결정할 필요는 없습니다.

공매도란?

공매도空賣渡의 공空은 '없다', 매도賣渡는 '팔다'라는 뜻으로 즉, '없는 것을 판다'는 말입니다. 주식시장에서 말하는 공매도는 자신에게는 없지만 남에게 주식을 빌려서 팔았다는 것입니다.

A라는 사람이 1만 원인 S제약 주식을 1만 주 가지고 있습니다. B라는 사람은 S제약 주식이 없습니다. B는 S제약이 고평가돼 있다고 생각해서 가격이 하락할 것이라고 예상합니다. B는 S제약 주식이 없으므로, A로부터 1만 주를 빌립니다. 이때 A는 주식 대여자이고, B는 주식 차입자입니다.

B는 지금 1만 주를 빌려서 1만 원에 팔면 1억 원이 생기고, 이후 S제약 주가가 떨어지면 다시 1만 주를 사서 A에게 돌려주면 된다고 생

각합니다. 여기서 B는 1만 주를 돌려주기 전까지는 1억 원을 가져갈 수 없으며 1억 원 중 3분의 2는 A에게 담보로 줘야 합니다. 이 담보를 증거금(마진)margin이라고 합니다. B가 A에게 돌려주려고 주식을 다시 사는 것은 환매수(숏 커버링)short covering라고 합니다.

B로서는 S제약 주가가 떨어질수록 이득입니다. 1만 원이었던 S제약 주식이 5,000원이 된다면, B는 1만 원에 팔아서 1억 원이 생기고 5,000만 원에 1만 주를 살 수 있습니다. A는 어차피 S제약 주식을 바로 팔 것도 아니고, 주식은 이자가 붙지 않기 때문에 B에게 주식을 빌려주고 대여 수수료를 받는 것이 이득이라고 생각합니다.

공매도가 성공하는 경우는 주가가 하락할 때입니다. 앞의 예처럼 S제약 주식이 5,000원이 된다면 B는 5,000만 원 이득을 보게 되고, 만약 상장폐지가 된다면 1억 원의 이득을 얻게 됩니다.

반면 주가가 상승하면 공매도는 실패합니다. B가 S제약 주식을 1만 원에 판 이후 주가가 1만 5,000원으로 상승해 이때 환매수를 한다면 5,000만 원의 손해를 입게 됩니다. 또한 이런 상황이 되면 A는 1억 원의 3분의 2였던 증거금이 부족하다고 판단해 B에게 더 많은 증거금을 요구할 것입니다. 이것이 마진콜margin call, 증거금 추가 납입입니다. B가 마진콜에 응하지 않으면, A는 계약을 파기하고 증거금과 B가 주식을 팔아서 번 돈을 챙겨 S제약 주식을 다시 매수하려고 할 것입니다.

만약 S제약이 획기적인 신제품 개발로 주가가 폭등해 10만 원이 되면 B에게는 9억 원의 손해가 발생합니다. 더 나아가 S제약이 죽은 사람을 살려내는 약을 개발해서 주가가 100만 원이 된다면 B는 99억 원의 손해를 보게 됩니다. 공매도가 실패할 경우, 손해액의 한도는 정해져 있지 않습니다. 그렇기 때문에 개인이 투자하기에는 다소 힘든 방식입니다.

개인 투자자는 공매도를 어떻게 봐야 하는가?

공매도는 고평가된 주식의 가격을 낮추는 기능을 할 수도 있고, 과도한 주가 하락의 원인이 될 수도 있습니다. 개미 투자자들은 공매도가 많으면 주가가 하락할 것으로 예상하고 주식을 파는 경향이 있는데, 공매도를 부정적으로 보는 일반적인 인식 때문입니다. 하지만 공매도를 무조건 '좋다' 혹은 '나쁘다'로 볼 것이 아니라 종목마다 달리 판단해야 합니다. 기본적 분석을 통해 가치 판단을 했을 때 좋은 종목의 주식이 공매도 때문에 주가가 하락했다면 저가매수의 기회가 될 수도 있습니다. 또한 결국 환매수를 해야 되는데, 좋은 주식이라면 주가는 반등하기 마련입니다. 결론적으로 가치투자 방식을 따르면, 공매도를 크게 신경 쓸 필요는 없습니다.

불곰's Tip

공매도 정보, 어디서 찾을 수 있을까?

공매도 정보는 한국거래소www.krx.co.kr 웹사이트에서 확인할 수 있습니다. 웹사이트 첫 화면의 상단 탭 부분에는 시장정보를 확인할 수 있도록 되어 있습니다. 이 중 주식 카테고리에서 공매도 현황을 확인할 수 있습니다.

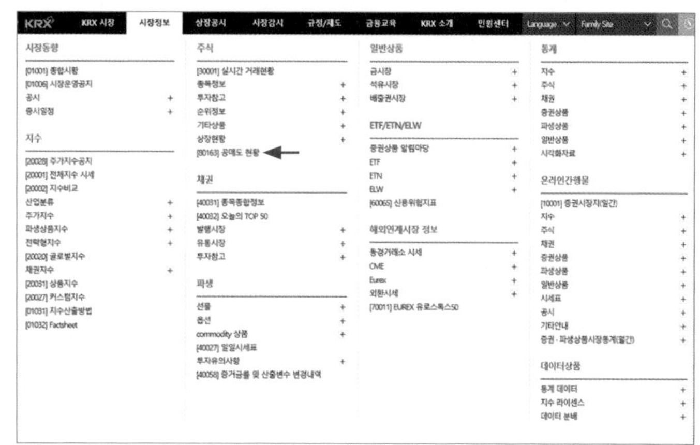

출처: 한국거래소

- STEP 5. 주식계좌 개설하기
- STEP 6. 집에서 직접 투자하기

2부

주식투자 준비하기

STEP 5

주식계좌 개설하기

주식투자의 첫 단계

주식투자를 시작하기 위해서 반드시 필요한 두 가지는 투자금과 증권계좌입니다. 돈을 거래하기 위해 은행계좌를 개설하듯이 주식을 거래하려면 증권계좌를 개설해야 합니다. 자신의 필요에 따라 은행을 선택하듯이 증권사도 본인의 취향대로 선택하면 됩니다. 원한다면 여러 증권사를 사용해도 괜찮습니다.

투자자들이 증권사를 선택하는 주된 기준은 접근성, 수수료, 편리성입니다. 접근성의 경우 거의 모든 증권사에서 비대면 계좌 개설 서비스를 운영하고 있기 때문에 더 이상 문제가 되지 않습니다. 증권사마다 조금씩 수수료 차이가 있지만 단타매매가 아니라면 이 차이는

용어

비대면 계좌 | 증권사에 방문할 필요 없이 본인 인증만으로 개설할 수 있는 계좌를 말합니다.

단타매매 | 단기간 투자 방식으로, 주로 당일 매수한 주식을 장이 끝나기 전 매도하는 것을 의미하며 전날 매수한 주식을 다음날 매도하는 것까지 포함하기도 합니다.

용어

HTS | Home Trading System. 컴퓨터를 통해 거래할 수 있는 프로그램을 말합니다.

MTS | Mobile Trading System. 스마트폰을 통해 거래할 수 있는 프로그램을 말합니다.

미미하기 때문에 크게 신경 쓸 필요는 없습니다. 확실한 것은 증권사 직원을 통해 거래하는 것보다 직접 거래하는 편이 더 저렴하고, 일반 증권계좌 수수료보다 비대면 계좌 수수료가 더 쌉니다. 편리성의 경우 각자의 기준이 있을 테니 개인마다 다릅니다. 특정 증권사의 HTS나 MTS만 가지고 있는 '특별한 기능'은 없으며, 화면 디자인 측면 외에는 별다르지 않습니다. 증권사마다 공식 홈페이지를 통해 수수료 및 기타사항을 소개하고 있으니 참고 바랍니다.

KB증권	https://www.kbsec.com
대신증권	https://www.creontrade.com
삼성증권	https://www.samsungpop.com
키움증권	https://www.kiwoom.com
모바일증권	https://www.mynamuh.com
한국투자증권	https://www.truefriend.com/bankis/main.jsp
한화투자증권	https://www.hanwhawm.com
하이투자증권	https://www.hi-ib.com

비대면 계좌 개설

비대면 계좌 개설 방법은 증권사마다 조금씩 다르긴 하지만, 큰 차이는 없습니다. 이 책에서는 KB증권의 비대면 계좌를 예로 설명하겠습니다.•

• 이 책 91p를 제외한 77~109p에 삽입된 이미지의 출처는 모두 KB증권www.kbsec.com입니다.

홈페이지 상단의 '비대면 계좌 개설' 메뉴를 클릭하면 관련 정보와 개설에 필요한 절차를 볼 수 있습니다.

스마트폰 기종(안드로이드, iOS)에 따라 구글플레이나 앱스토어에서 검색하거나 아래 QR코드를 이용해 설치하면 됩니다. 다음 단계를 따라서 하면 간편하게 시작할 수 있습니다. 먼저 해당 증권사의 앱을 설치합니다(KB증권, Start able).

1. Start able App 설치
구글 플레이스토어, 애플 앱스토어에서
'Start able' or 'KB증권'을 검색하세요!
기분 좋은 만남
Start able
Start able
KB증권
Download on the App Store
Google play
App 다운로드(QR코드)
QR코드를 스캔하시면
비대면계좌개설(Start able) 앱을 바로 다운받으실 수 있습니다.
안드로이드 QR코드
IOS QR코드

앱을 실행한 후 휴대전화 혹은 공인인증서를 이용해서 본인 인증을 하고, 신분증을 촬영해 등록합니다. 다음으로 계좌 개설 상품을 선택하는데 여기서 주식거래+CMA를 선택합니다. 필요에 따라 다른 것을 선택해도 됩니다. 개인정보를 등록하고 HTS(컴퓨터)로 이용할 것인지 MTS(휴대전화)로 이용할 것인지를 선택합니다. 이때 카드 및 보안매체의 발급 여부도 같이 정합니다. 약관 동의, 비밀번호 설정, 본인 확인까지 마치면 계좌 개설이 완료됩니다.

대부분 화면에서 실행되는 대로 따라서 하면 되기 때문에 어려운 것은 없습니다. 단, 이때 가장 중요한 것이 바로 위탁증거금 관련 부분 체크입니다.

2. Start able 실행
Start able App 실행 후
계좌개설 시작하기 버튼을 선택하세요.
기분 좋은 만남
Start able
계좌개설 시작하기 >
3. 본인 인증
휴대폰 또는 공인인증서를 통해
본인인증을 진행합니다.
본인인증
휴대폰번호
공인인증서
김국민
830926
2●●●●●●
< 이전
다음 >
4. 신분증 촬영
주민등록증 또는 운전면허증을 촬영합니다.
인식된 정보를 꼭 확인 후 전송하세요.
주민등록증

5. 계좌 개설 상품 선택

계좌개설 상품을 선택해주세요.

6. 고객정보 입력

개인정보, 계좌개설목적, 통보방법설정, 투자정보확인서를 입력해주세요.

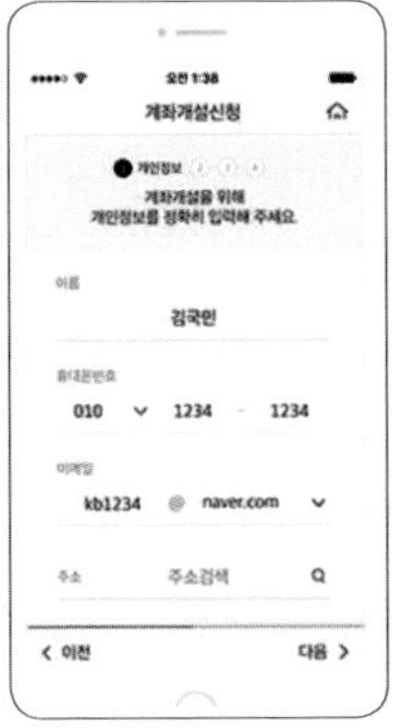

7. 계좌서비스 신청

원하는 카드 기능과 보안카드 발급 여부를 선택해주세요.

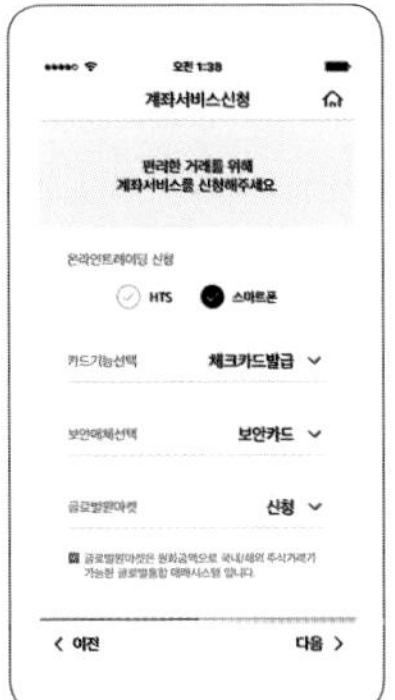

8. 약관 동의

약관의 내용을 확인하시고 동의를 선택해주세요.

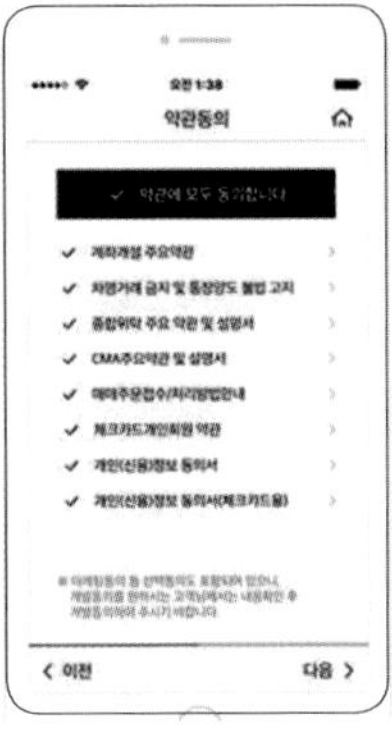

9. 계좌 비밀번호 설정

계좌비밀번호를 설정해주세요.

10. 본인 확인

타행계좌 또는 영상통화 인증을 통해서 보인확인을 진행주세요.

11. 계좌 개설 완료

최종 계좌 개설 완료!
ID 등록 후 KB증권 거래를 시작하세요!

12. 100% 증거금 선택

미수거래를 원하지 않는 경우
100%증거금 선택하세요.

용어

위탁 증거금 | 투자자가 증권회사를 통해 매매 주문을 할 때 담보로 납부하는 증거금으로 '위탁보증금'이라고도 부릅니다.

미수 거래 | 주식을 매수하려 할 때 전체 주식 금액의 30% 이상에 해당하는 증거금을 내고 외상으로 주식을 살 수 있는 제도입니다.

100% 증거금 | 증거금이란 주식 거래 시 결제를 위한 보증금에 해당하는데, 100% 증거금을 선택할 경우 보유한 금액 이상의 주식을 매수할 수 없습니다.

미수 거래와 100% 증거금 둘 중 선택해야 하는데 100% 증거금을 선택하는 쪽을 추천합니다. 주식투자의 기본 원칙에 따라 여유자금으로만 투자해야 하는데 미수 거래의 경우 빚을 내서 투자하는 것이므로 빚을 진 상태로 투자를 진행하면 여유로운 마음으로 임할 수 없어 심리전에서 밀리게 됩니다. 증권사에 가서 직접 계좌 개설을 할 때도 마찬가지로 미수 거래가 아닌 100% 증거금을 선택해야 합니다.

불곰's Talk

직접 방문해서 계좌 개설하기

스마트폰 사용이 익숙하지 않거나 또 다른 이유로 직접 방문해서 증권계좌를 개설하고 싶다면, 신분증을 지참하고 증권사에 찾아가 직원이 제시하는 관련 서류를 작성하면 됩니다.

STEP 6

집에서 직접 투자하기

HTS · MTS 시작하기

증권계좌를 만들었다면 이제 본격적으로 주식투자를 시작하기 위해서 HTS나 MTS 프로그램을 사용해야 합니다. 앞서 소개한 대로 HTS는 컴퓨터를 통해 거래할 수 있는 프로그램이고, MTS는 스마트폰을 통해 거래할 수 있는 프로그램입니다. 이 책에서는 KB증권의 HTS · MTS를 예로 설명하겠습니다.

HTS · MTS 설치방법

HTS는 증권사별 홈페이지에서 다운로드 받아 설치할 수 있습니다.

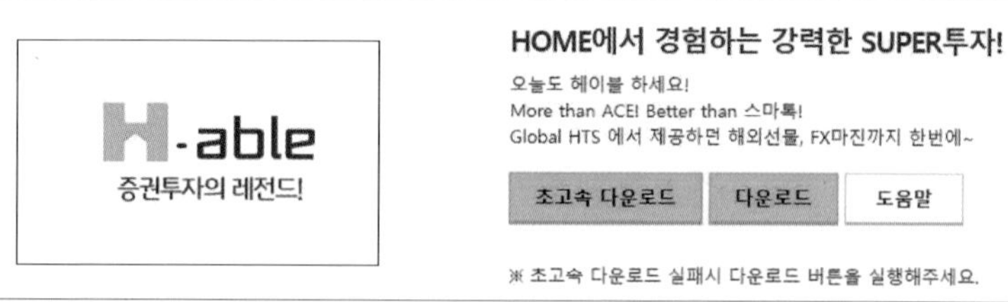

MTS는 자신의 스마트폰 운영체제별 해당 스토어에서 각 증권사의 MTS 애플리케이션을 검색해 설치하면 됩니다. 안드로이드용과 iOS용이 있으며, 일반 앱을 다운 받는 것과 마찬가지의 방법으로 설치합니다. 일부 증권사는 비대면 계좌를 만들 때 사용했던 앱으로 MTS 프로그램을 사용할 수 있는 경우도 있습니다.

HTS · MTS 공인인증서 등록

HTS나 MTS를 설치한 후 공인인증서를 등록해야 합니다. 공인인증서 발급 및 재발급이 필요하면 HTS의 경우 해당 증권사 홈페이지에서 등록할 수 있고, MTS의 경우 설치한 해당 증권사 앱에서 발급받을 수 있습니다. 기존에 사용하던 범용 인증서(유료)나 증권용 인증서(무료)가 있다면 타기관 인증서를 등록하면 됩니다. 단, 은행용 공인인증서는 등록할 수 없습니다.

| HTS용 공인인증서 등록 |

증권사 홈페이지에서 공인인증서 관련 탭을 클릭하여 접속합니다.

신규 및 재발급은 '인증서 발급/재발급' 항목을 통해 본인인증 절차를 거쳐 발급 받으면 되고, 기존에 모바일 공인인증서를 가지고 있는 경우 '스마트기기 인증서 복사' 항목을 통해서 복사하면 됩니다. 마지막으로 해당 증권사가 아닌 다른 증권사에서 발급 받은 증권용 공인인증서가 있다면 '타기관 인증서 등록'을 하면 됩니다.

| MTS용 공인인증서 등록 |

모바일용 공인인증서 등록 역시 비슷한 절차로 진행됩니다. 공인인증서가 없을 경우 다음 화면에서 1번 '인증서 발급/재발급' 버튼을 클릭하고 순서에 따라 진행하면 증권용 인증서를 발급 받을 수 있습니다.

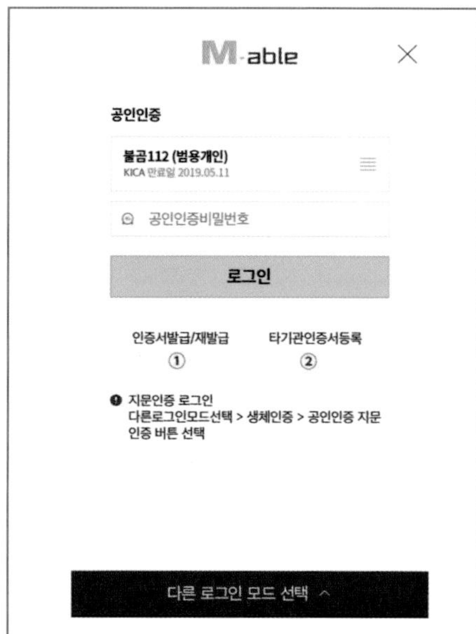
M-able
공인인증
불곰112 (범용개인)
KICA 만료일 2019.05.11
공인인증비밀번호
로그인
인증서발급/재발급
①
타기관인증서등록
②
지문인증 로그인
다른로그인모드선택 > 생체인증 > 공인인증 지문 인증 버튼 선택
다른 로그인 모드 선택

인증서 발급/재발급 약관동의
닫기
· 스마트폰에서 인증서를 발급 받을 경우 기존의 인증서는 폐기 됩니다.
SignKorea 공인인증서비스 이용약관
(증권/선물사 홈페이지 또는 HTS 관련 화면)
이용약관에 동의합니다.
SignKorea 공인인증서 발급에 따른
개인정보 수집 및 이용동의
(증권/선물사 홈페이지 또는 HTS 관련 화면)
개인정보 수집 및 이용에 동의합니다.
SignKorea 공인인증서 발급에 따른 개인정보 제3자
제공에 대한 동의
(증권/선물사 홈페이지 또는 HTS 관련 화면)
개인정보의 제3자(공인인증기관 코스콤) 제공에 동의합니다.
확인

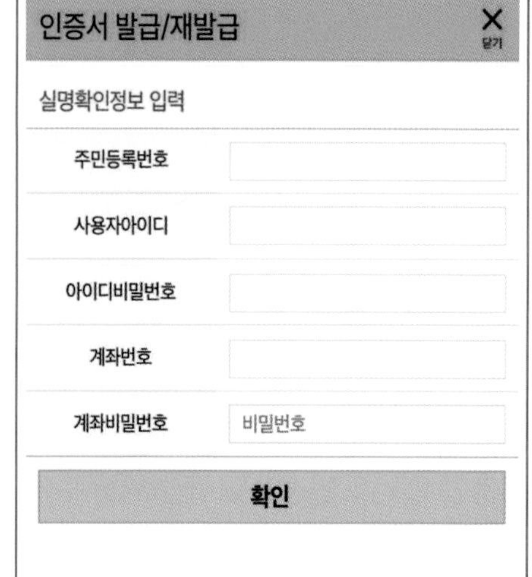
인증서 발급/재발급
닫기
실명확인정보 입력
주민등록번호
사용자아이디
아이디비밀번호
계좌번호
계좌비밀번호
비밀번호
확인

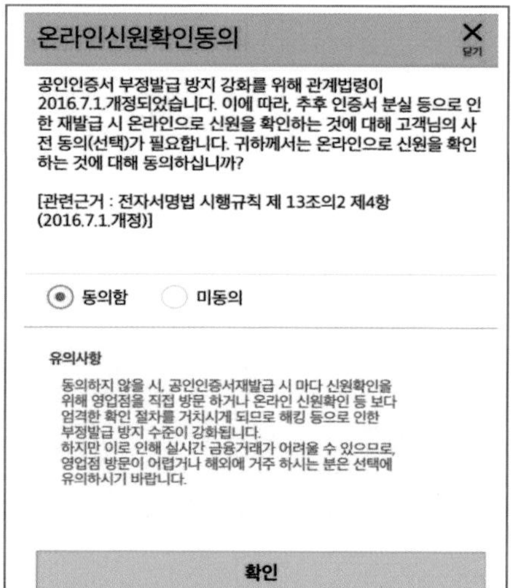
온라인신원확인동의
닫기
공인인증서 부정발급 방지 강화를 위해 관계법령이 2016.7.1.개정되었습니다. 이에 따라, 추후 인증서 분실 등으로 인한 재발급 시 온라인으로 신원을 확인하는 것에 대해 고객님의 사전 동의(선택)가 필요합니다. 귀하께서는 온라인으로 신원을 확인하는 것에 대해 동의하십니까?
[관련근거 : 전자서명법 시행규칙 제 13조의2 제4항 (2016.7.1.개정)]
동의함
미동의
유의사항
동의하지 않을 시, 공인인증서재발급 시 마다 신원확인을 위해 영업점을 직접 방문 하거나 온라인 신원확인 등 보다 엄격한 확인 절차를 거치시게 되므로 해킹 등으로 인한 부정발급 방지 수준이 강화됩니다.
하지만 이로 인해 실시간 금융거래가 어려울 수 있으므로, 영업점 방문이 어렵거나 해외에 거주 하시는 분은 선택에 유의하시기 바랍니다.
확인

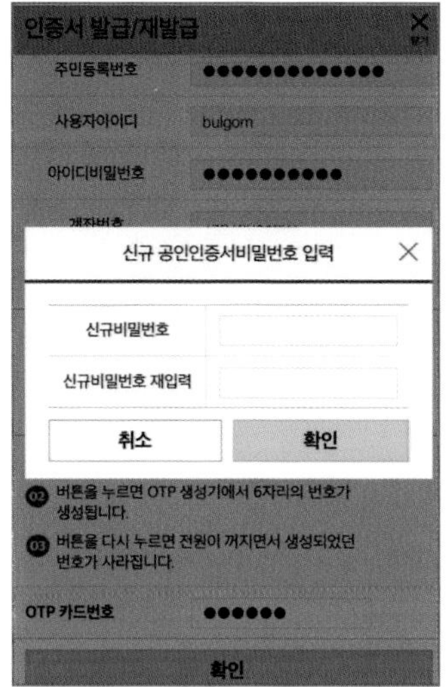

기존에 범용 인증서나 증권용 공인인증서를 가지고 있다면 아래 화면에서 2번 '타기관 인증서 등록' 버튼을 클릭해 공인인증서를 등록합니다.

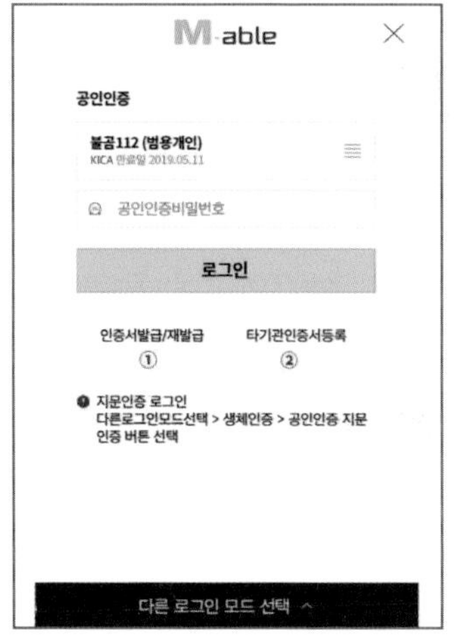

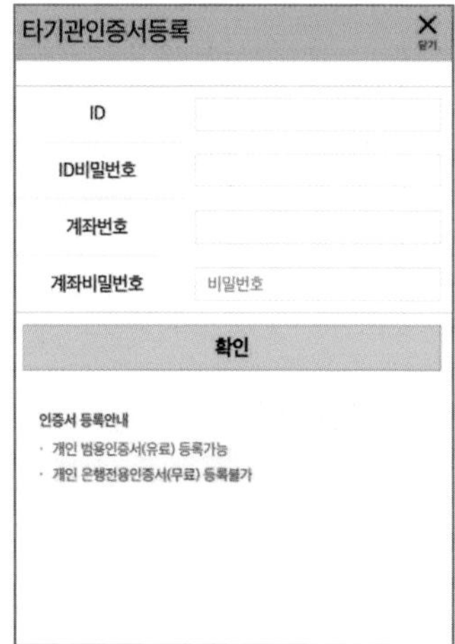

HTS로 거래하기

HTS, MTS 모두 얼핏 보면 기능들이 많아서 복잡해 보이지만, 실제로 사용하는 기능은 많지 않습니다. 몇 가지 기능만 알아두면 주식투자를 하는 데 전혀 문제가 없습니다.

① 홈트레이딩 사이트에 접속하기

우선 HTS부터 설명하겠습니다. 처음 HTS 프로그램을 실행하면 아래와 같은 로그인 화면이 나타납니다.

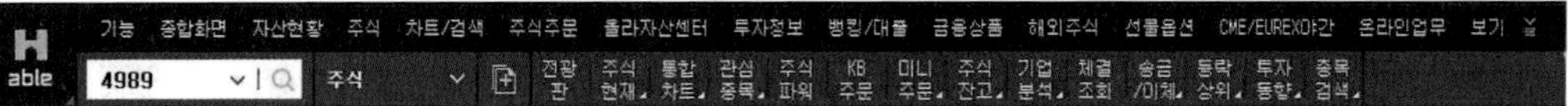

로그인 후 나오는 메뉴입니다. 많은 메뉴가 보이지만 직접적으로 주식투자에 필요한 기능들만 설명하겠습니다.

② 실시간 잔고 확인하기

'주식잔고' 메뉴에서 '실시간 잔고(주식)' 항목을 클릭하면 실시간 잔고를 확인할 수 있습니다. 어떤 종목을 보유했는지, 현재의 평가손익이 얼마인지, 평균 매수단가와 현재가는 얼마인지, 최종 평가금액은 총 얼마인지 등이 표시됩니다.

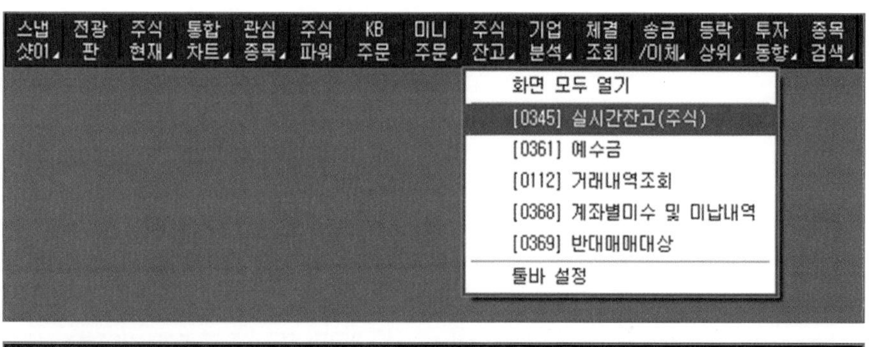

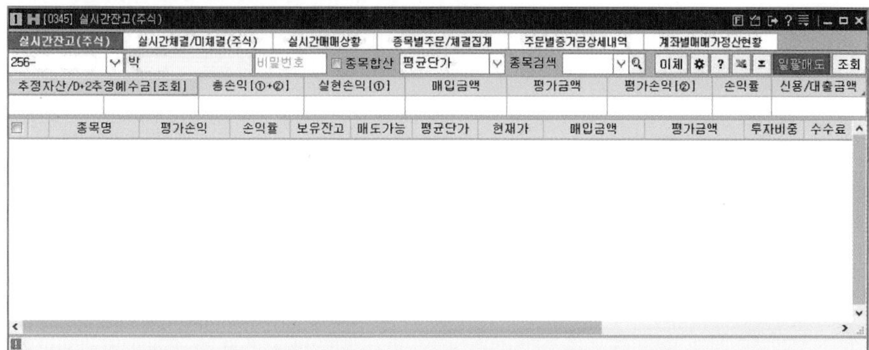

③ 예수금 확인하기

예수금이란 증권계좌에 있는 돈으로 주식을 매수할 때 증거금으로 사용합니다. '주식잔고' 메뉴에서 '예수금' 항목을 클릭해 확인할 수 있으며 여기서 '예수금상세' 탭을 클릭해 D+1 예수금과 D+2 예수금도 볼 수 있습니다.

D+1 예수금은 오늘을 기준으로 내일 계좌에 있을 금액이고, D+2 예수금은 오늘을 기준으로 이틀 뒤 계좌에 있을 금액입니다.

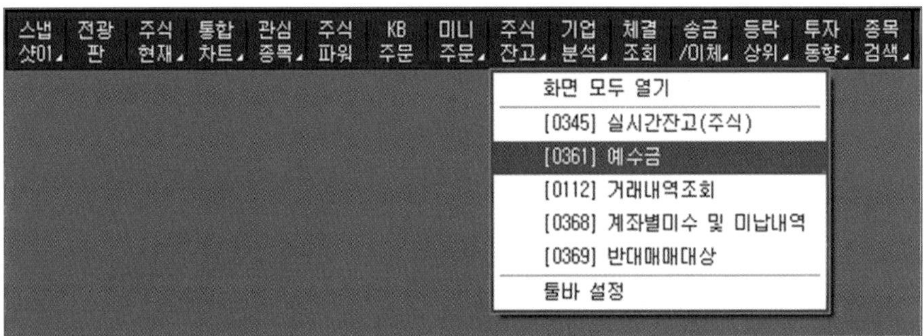

[0362] 예수금상세

예수금 | 예수금상세 | 결제예정내역상세 | 계좌자산평가 | 권리정보상세조회 | 반

계좌번호 256- | 박 | 비밀번호 | 조회

	잔액	증거금	신용담보금	추가신용담보
예수금				
대용금				

예수금기타					
	수표금액	미결제기타수표		인출가능금액	
	현금미수금	이자미납금	기타대여금	미수확보금	권리대용금

신용대출 현황	융자	대출	합계	담보비율	담보부족

	추정예수금	추정인출가능
D+1일		
D+2일		

주식을 팔았는데, 왜 출금이 바로 안 되죠?

주식계좌를 만든 후 주식을 거래하기 위해서 가장 먼저 해야 하는 일은 당연히 투자할 돈을 증권계좌에 입금하는 것입니다. 주식을 매수하면 이 계좌에서 돈이 나가고, 매도하면 이 계좌로 돈이 들어옵니다. 주식은 매매와 동시에 바로 입고 및 출고되지만 돈은 매매 체결 후 2일 뒤(영업일 기준 D+2일)에 결제됩니다. 영업일 기준이므로 월요일에 매매하면 수요일에 결제되고 금요일에 매매하면 화요일에 결제됩니다.

④ 관심종목 확인하기

'관심종목' 메뉴에서 HTS에 관심 있는 종목을 등록해놓을 수 있습니다. 주식투자를 하다 보면 여러 종목에 관심을 가지게 되는데, 그룹을 만들어서 그룹별로 종목을 나눠 두면 관리하기 편리합니다. 관심이 가는 종목이 있다면 바로 종목명을 검색해 등록할 수 있습니다. 단순히 명칭뿐만 아니라 재무, 시세, 거래량 등의 조건을 정해서 종목을 검색할 수도 있습니다.

[0130] 관심종목

004 불곰의관심종 등록 기본 정규장 예상 멀티연동 매수 매도

최근종목 | 관심그룹001 | 불곰관심종목 | 관심종목 2 | 불곰의관심종목

[004] 불곰의관심종목(기본)

뉴	구	일	종목명	현재가	대비	등락률	거래량	전일거래비	시가	고가	저가
			KB금융	64,000	▲ 1,500	2.40	745,524	61.05	63,000	64,400	62,500

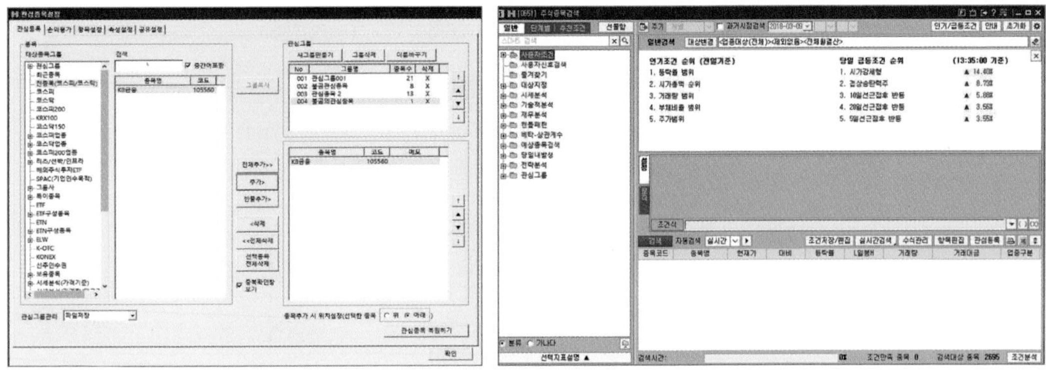

⑤ 차트 확인하기

다음은 차트를 보여주는 화면입니다.

HTS, MTS의 기본적은 차트 형태는 캔들(봉) 차트로, 모양이 비슷하다고 해서 캔들이라고 부릅니다. 당일 주가의 시작가격, 마감가격, 최고가격, 최저가격을 캔들 모양으로 표시해 차트 형태로 보여줍니

다. 빨간색은 양봉, 파란색은 음봉이라 부릅니다.

● 양봉의 형태

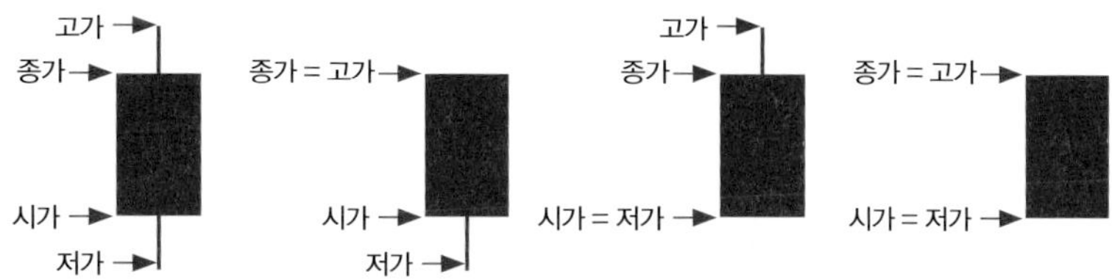

● 음봉의 형태

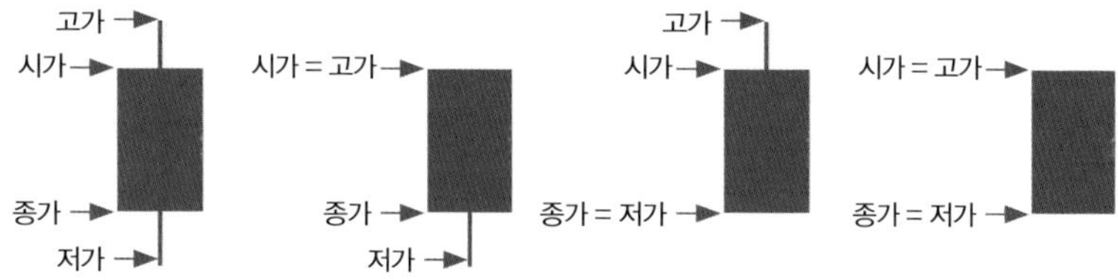

- 시가: 정규시장 시작가격을 말합니다. 정규시장 개장 전(08:30~09:00) 동시호가로 결정된 가격으로 정규시장을 시작할 때의 가격입니다.
- 종가: 정규시장 마감가격을 말합니다. 주식시장에서 당일의 마지막에 결정되는 가격입니다. 15:20~15:30에 이뤄지는 동시호가로 결정됩니다.
- 고가: 당일 최고가격을 말합니다.

- 저가: 당일 최저가격을 말합니다.

⑥ 주식 주문하기

아래 화면은 주식 매수, 매도, 정정, 취소 주문을 할 수 있는 창입니다.

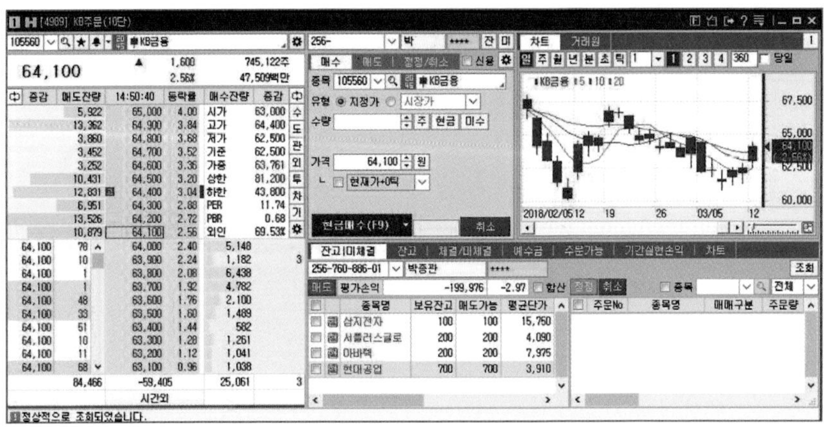

화면 가운데의 매수 혹은 매도 탭을 눌러 주식을 거래할 수 있습니다. 먼저 크게 지정가, 시장가로 나눌 수 있습니다.

- **지정가 주문:** 거래하고자 하는 종목을 선택하고 원하는 가격을 지정해서 주문을 넣습니다. 빠른 주식 거래보다 원하는 가격에 주문해 두고 그 가격에 체결될 때까지 기다리면서 매매하는 주문 방식입니다. 시세보다 싸게 사고 싶거나 높게 팔고 싶을 때 이용하면 됩니다. 여유 있는 주식투자를 위해서는 지정가 주문을 추천합니다.

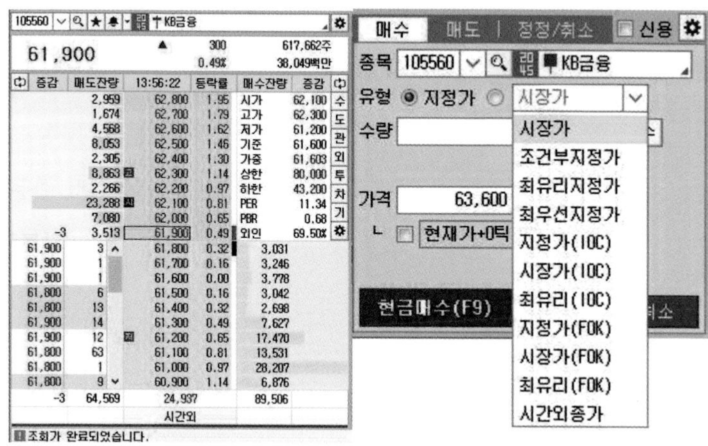

● **시장가 주문:** 사용자가 거래하고자 하는 종목을 선택해 수량만 지정하고 가격은 지정하지 않고 주문하는 방법으로, 주문이 들어간 시점에서 가장 유리한 매매원칙에 따라 거래가 성사됩니다. 시장가를 선택하고 매수 주문을 넣으면 매도호가 첫 번째 금액, 즉 가장 낮은 가격으로 즉시 주문이 체결됩니다. 반대로 시장가를 선택하고 매도 주문을 넣으면 매수호가 첫 번째 금액, 즉 가장 높은 가격으로 즉시 주문이 체결됩니다. 시장가 주문은 주식을 빠르게 사고팔고 싶을 때 이용하면 됩니다.

> **용어**
>
> **매도호가** | 매수자가 주식을 사려고 제시하는 가격입니다.
>
> **매수호가** | 매도자가 주식을 팔고자 제시하는 가격입니다.

위의 화면에서 10호가창을 보면 매수호가 10개, 매도호가 10개가 보입니다. 시장가로 매수 주문을 하면 6만 1,900원에 체결되고, 시장가로 매도 주문을 하면 6만 1,800원에 체결됩니다.

● **조건부지정가 주문:** 지정가 주문과 시장가 주문을 결합한 주문 방

식입니다. 정규 시간 동안에는 지정가 주문과 같은 방식으로 주문이 체결되지만, 마감 시간까지 매매가 성립되지 않으면 시간외 종가주문으로 자동 전환되는 주문 방법입니다. 즉, 정규 시간에 매매가 이뤄지지 않으면 장 종료 후 당일 종가로 매매됩니다.

- **최유리지정가 주문:** 매매할 종목과 수량만 지정하면 주문을 넣은 사람에게 유리한 가격으로 지정되는 주문 방식입니다. 매수 주문인 경우 제일 낮은 매도호가로 주문되고, 매도 주문인 경우 제일 높은 매수호가로 주문됩니다. 시장가 주문과 비슷하지만, 주문 수량이 소진될 때까지 동일 가격으로 지정돼 체결된다는 점이 다릅니다. 최우선지정가 주문보다 체결 확률은 높으나 잔량이 있을 시 체결되지 않을 수도 있습니다. 현재 호가 상황을 확인할 필요가 없을 때 활용합니다.
- **최우선지정가 주문:** 매매할 종목과 수량만 지정하면 매수 주문인 경우 가장 높은 매수호가로 주문이 들어가고, 매도 주문인 경우 가장 낮은 매도호가로 주문이 들어가는 방식입니다. 최유리지정가 주문과 같이 주문 수량이 소진될 때까지 동일 가격으로 지정돼 체결됩니다. 최유리지정가 주문처럼 현재 호가 상황을 확인할 필요가 없을 때 활용합니다.
- **조건부여 주문:** 일정한 조건을 부여해서 주문하는 방식으로 IOC Immediate Or Cancel order 주문과 FOK Fill Or Kill order 주문이 있습니다. IOC는 매수나 매도 주문 수량 중 체결 가능 수량만큼 거래가 성립되고, 체결되지 않은 주문 수량은 취소하는 조건으로 주문합니다. FOK는 매

수나 매도 주문 수량이 체결 가능한 수량과 일치할 경우 전량 거래가 성립되고, 일치하지 않는다면 전량 취소하는 조건으로 주문합니다.

누구의 주문이 먼저 체결될까?

어떤 물건을 사고팔 때, 거래가 성사되려면 판매자와 구매자가 원하는 가격이 동일해야 합니다. 주식 매매도 마찬가지로 매도자들과 매수자들이 원하는 가격이 일치하면 매매가 체결됩니다. 이 '원하는 가격'을 주식시장에서는 호가呼價라 부릅니다.

수많은 사람들이 동시다발적으로 원하는 가격과 수량을 제시합니다. 이 여러 건의 주문들이 체결되는 순서는 가격 우선, 시간 우선, 수량 우선 순입니다.

- **가격 우선의 원칙:** 주식 거래가 체결될 때 가격이 우선순위를 결정한다는 원칙으로 매수자는 가장 높은 금액을 부른 사람이 우선 체결되고, 매도자는 가장 낮은 금액을 부른 사람이 우선 체결됩니다. 즉, 고가의 매수호가는 저가의 매수호가에 우선하고, 저가의 매도호가는 고가의 매도호가에 우선한다는 원칙입니다.
- **시간 우선의 원칙:** 주문 시간으로 우선순위를 결정한다는 원칙으로 동일 가격으로 주문 접수를 했을 경우 먼저 주문한 사람이 우선 체결됩니다. 즉, 같은 호가로 주문이 여러 개 들어올 경우 먼저 주문한

쪽부터 차례대로 거래를 성립시키는 원칙입니다.

- **수량 우선의 원칙:** 주문 수량으로 우선순위를 결정한다는 원칙으로 호가와 시간이 같은 경우, 주문량이 많은 사람이 주문량이 적은 사람보다 우선 체결됩니다.

수수료, 거래세, 유관기관제 비용은 얼마나 들까?

주식을 매수할 때는 수수료가 발생하고, 매도할 때는 수수료와 거래세(0.3%)가 발생합니다. 수수료는 증권사에 지불하는 돈이고 거래세는 나라에 내는 세금이라고 생각하면 됩니다. 증권사에 수수료를 내면 증권사가 대신 유관기관제 비용을 냅니다. 증권사마다 직접 투자, 증권사 직원을 통한 투자, HTS 또는 MTS 투자 여부에 따라서 수수료는 다소 차이가 있습니다.

수수료 무료 혜택을 이용 중이라도 지불 금액이 아예 발생하지 않는 것은 아닙니다. 거래세와 유관기관제 비용은 여전히 내야 합니다. 유관기관이란 증권업협회, 한국증권거래소, 증권예탁결제원, 선물협회 등 증권거래를 하는 데 필요한 주변 업무를 독점권을 가지고 처리하는 기관들을 말하며, 이 유관기관에 납부하는 비용이 유관기관제 비용입니다.

수수료, 거래세, 유관기관제 비용은 HTS · MTS에서 자동으로 계산해 납부되므로 굳이 계산할 일은 없지만, 알아두는 것이 좋습니다. 예를 들어 매매 수수료가 0.015%고, 5만 원짜리 A 종목을 100주 매수해서 6만 원에 100주 매도했다고 가정해보겠습니다.

매수 수수료: (5만 원 × 100주) × 0.00015 = 750원
매도 수수료: (6만 원 × 100주) × 0.00015 = 900원
거래세(0.3%): (6만 원 × 100주) × 0.003 = 1만 8,000원

주식은 하루에 얼마까지 오를 수 있을까?

● **가격제한폭:** 가격제한폭은 지나친 주식 가격 변동을 막기 위해서 생긴 제도입니다. 하루 동안 주식시장에서 개별 종목의 가격이 오르거나 내려가는 한계는 ±30%로 정해져 있습니다. 원래는 ±15%였는데, 2015년 6월 15일부터 ±30%로 변경되었습니다.

● **상한가:** 주식 가격이 가격제한폭까지 오르는 것을 상한가라 하며, 범위는 +30%입니다.

● **하한가:** 주식 가격이 가격제한폭까지 내려가는 것을 하한가라 하며, 그 범위는 -30%입니다.

주식시장 붕괴를 막는 법률적 저지선

■ **거래중지제도_** 주식시장에서 주가가 지나치게 큰 폭으로 급등락할 경우 투자 심리를 진정시키고 다수의 투자자들이 관련 정보를 공유할 시간을 주어 주식시장의 붕괴를 막기 위해 거래를 일시적으로 지연 및 정지하는 제도입니다. 한국거래소 주체로 발동됩니다. 선물시장은 사이드카side car라 부르며 현물(주식) 시장은 서킷브레이커circuit breakers라고 합니다.

■ **사이드카_** 선물 가격이 전일 종가 대비 코스피는 5%, 코스닥은 6% 이상 상승 또는 하락이 1분 이상 지속될 때 발동합니다. 사이드카가 발동되면 5분간 주식시장의 프로그램 매매호가의 효력이 정지됩니다. 5분이 지나면 자동 해제되어 매매 체결이 다시 이뤄지고, 장 종료 40분 전(14시 50분 이후)부터는 발동되지 않으며, 1일 1회만 발동 가능합니다.

■ **서킷브레이커_** 종합주가지수가 갑자기 급락하는 경우 시장에 미치는 충격을 완화하기 위해 주식 매매를 일시 정지하는 제도이며, 3단계에 걸쳐 발동됩니다. 1, 2단계는 9시 5분부터 14시 50분 사이에 한 번씩만 발동할 수 있습니다.

1단계는 종합주가지수가 전일보다 8% 이상 하락하여 1분 이상 지속되는 경우에 발동됩니다. 모든 주식 거래를 20분간 중단한 다음 10분 동안 동시호가를 접수하여 단일가 매매로 체결합니다.

2단계는 종합주가지수가 전일보다 15% 이상 하락하여 1분 이상 지속되는 경우에 발동됩니다. 1단계와 마찬가지로 모든 주식 거래를 20분간 중단한 다음 10분 동안 동시호가를 접수하여 단일가 매매로 체결합니다.

3단계는 종합주가지수가 전일보다 20% 이상 하락하여 1분 이상 지속되는 경우에 발동됩니다. 시간과 상관없이 당일 주식 시장이 종료됩니다.

■ **변동성완화장치**volatility Interruption_ 급등주에서 많이 발생하는 변동성완화장치는 보통 '브이아이(VI)'라고 하는데 코스피나 코스닥 전체 시장에 변동이 일어난 것이 아니라 개별 종목의 주가가 급변했을 경우 발동되는 장치입니다. 순간적(동적 VI)으로 2~6%(매매 시간대별 차이 존재) 정도가 급변하거나, 누적적(정적 VI)으로 10% 변동하면 2분간 단일가 매매로 거래가 체결되는 과열방지 제도입니다

변동성완화장치가 발동되면 HTS · MTS에 표시돼 확인할 수 있습니다.

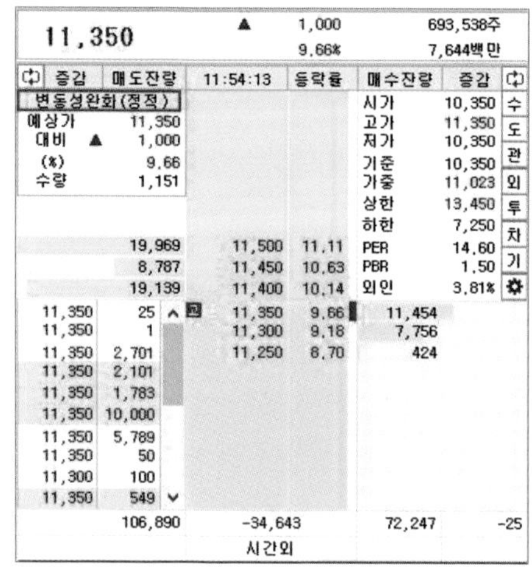

주식은 언제 거래할 수 있을까?

주식은 거래하고 싶을 때 언제든 거래할 수 있는 것은 아닙니다. 한국의 경우 한국증권거래소에서 지정한 개장일과 폐장일, 증시 휴장일(토·일요일, 공휴일, 대체휴일)이 있습니다. 또한 증시가 시작되고 끝나는 거래시간이 있으며, 해당 시간에 따라 체결방법이 다릅니다. 정리하면 다음 표와 같습니다.

체결방법	주식시장	거래시간
시간외 종가 (전일 종가 거래)	정규시장 시작 전 시간외 거래	08:30 ~ 08:40
동시호가 (단일가 매매: 당일 시초가 결정)	정규시장 시작 전 동시호가	08:30~ 09:00
호가 거래	정규시장	09:00 ~ 15:20
동시호가 (단일가 매매: 당일 종가 결정)	정규시장(마감 전 동시호가)	15:20 ~ 15:30
시간외 종가 (당일 종가 거래)	정규시장 마감 후 시간외 거래	15:40 ~ 16:00
시간외 단일가매매 (10분 단위로 결정, 총 12회 거래)	정규시장 마감 후 시간외 단일가	16:00 ~ 18:00

● **정규시장:** 주식시장에서 가장 기본이 되는 거래시장으로 오전 9시부터 오후 3시 30분까지입니다. 주로 이 시간에 가장 많은 거래가 이루어집니다. 정규시장 시작 30분 전부터 당일의 시초가를 결정 짓

는 동시호가가 시작됩니다.

● **시간외 거래:** 정규시장 시간 외에 이뤄지는 거래로 장 시작 전 오전 8시 30분부터 오전 8시 40분까지 전일 종가로 거래되는 장전시간외 거래와 장 마감 후 오후 3시 40분부터 오후 4시까지 당일 종가로 거래되는 장후시간외 거래가 있습니다. 해당 시간이 넘어간 주문은 취소 처리됩니다. 예를 들어 A종목의 정규시장 종가가 1만 5,000원이라면 시간외 거래 시간에 사는 사람과 파는 사람 모두 1만 5,000원에 매매합니다.

● **시간외 단일가매매:** 일정 시간 동안 접수된 주문들을 일정 시점에 하나의 가격으로 거래를 성사시키는 동시호가 방식을 사용하며, 정규시장 종료 후 당일 종가가 결정되면 그 종가의 ±10% 범위에서 주문을 넣으면 10분 단위로 일괄 체결되는 거래 방식입니다. 시간은 오후 4시부터 오후 6시까지입니다. 총 12회 거래가 이루어지며 체결 기준은 가격 우선의 원칙과 시간 우선의 원칙을 따릅니다. 시간외 단일가매매에서 주가가 크게 변한다 해도 다음날 기준가는 당일 정규시장 종가입니다.

동시호가

매매 거래를 시작할 때와 끝날 때 일정시간 동안 접수된 대량 주문을 공정하게 처리하기 위하여 만든 제도로, 시간 우선의 원칙을 무시하고 동시에 낸 주문으로 간주하여 가격 우선의 원칙에 따라 단일 가격으로 거래를 체결합니다. 이 제도의 목적은 주가 왜곡을 방지하고 공정한 거래를 성사하는 것입니다. 대표적으로 적용되는 경우는 정규주식시장 시작 전(08:30~09:00)과 마감 전(15:20~15:30)입니다.

● **동시호가가 적용되는 다른 경우**

- 시간외 단일가매매(16:00~18:00 매 10분 단위로 체결)
- 급격한 주가 변동으로 인한 서킷브레이커, 변동성완화장치(V.I) 등이 발동했을 때
- 단기과열종목, 투자위험종목 등으로 지정된 종목이 단일가매매 조건에 해당된 경우
- 상장폐지 전 정리매매인 경우

● **상한가 · 하한가일 때 동시호가 정량배분 법칙**

만약에 동시호가가 적용되는 시간에 상한가나 하한가일 때 매매 주문이 몰리게 되면, 정량배분을 합니다. 정량배분 법칙에 의하면 정량배분을 하는 순서와 수량은 다음과 같습니다.

① 매매수량단위[•]의 100배

• 매매수량단위: 1주

② 매매수량단위의 500배

③ 매매수량단위의 1,000배

④ 매매수량단위의 2,000배

⑤ 잔량의 1/2

⑥ 잔량 전부

예를 들어 어떤 종목이 상한가인 경우 매수자 갑이 2만 5,000주, 을이 6,500주, 병이 2,250주, 정이 100주를 주문을 넣었고, 매도자 A가 2만 1,000주를 매도 주문을 넣었다고 가정했을 때 체결과정은 다음과 같습니다.

매수자	1차 배분	2차 배분	3차 배분	4차 배분	5차 배분	잔여물량
갑(25,000주)	100	500	1,000	2,000	10,700	10,700
을(6,500주)	100	500	1,000	2,000	750	2,150
병(2,250주)	100	500	1,000	650	–	0
정(100주)	100	–	–	–	–	0

표에서 보듯 매도물량의 한정수량으로 갑과 을은 미체결 잔량이 존재합니다. 장 개시 이후 매수 잔여물량이 존재한다면, 잔량이 소진될 때까지 매도물량이 나오는 대로 배분됩니다.

불곰's Tip

저가분할매수 방법

저가매수를 하기 위해서는 주식을 한 번에 다 사지 말고 여유를 가지고 나눠서 사는 분할매수가 필요합니다. 가장 중요한 개념은 '호가창을 깨지 않는 분할매수'입니다. 한 번에 대량 주문을 넣으면 시장가를 형성하는 매도호가창이 깨지면서 매집해야 할 종목의 주가가 상승하는 원인이 됩니다. 예를 들어 아래 호가창을 보면 현재 최우선 매도가는 6,360원이고, 최우선 매수가는 6,350원입니다. 여기서 한 매수자가 6,360원에 500주의 매수 주문을 넣으면 6,360원의 매도호가창이 깨지고 6,370원으로 매도 최저가격이 올라갑니다. 심리적으로 매도하려는 사람들은 급변하는 종목이 아니면 새로운 최저가에 매도하려 하지 않기 때문에 매수자의 입장에서는 저가매수가 어려워지게 됩니다. 따라서 호가창의 경우 6,360원에 200주 정도만 매수해 호가창을 깨지 않고 추가로 매도 물량이 나오기를 기다리는 것이 올바른 저가분할매수를 통한 매집방법입니다.

	225	6,450	0.78	시가	6,400
	125	6,440	0.63	고가	6,400
	20	6,430	0.47	저가	6,230
	1,212	6,420	0.31	기준	6,400
	32	6,410	0.16	가중	6,310
	1,451	6,400	0.00	상한	8,320
	1,634	6,390	0.16	하한	4,480
	347	6,380	0.31	PER	5.86
	133	6,370	0.47	PBR	0.87
-2	261	6,360	0.63	외인	8.03%
6,360	2	6,350	0.78	281	
6,360	2	6,340	0.94	4	
6,360	5	6,330	1.09	5	
6,360	101	6,320	1.25	5	
6,360	2	6,310	1.41	5	
6,360	2	6,300	1.56	478	
6,360	2	6,290	1.72	3,961	
6,360	100	6,280	1.88	1,542	
6,360	50	6,270	2.03	4,001	
6,360	5	6,260	2.19	196	
-2	5,440	5,038		10,478	

MTS로 거래하기

MTS 사용법은 앞서 배운 HTS와 크게 다르지 않습니다. 화면 크기나 모양이 다를 뿐 기능은 차이가 없습니다.

① MTS 실행하기

처음 애플리케이션을 실행하면 아래와 같은 로그인 화면이 나옵니다.

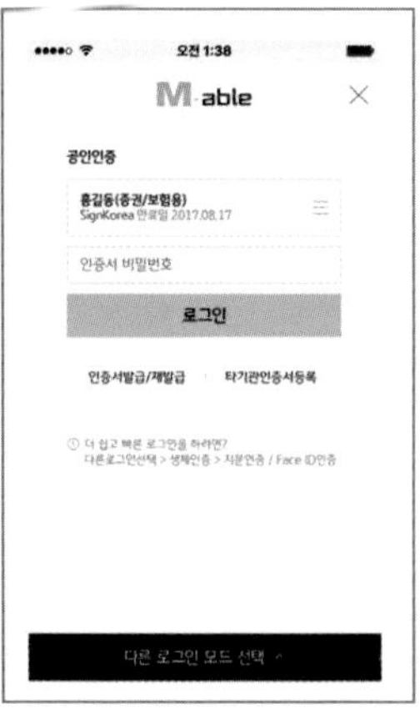

비대면 계좌 개설 시 공인인증서를 통해 본인인증을 했다면 기본적으로 공인인증서가 등록돼 있어 따로 등록할 필요가 없지만, 인증서가 없을 경우 새로 발급 받거나 다른 기관에서 발급 받은 인증서가 있을 경우 타기관 인증서를 등록하고 이용하면 됩니다. 다른 로그인 모드를 선택하면 간편인증, 생체인증, ID로그인, 소셜로그인을 이용

할 수 있습니다.

② 주식계좌 확인하기

HTS '주식잔고' 메뉴의 '실시간 잔고'라고 생각하면 됩니다. MTS는 HTS보다 화면이 작기 때문에, HTS에서 한 화면에 나오는 것을 MTS는 여러 화면으로 나누었습니다.

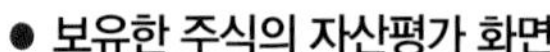
● 보유한 주식의 자산평가 화면

● 예수금 상태를 보여주는 화면

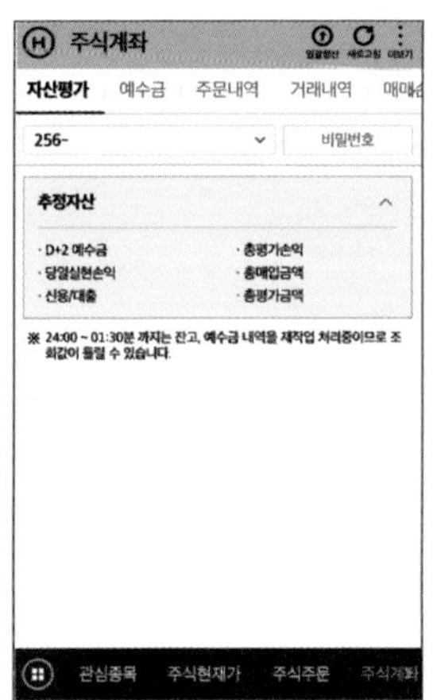

③ 관심종목 설정하기

HTS를 통해 관심 그룹과 관심종목을 등록해 놓았다면 MTS에서도 보입니다. HTS와 MTS는 연동돼 있어 항상 동기화되며, 한쪽에서 변동사항이 생기면 다른 쪽에 바로 반영됩니다. 상단의 편집 버튼을 선택하면 관심 그룹을 생성하고 관심종목을 추가할 수 있습니다.

● 관심종목 확인 화면

● 그룹 생성 및 수정 화면

● 종목 추가 및 삭제 화면

관심종목을 추가하기 위해서 종목을 검색할 때 나오는 화면과 종목을 추가했을 때 화면입니다.

● 종목 검색 화면

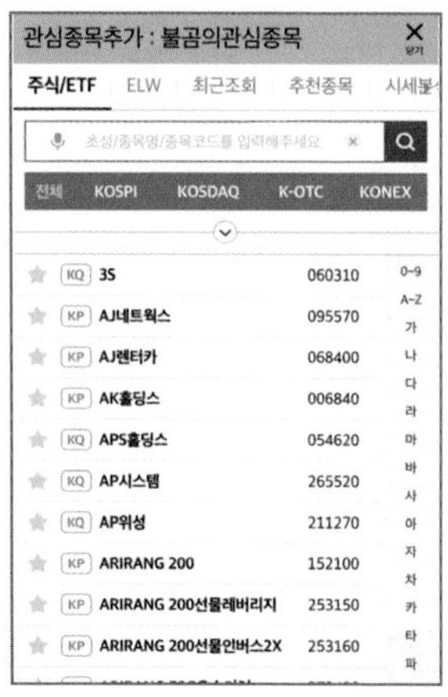

● 종목 추가 화면

아래와 같이 조건을 지정해 종목을 검색할 수도 있습니다.

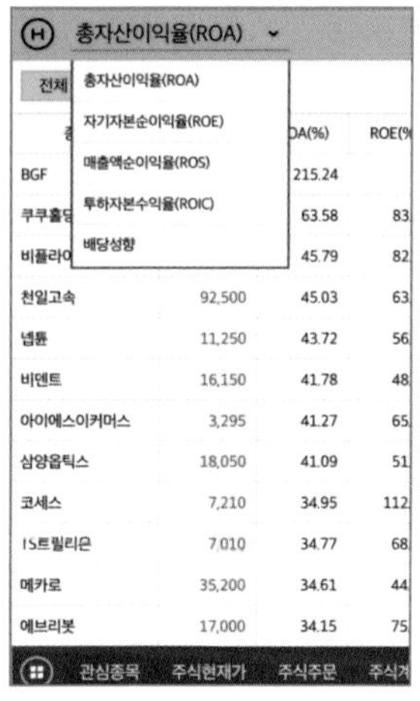

④ 차트 확인하기

특정 종목의 차트를 보여줍니다.

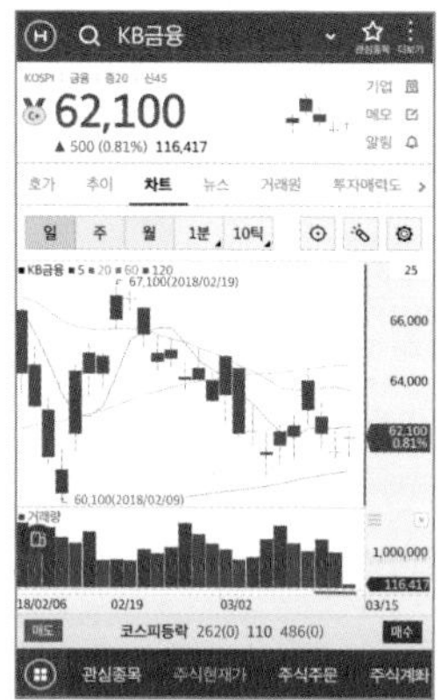

⑤ 주식 주문하기

해당 종목을 선택하면 언제든지 매도와 매수를 할 수 있는 버튼이 보이고 클릭하면 바로 주식 주문 화면으로 이동합니다.

● **매수 화면**

● **매도 화면**

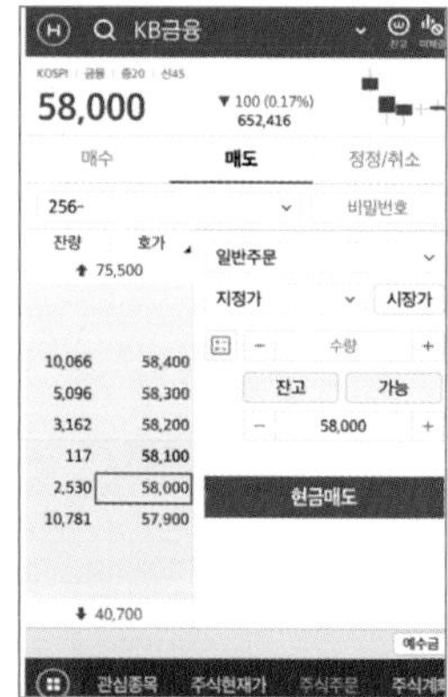

- STEP 7. 좋은 종목 찾아보기
- STEP 8. 기업 정보 분석하기
- STEP 9. 불곰의 투자 결정 6단계
- STEP 10. 실전 사례 학습

3부

절대 흔들리지 않는 주식투자 하기

: 기본적 분석의 모든 것

좋은 종목 찾아보기

좋은 종목은 어떻게 찾을까?

"어떤 산업, 어떤 종목부터 공부해야 할까요?"

주식투자를 시작하는 초보자가 많이 하는 질문입니다. 다소 황당하게 들리겠지만, 제 답은 "호기심을 가지고 열심히 살자"입니다. 좋은 종목은 당신의 주변 어디에나 존재할 수 있습니다. 우리는 자본주의 사회에서 돈을 버는 동시에 쓰면서 살아가고 있습니다. 주위를 둘러보면 사방은 '돈 이야기'로 넘쳐납니다. 호기심을 가지고 주위를 둘러보면 누가 돈을 버는지 알아차릴 수 있습니다. 그리고 주식에서 좋은 종목이란 바로 돈을 잘 벌지만 저평가된 회사의 주식입니다.

전혀 관심이 없는 종목에 대해서 공부하면 어렵기도 하고 금방 질리게 됩니다. 특히 전자공시시스템에 있는 사업보고서의 내용이 분량이 많고 지루하다고 느낄 가능성이 높습니다. 자신이 가장 잘 알고 있고 관심 있는 본업, 취미, 일상생활에서부터 종목 공부를 시작해야 합니다.

자신의 본업에 충실하기

현재 가지고 있는 본업에 충실해야 기본적인 수입이 보장돼 '쫓기지 않는' 투자를 할 수 있습니다. 당장 생활에 필요한 자금을 주식에 투자한다면 하락장에서 불안감은 극대화될 것입니다. 반면, 여유자금으로 투자했다면 하락장이 왔을 때도 공포에 떨지 않고 여유롭게 기다릴 수 있고, 눈여겨봤던 종목을 저가에 매수할 기회도 잡을 수 있습니다.

동시에 본업에 성실하면 산업, 아이템, 사람, 종목이 보이기 시작합니다. 무조건 본업과 직접적으로 연결된 종목을 사야 된다는 말은 아닙니다. 본업과 관련된 산업과 종목이 친숙하기 때문에 공부하기 더 수월합니다.

예를 들어, 식품회사에서 일하고 있다면 식품업계, 포장회사, 편의점, 대형마트, 유통업체 등에 대해서, 수입 식품을 판매하는 직장에 다닌다면 수입대행업체, 제품을 광고하고 홍보하는 마케팅대행사와 홍보대행사 등에 대해서 공부하면 됩니다. 마케팅대행사에서 일하고 있다면 광고업계, 광고주 회사와 경쟁사, 방송, 프로덕션, 엔터테인먼트 업계에 대해서 공부할 수 있습니다. 핸드폰이나 자동차 같은 제조 업계에서 일한다면 납품업체, 원청업체 등에 대해서 연구해볼 수도 있습니다.

어떤 일이든 관심을 가지고 열심히 일할수록 종사하는 업종에 대한 공부가 쉬워집니다. 그리고 본업과 관련된 업종에 대한 공부를 마치면 다른 업종과 종목에 대해서 공부하기 더 수월합니다. 자신의 업종에 대해서 공부하다 보면 다른 업종과 겹치는 부분들이 많음을, 각각의 회사들이 돈을 버는 메커니즘은 대부분 비슷하다는 사실을 깨닫게 됩니다. 지금 다니고 있는 회사의 돈을 버는 구조를 이해할 때, 다른 회사가 어떻게 돈을 버는지도 알 수 있다는 뜻입니다.

취미나 관심사에서부터 시작해보기

취미생활이나 관심사 등 자신이 가장 많이 지출하는 분야에 관심을 가지는 것을 추천합니다. 당신이 돈을 쓰는 만큼 누군가는 돈을 벌고 있다는 뜻이기 때문입니다.

예를 들어 여행이 취미라면 여행사, 항공사, 숙박업, 여행용품 혹은 해외에서 잘 팔리는 아이템에 대해서 관심을 가질 수 있습니다. 캠핑이 취미라면 축산업을 비롯한 캠핑 관련 식품, 텐트를 포함한 유행하는 각종 캠핑 용품과 옷, 캠핑족들이 어떤 차량을 구입하는지 등을 찾아볼 수 있습니다. 영화 감상이 취미라면 배급사, 영화관, 제작사, 불황과 활황 중 어느 때 사람들이 영화를 많이 보는지 등에 대해 호기심을 가질 수 있고, 취미가 독서라면 출판사, 서점, 출판 유통업 혹은 요즘 잘 팔리는 책을 보면서 앞으로의 트렌드에 대해서 알아볼 수도 있습니다.

일상생활의 지출에 주목해보기

마찬가지로 일상생활에서도 지출이 크거나 지속적으로 지출하고 있는 부분을 잘 살펴보는 게 좋습니다. 예를 들어, 마트에 장을 보러 갔을 때 자신이 자주 사는 제품이나 잘 팔리는 제품의 회사를 찾아서 공부해볼 수 있습니다. 쇼핑을 하다 '이 제품 대박이다'라고 생각한 경험이 한번쯤은 있을 겁니다. 많은 사람들이 특정 제품에 관심을 가지고 구매한다면 당연히 제품을 제조, 판매, 유통하는 회사는 돈을 벌게 되고 주가는 올라가게 마련입니다. 이런 식으로 단순한 호기심이 발현되는 지점에서부터 종목 공부를 시작해도 좋습니다.

월가의 영웅으로 불리는 피터 린치Peter Lynch는 "당신이 약간의 신경만 쓰면, 직장이나 동네 쇼핑 상가 등에서 월스트리트 전문가들보다 훨씬 앞서 굉장한 종목들을 골라 가질 수 있다"라고 했습니다. 이 말은 여전히 유효한 원칙입니다.

STEP 8

기업 정보 분석하기

가장 믿을 만한 기업 정보는 무엇인가?

주식시장에서 투자자가 가장 믿을 만하고 필요로 하는 '고급 정보'는 바로 모두에게 공개된 공식적인 '공시'입니다. 공시는 기업이 활동을 영위하는 사업 영역에 대한 소개, 재무제표, 영업실적 등을 기업이 직접 공개하는 것입니다. 이 자료는 전자공시시스템에서 확인할 수 있습니다. 전자공시시스템은 믿을 만한 정보를 모아둔 사이트로 언제라도 쉽게 이용할 수 있으며 분기·반기·사업보고서가 공개될 때 집중적으로 들여다볼 필요가 있습니다. 이 보고서들 중에서 특히 재무제표를 눈여겨봐야 합니다.

어떤 투자 종목을 발견했을 때 제일 먼저 확인해야 하는 것이 재무제표입니다. 주식을 발행한 회사가 돈을 얼마나 가지고 있는지, 얼마나 벌었는지 등을 전부 보여주기 때문에 주식투자에 들어섰다면 무조건 일순위로 파악해야 합니다. 재무제표를 보지 않고 주식에 투자하는 것은 파산 직전의 회사에 입사하는 것, 변제 가능성이 없는 사람에게 집을 담보로 돈을 빌려주는 것, 곧 상장폐지될 회사의 주식을 추격 매수하는 것 등과 같은 자살행위입니다.

회사의 상품, 아이템에 관한 판단은 주관적인 부분이지만 재무제표는 객관적인 판단을 돕는다는 면에서 믿을 만합니다. 재무제표가 기준에 미치지 못한다면 아이템을 살펴볼 필요도 없습니다. 심지어 죽은 사람을 되살리는 약을 만드는 회사라도 재무제표가 좋지 않다

면 더 이상 볼 필요가 없습니다. 그렇게 대단한 약을 만들었는데도 회사가 계속 적자라면, 그 약은 한 사람을 살리는 대신에 열 명이 죽게 된다는 식의 치명적인 문제점이 있을 겁니다.

공시자료 열람하기

전자공시시스템에 접속하면 아래와 같은 화면이 나옵니다. 살펴보고자 하는 기업의 이름을 검색하면 자료를 열람할 수 있습니다.

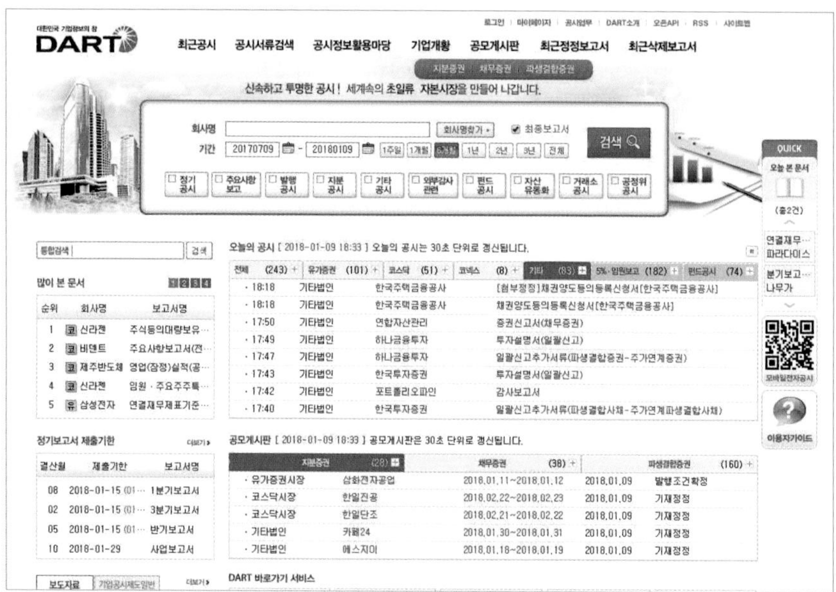

회사별 검색 화면에서 정기 공시를 체크하고 하단에서 사업보고서 · 반기보고서 · 분기보고서를 선택한 뒤 검색합니다.

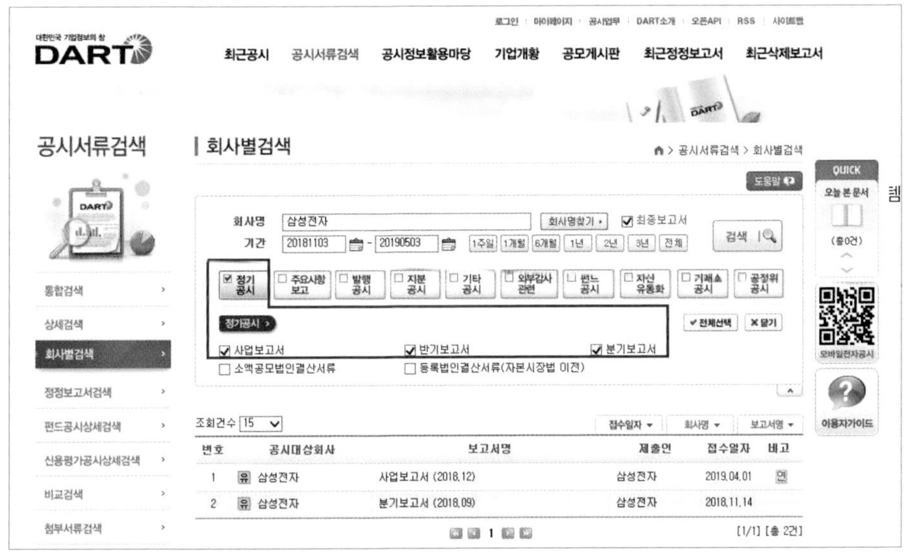

출처: 전자공시시스템

공시 자료 공개 시기

공시 대상 기업은 1년에 4번 분기별 보고서를 공개합니다. 해마다 1분기와 3분기에는 '분기보고서,' 2분기는 '반기보고서,' 4분기는 '사업보고서'를 내놓습니다.

1분기 분기보고서는 1~3월까지의 영업성과, 2분기 반기보고서는 4~6월과 1~6월의 영업성과를 보여줍니다. 3분기 분기보고서는 7~9월과 1~9월의 영업성과, 4분기 사업보고서는 1~12월의 영업성과를 보여줍니다.

보통 1분기 분기보고서는 5월 15일, 2분기 반기보고서는 8월 15일, 3분기 분기보고서는 11월 15일, 4분기 사업보고서는 3월 30일까지 공시합니다.

만약 상장을 한 첫 해와 그다음 해의 반기보고서와 분기보고서를 연결 기준으로 공시하는 경우 제출기한이 15일 연장됩니다. 1분기 분기보고서는 5월 30일, 2분기 반기보고서는 8월 30일, 3분기 분기보고서는 11월 30일까지 공시합니다. 4분기 사업보고서는 동일하게 3월 30일까지 공시합니다.

불곰's Tip

1~4분기 보고서 발표 일정

1분기(1~3월 영업성과) 분기보고서: 5월 15일까지 공시(5월 30일까지)
2분기(1~6월 영업성과) 반기보고서: 8월 15일까지 공시(8월 30일까지)
3분기(1~9월 영업성과) 분기보고서: 11월 15일까지 공시(11월 30일까지)
4분기(1~12월 영업성과) 사업보고서: 3월 30일까지 공시
단, 상장한 첫 연도와 두 번째 연도에 반기·분기보고서를 연결 기준으로 작성하는 경우에는 제출기한이 15일 연장됩니다.

친구의 '비밀' 정보, 내부자 정보를 믿지 말자

'나만 알고 있는 정보'가 고급 정보라고 생각하는 사람들이 있습니다. 여기서 나만 알고 있는 정보란 주로 회사 내부자를 알고 있는 친구가 전해주는 비밀 정보입니다. 내부자 중에서도 대표이사가 알려준 정보라면 혹하게 되는 것이 사람의 심리입니다. 거기에 더해 친구가 "너만 알고 있어" 혹은 "다른 사람들한테 말하지마"라고 덧붙이는 정보는 왠지 모르게 더 신뢰가 갑니다.

상식적으로 생각해봅시다. 친구가 알려준 정보는 대표이사 혹은 회사 내부자가 알려준 정보가 아닐 수도 있습니다. 말이라는 건 전달되고 다시 전달되는 과정에서 와전됐을 수 있습니다.

정보를 알려준 친구가 대표이사거나 또는 대표이사가 알려준 확실한 정보라 해도 현실이 되지 않을 수도 있습니다. 약이 될지 독이 될지는 모릅니다. 곧 상장폐지가 된다는 정보를 외부에 흘리는 대표이사는 없습니다. 대부분 긍정적인 정보들만 공개하는 것이 인지상정으로 "우리 음식 맛없어요"라고 말하는 식당이 없는 것과 같은 이치입니다. 모두 잘될 거라고 예상하는데도 망하는 회사들이 수두룩합니다. 공식적으로 발표된 정보도 허위일 때가 있는데, 공식적이지 않은 정보는 허위일 가능성이 더 높습니다. 무엇보다 이러한 비밀 정보가 만들어지는 대부분의 이유는 어느 집단의 처분하지 못한 주식의 '물량 털기'일 가능성이 농후합니다.

만약 대표이사가 알려준 정보가 현실이 됐다고 하더라도 여전히 문제가 남아 있습니다. 상장된 회사의 대표이사가 내부 정보를 흘린다는 것 자체가 도덕성의 문제로, CEO 리스크에 해당합니다. 그런 대표이사는 회사에 치명적인 법적 문제를 일으킬 가능성도 있습니다.

다른 측면에서 생각해보겠습니다. A가 어떤 종목이 좋다는 소문을 들어서 해당 종목을 샀고 B에게 그 소문을 알려주었습니다. B도 종목을 사고 C에게 알려주었습니다. C도 종목을 사고 D에게 알려주었고 D도 종목을 샀습니다.

만약 주가가 내려가기 시작한다면, D는 C에게 C는 B에게 B는 A에게 그 이유를 물어볼 것이고 A는 소문의 진원지를 다시 한번 찾게 될 것입니다. A가 확인해본 결과 소문이 거짓으로 판명 난다면, A는 매도 후 B에게 사실을 알려줄 것입니다. B도 매도 후 C에게 알려줄 것이고, C도 매도 후 D에게 알려줄 것입니다.

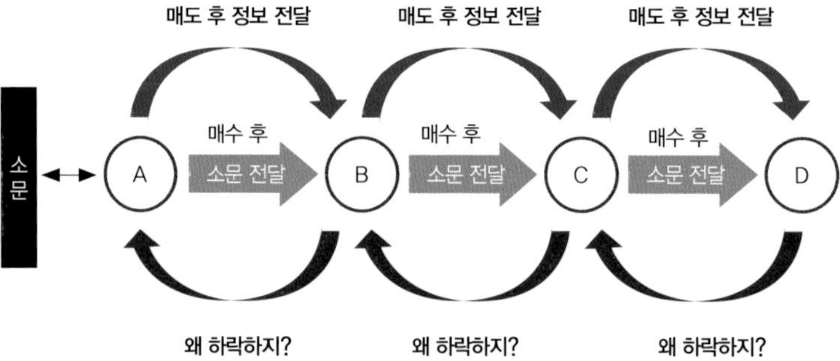

A, B, C는 D가 알기 전 주식을 매수하고 매도했습니다. 다소 심각하게 이야기하자면 A, B, C는 때늦은 정보를 퍼트린 것이고, 이는 주가조작이자 시세 조정행위에 해당합니다. 사전에 매수와 매도를 하고 허위정보를 퍼트리는 방식은 전형적인 증권 사기입니다. 이렇듯 친구들을 범죄자로 만드는 정보는 모르고 있는 것이 좋고, 알게 되어도 믿지 않아야 합니다.

주식시장을 떠돌아다니는 정보, 지라시, 친구가 알려주는 '비밀' 정보는 모두 쓰레기 정보입니다. 이러한 비밀 정보는 고급 정보일 수 없으며, 결코 믿어선 안 됩니다.

재무제표 집중 분석하기

재무제표란 회사의 재무 현황을 기록한 표로, 재무상태표, 포괄손익계산서, 자본변동표, 현금흐름표로 구성돼 있습니다.

| 재무상태표 |

재무상태표는 회사에 돈이 얼마나 있는지, 회사의 '기본체력'을 확인할 수 있는 자료입니다.

| 포괄손익계산서 |

포괄손익계산서는 회사가 이득을 봤는지 손해를 봤는지를 보여줍니다. 회사가 기본체력(재무)을 가지고 어떤 결과를 냈는지에 대한 내용을 다룹니다.

| 자본변동표 |

자본변동표는 자본 총액이 변하는 내역, 증자나 감자 관련 사항을 다루는데 자본금 변동사항 등은 공시에서 대부분 확인할 수 있는 내용이어서 따로 볼 필요는 없습니다.

용어

증자 | 주식회사가 자본금을 증가시키는 것을 말합니다.
감자 | 주식회사가 자본금을 감소시키는 것을 말합니다.

| 현금흐름표 |

현금흐름표는 현금이 어떻게 들어오고 나갔는지를 보여줍니다. 예를 들어 영업활동으로 들어온 돈과 나간 돈, 건물을 매입했다면 그와 관련된 사항 등을 포함합니다.

이 중에서 회사의 안정성을 나타내는 재무상태표와 수익성을 보여주는 포괄손익계산서를 집중적으로 공부해야 합니다.

연결·별도·개별 재무제표 살펴보기

용어

국제회계기준 | 기업의 회계 처리나 재무제표의 국제적 통일성을 높이기 위해서 국제회계기준위원회가 만든 회계기준입니다. 별도의 회계기준이 있는 미국이나 일본 같은 나라들도 큰 틀에서는 국제회계기준을 따르는 편입니다.

연결재무제표에서 해당 회사와 자회사의 실적을 확인할 수 있습니다. 삼성전자를 예로 들면, 삼성전자가 모회사이고 그 아래 많은 자회사들이 존재합니다. 연결재무제표는 삼성전자와 그에 속한 자회사들의 실적도 국제회계기준IFRS에 맞춰서 전부 담고 있습니다. 자회사의 실적도 넣는 이유는 투명성을 높이기 위해서입니다. 만약 삼성전자가 자회사 한 곳에 보증을 선 후, 큰 손실이 발생했는데도 재무제표에 반영하지 않는다면 국제회계기준에 따라 재무제표가 투명하지 않은 상태입니다.

자회사에 포함되는 기준은 두 가지가 있습니다. 첫째, 모회사인 지배기업이 자회사의 지분을 50% 이상 가지고 있는 경우입니다. 둘째, 모회사가 의결권을 50% 이상 가지고 있지 않더라도 모회사와 모회사의 대주주가 가진 자회사의 의결권을 합쳐서 50% 이상인 경우입니다. 두 경우 다 실질적으로 지배력을 가지고 있다고 봅니다.

용어

의결권 | 의사를 표현할 수 있는 권리로, 회사에서는 지분(주식)을 말합니다.

연결재무제표가 있을 경우 연결재무제표가 기업의 재무 상태를 평가하는 기준입니다. 이 경우 모회사만 나와 있는 별도재무제표는 참조만 하면 됩니다.

연결재무제표 검색하기

전자공시시스템에서 연결재무제표를 검색해볼 수 있습니다. 공시자료를 살펴보는 것과 같은 방식으로 검색합니다.

그중 분기보고서를 클릭해보겠습니다. 새로운 팝업창으로 보고서가 뜹니다. 좌측 목차 탭에서 '2. 연결재무제표'를 클릭하면 자회사를 포함한 경영 상태를 확인할 수 있습니다.

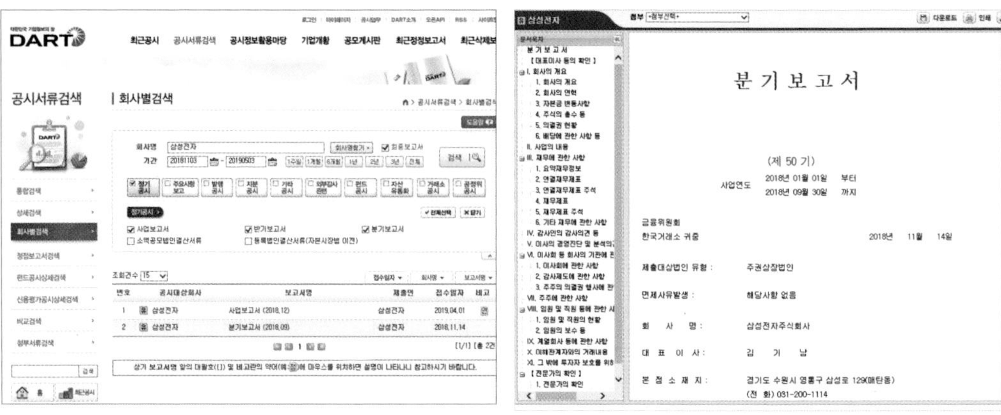

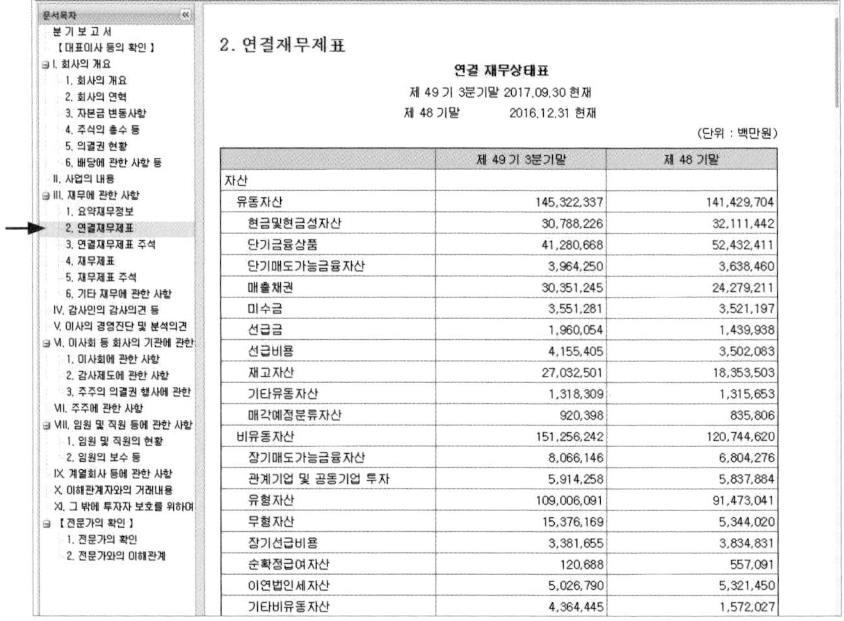

문서목차

- 분 기 보 고 서
- 【 대표이사 등의 확인 】
- I. 회사의 개요
  - 1. 회사의 개요
  - 2. 회사의 연혁
  - 3. 자본금 변동사항
  - 4. 주식의 총수 등
  - 5. 의결권 현황
  - 6. 배당에 관한 사항 등
- II. 사업의 내용
- III. 재무에 관한 사항
  - 1. 요약재무정보
  - 2. 연결재무제표
  - 3. 연결재무제표 주석
  - 4. 재무제표
  - 5. 재무제표 주석
  - 6. 기타 재무에 관한 사항
- IV. 감사인의 감사의견 등
- V. 이사의 경영진단 및 분석의견
- VI. 이사회 등 회사의 기관에 관한
  - 1. 이사회에 관한 사항
  - 2. 감사제도에 관한 사항
  - 3. 주주의 의결권 행사에 관한
- VII. 주주에 관한 사항
- VIII. 임원 및 직원 등에 관한 사항
  - 1. 임원 및 직원의 현황
  - 2. 임원의 보수 등
- IX. 계열회사 등에 관한 사항
- X. 이해관계자와의 거래내용
- XI. 그 밖에 투자자 보호를 위하여
- 【 전문가의 확인 】
  - 1. 전문가의 확인
  - 2. 전문가와의 이해관계

2. 연결재무제표

연결 재무상태표

제 49 기 3분기말 2017.09.30 현재

제 48 기말 2016.12.31 현재

(단위 : 백만원)

	제 49 기 3분기말	제 48 기말
자산		
유동자산	145,322,337	141,429,704
현금및현금성자산	30,788,226	32,111,442
단기금융상품	41,280,668	52,432,411
단기매도가능금융자산	3,964,250	3,638,460
매출채권	30,351,245	24,279,211
미수금	3,551,281	3,521,197
선급금	1,960,054	1,439,938
선급비용	4,155,405	3,502,083
재고자산	27,032,501	18,353,503
기타유동자산	1,318,309	1,315,653
매각예정분류자산	920,398	835,806
비유동자산	151,256,242	120,744,620
장기매도가능금융자산	8,066,146	6,804,276
관계기업 및 공동기업 투자	5,914,258	5,837,884
유형자산	109,006,091	91,473,041
무형자산	15,376,169	5,344,020
장기선급비용	3,381,655	3,834,831
순확정급여자산	120,688	557,091
이연법인세자산	5,026,790	5,321,450
기타비유동자산	4,364,445	1,572,027

출처: 전자공시시스템

개별재무제표 검색하기

개별재무제표는 자회사가 없는 회사의 재무제표입니다. 연결된 자회사가 없으니 보고서의 'Ⅲ. 재무에 관한 사항'에서 '4. 재무제표'를 클릭하면 열람할 수 있습니다.

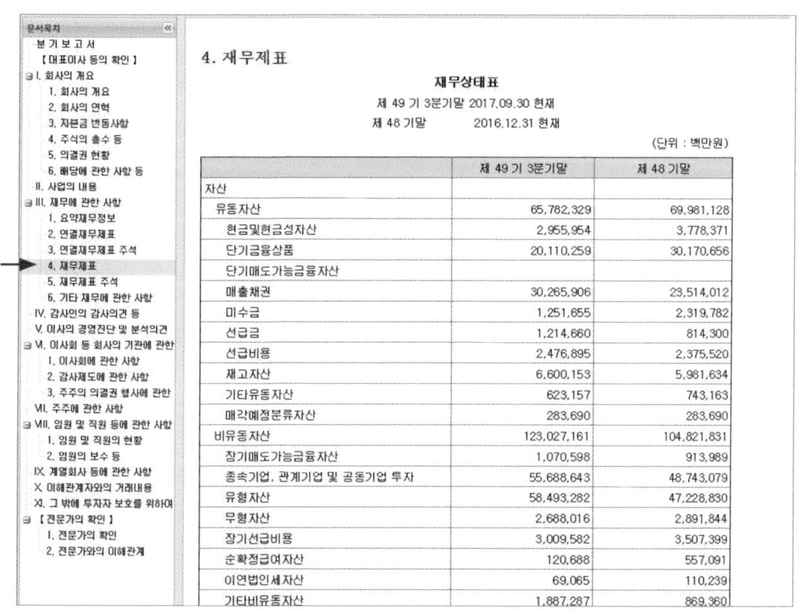

문서목차

분 기 보 고 서
【 대표이사 등의 확인 】
I. 회사의 개요
1. 회사의 개요
2. 회사의 연혁
3. 자본금 변동사항
4. 주식의 총수 등
5. 의결권 현황
6. 배당에 관한 사항 등
II. 사업의 내용
III. 재무에 관한 사항
1. 요약재무정보
2. 연결재무제표
3. 연결재무제표 주석
4. 재무제표
5. 재무제표 주석
6. 기타 재무에 관한 사항
IV. 감사인의 감사의견 등
V. 이사의 경영진단 및 분석의견
VI. 이사회 등 회사의 기관에 관한
1. 이사회에 관한 사항
2. 감사제도에 관한 사항
3. 주주의 의결권 행사에 관한
VII. 주주에 관한 사항
VIII. 임원 및 직원 등에 관한 사항
1. 임원 및 직원의 현황
2. 임원의 보수 등
IX. 계열회사 등에 관한 사항
X. 이해관계자와의 거래내용
XI. 그 밖에 투자자 보호를 위하여
【 전문가의 확인 】
1. 전문가의 확인
2. 전문가와의 이해관계

4. 재무제표

재무상태표

제 49 기 3분기말 2017.09.30 현재

제 48 기말 2016.12.31 현재

(단위 : 백만원)

	제 49 기 3분기말	제 48 기말
자산		
유동자산	65,782,329	69,981,128
현금및현금성자산	2,955,954	3,778,371
단기금융상품	20,110,259	30,170,656
단기매도가능금융자산		
매출채권	30,265,906	23,514,012
미수금	1,251,655	2,319,782
선급금	1,214,660	814,300
선급비용	2,476,895	2,375,520
재고자산	6,600,153	5,981,634
기타유동자산	623,157	743,163
매각예정분류자산	283,690	283,690
비유동자산	123,027,161	104,821,831
장기매도가능금융자산	1,070,598	913,989
종속기업, 관계기업 및 공동기업 투자	55,688,643	48,743,079
유형자산	58,493,282	47,228,830
무형자산	2,688,016	2,891,844
장기선급비용	3,009,582	3,507,399
순확정급여자산	120,688	557,091
이연법인세자산	69,065	110,239
기타비유동자산	1,887,287	869,360

출처: 전자공시시스템

별도재무제표 검색하기

별도재무제표는 연결된 회사들을 제외하고 해당 회사의 실적만 나타낸 것입니다. 계속하여 삼성전자를 예로 살펴보자면, 삼성전자의 실적만 기재합니다. 이 경우에는 연결재무제표가 회사의 재무 상태를 평가하는 기준이 되기 때문에 별도재무제표는 참조만 하면 됩니다. 찾는 방법은 개별재무제표와 같습니다.

숫자 읽기

주식투자를 하면서 제일 먼저, 그리고 가장 많이 보게 되는 것이 재무제표입니다. 가장 먼저 접하게 되는 것이 '숫자'이므로, 이에 익숙해져서 빨리 읽을 수 있어야 합니다. 어떤 면에서는 정말 별것 아닌 기술인데, 시간은 확실히 아낄 수 있습니다.

많은 사람들이 숫자를 셀 때 숫자를 하나하나 가리키며 '일, 십, 백, 천, 만, 십만, 백만, 천만, 억, 십억, 백억, 천억, 조' 이런 식으로 셉니다.

7,244,056,395,519

조, 천억 백억 십억, 억 천만 백만, 십만 만 천, 백 십 일

이를 간단하게 해결하는 방법은 두 번째 쉼표를 기준점으로 삼고, 그 앞으로 세 번째 숫자가 억 단위라고 외우면 됩니다. 보통 월급을 받으면 백만 단위까지는 익숙합니다. 두 번째 쉼표까지는 익숙하다는 뜻이므로 기준점으로 삼기 좋습니다. 두 번째 쉼표 앞 세 번째 숫자가 억이라고 인지하는 순간부터 세 번째 쉼표 앞 첫 번째 숫자가 십억 단위라는 것이 보입니다. 이렇게 두 번째와 세 번째 쉼표를 찾으면 자연스럽게 숫자를 읽는 것이 편해집니다.

우리나라 재무제표의 90% 정도는 억에서 천억 단위 사이에 있습니다. 억 단위 자리까지만 인지하고 재무제표를 봐도 크게 문제가 없습니다. 뒤의 백만, 십만은 딱히 신경 쓰지 않아도 됩니다. 조 단위는 네 번째 쉼표와 맞아 떨어지기 때문에 읽는 데 크게 불편하지 않을 겁니다.

7,244,056,395,519

조 십억 억

기준점

재무제표의 단위가 천 원이면, 뒤에 공(0) 세 개가 사라진 것입니다. 그러므로 첫 번째 쉼표 앞 세 번째 숫자가 억 단위입니다.

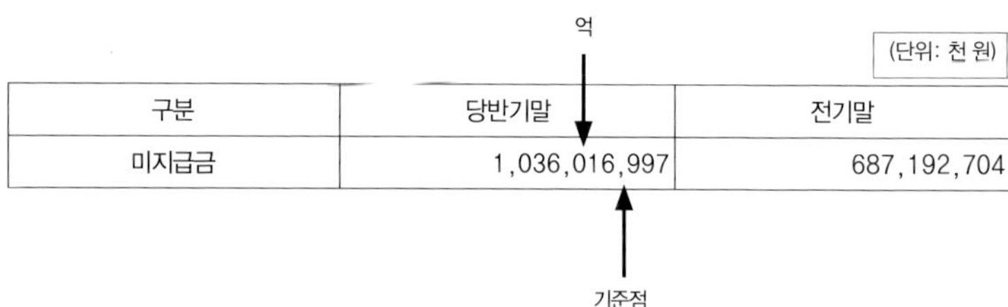

(단위: 천 원)

구분	당반기말	전기말
미지급금	1,036,016,997	687,192,704

단위가 백만 원이면, 뒤에 공(0) 여섯 개가 사라진 것입니다. 그러므로 세 번째 숫자가 억 단위이고 첫 번째 쉼표 앞 첫 번째 숫자가 십억 단위입니다.

연결 재무상태표

제48기 3분기말 2016.09.30 현재
제47기말 2015.12.31 현재
제46기말 2014.12.31 현재

억

(단위: 백만 원)

	제48기 3분기말	제47기말	제46기말
자산			
유동자산	132,166,769	124,814,725	115,146,026

기준점

재무상태표란 무엇인가?

모든 사업에는 '밑천', 즉 사업을 하기 위한 돈이 필요합니다. 재무상태표는 회사가 이 밑천을 얼마나 가지고 있는지 보여줍니다.

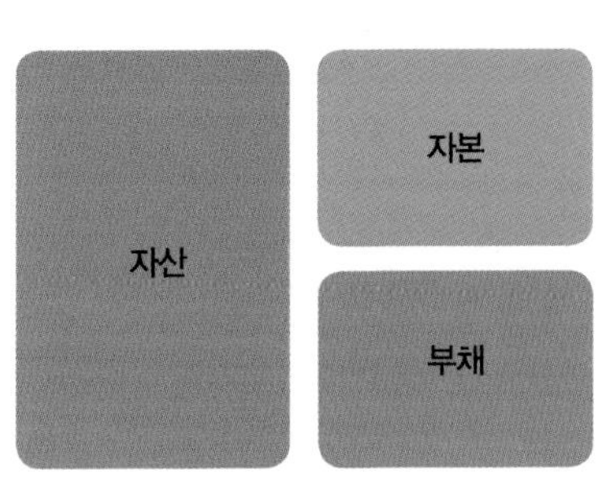

밑천이 바로 회사의 자산이며, 밑천이라고 해서 다 같은 자산은 아닙니다. 빌린 돈이어서 갚아야 하는 돈과 회사 돈이어서 갚지 않아도 되는 돈이 있습니다. 전자는 부채, 후자는 자본으로 부채와 자본을 합한 것이 자산입니다.

재무상태표를 직접 찾아보면, 숫자와 항목들이 많이 나와서 복잡해 보일 수 있습니다. 하지만 투자자들은 재무상태표를 통해서 회사의 자기 자산(자본)이 얼마인지 빌린 자산(부채)이 얼마인지 파악할 수 있으므로 꼭 확인해야 합니다.

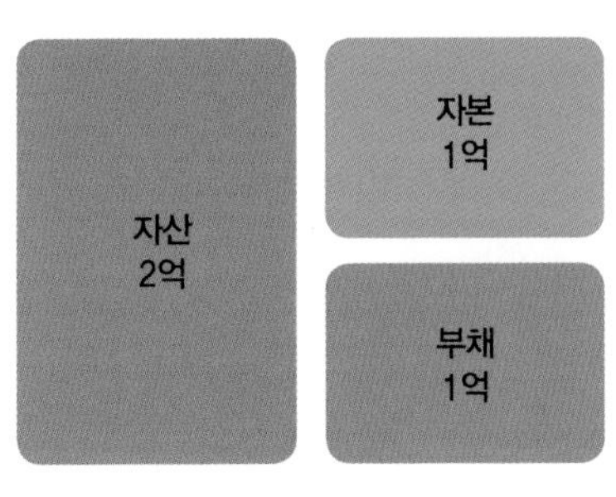

자본 1억 원, 부채 1억 원을 가지고 사업을 시작했다고 가정해보겠습니다. 그럼 자산은 2억 원입니다.

사업을 시작하고 1년이 지났습니다. 사업수익이 생겼을 것이고, 그 수익을 발생하기 위한 사업비용이 들었을 겁니다.

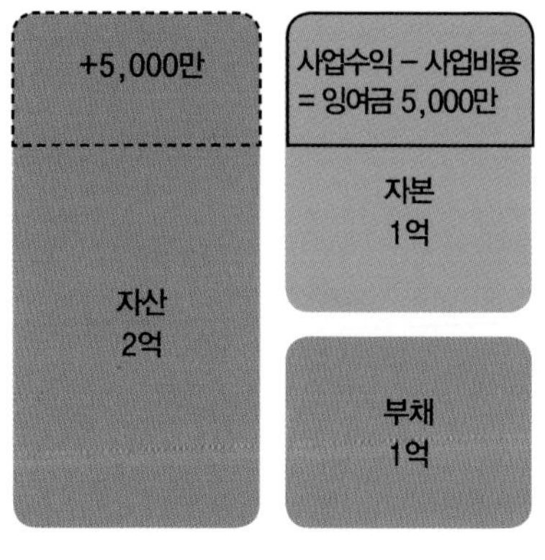

사업수익에서 사업비용을 빼고 남은 돈이 잉여금으로, 잉여금은 갚을 필요가 없으므로 자본에 속합니다. 잉여금이 5,000만 원이라면 자본은 1억 5,000만 원, 자산은 2억 5,000만 원이 됩니다. 사업수익이 사업비용보다 크다면 회사는 돈을 번 것입니다.

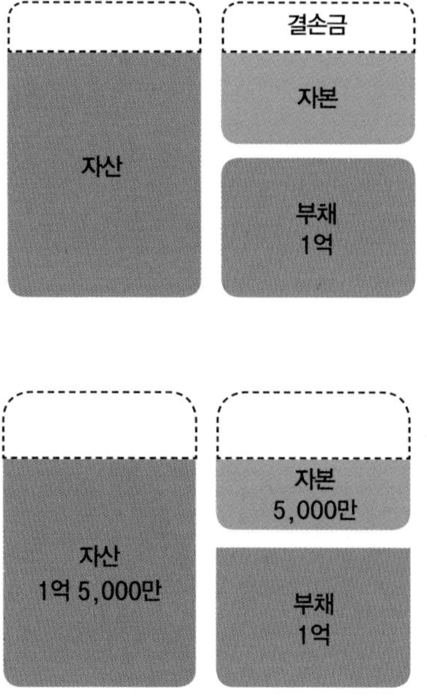

자본이 늘어나면 자산도 늘어나고 부채비율은 줄어듭니다. 반대로 사업수익이 사업비용보다 적어서 적자가 나는 경우도 있습니다. 적자로 없어진 돈을 결손금이라고 합니다.

자본이 줄어든 만큼 자산도 줄어들고 부채는 그대로이므로 부채비율은 늘어납니다. 사업 운영 상황이 더 나빠져 자본의 절반이 날아가면 '자본잠식 50% 상태'

라고 합니다. 자본 5,000만 원, 부채 1억 원이므로 자산은 1억 5,000만 원입니다. 상장회사의 경우에는 관리종목으로 지정됩니다.

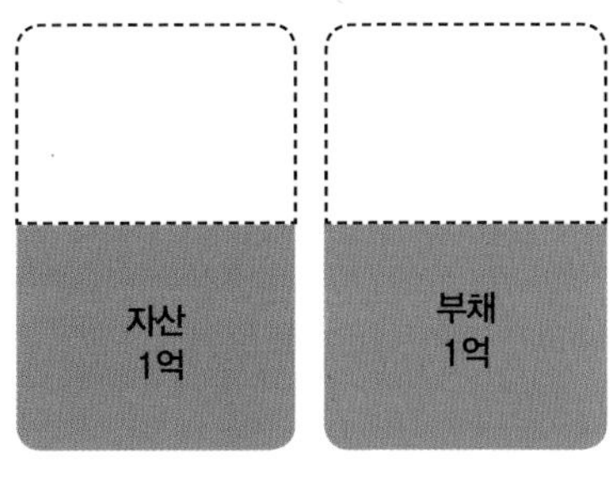

사업 운영 상황이 더욱더 악화되고 자본이 바닥나면 '자본잠식 100% 상태'입니다. 자본은 없고 부채 1억 원, 자산 1억 원입니다.

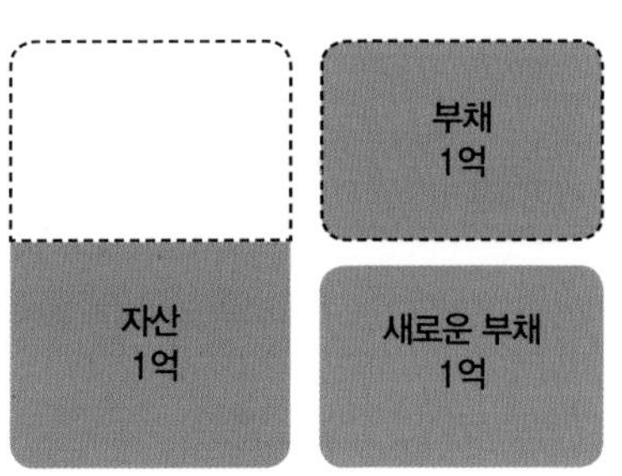

이럴 경우 상장회사라면 상장폐지가 됩니다. 회사가 이미 자본과 빌린 돈까지 다 날린 상태에서 1억 원을 더 빌려오면 '마이너스 자본 상태'가 됩니다.

이미 상장폐지가 된 상태이므로 투자 공부를 하는 우리와는 관련이 없습니다.

재무상태표 제대로 살펴보기

재무상태표에서 자산은 회사가 어디에 돈을 썼는지를, 부채와 자본은 회사가 어떻게 자금 조달을 했는지를 보여줍니다.

재무상태표는 주로 자산, 부채, 자본 순서로 쓰지만 자산, 자본, 부채 순서로 쓰는 회사들도 있습니다. 각 자산, 부채, 자본 항목에서 여러 회계명들이 나오는데, 유동성이 많은 것부터 순서대로 씁니다.

이 회계명이 무엇인지 개념을 정확히 알아야 기업의 경영실적 등을 제대로 확인할 수 있습니다.

재무상태표를 한번 살펴보면서 정리해보겠습니다.

우리나라에서 가장 큰 기업인 삼성전자의 재무상태표입니다. 삼성전자를 예로 들어 설명하자면 규모도 너무 크고 제품도 너무 많아서 복잡하니, 어려운 부분은 'S대 노가리'라는 노가리 회사에 빗대어 설명하겠습니다.

연결 재무상태표

제48기 2016.12.31 현재
제47기 2015.12.31 현재
제46기 2014.12.31 현재

(단위: 백만 원)

	제48기	제47기	제46기
자산			
1 유동자산	141,429,704	124,814,725	115,146,026
현금및현금성자산	32,111,442	22,636,744	16,840,766
단기금융상품	52,432,411	44,228,800	41,689,776
단기매도가능금융자산	3,638,460	4,627,530	3,286,798
매출채권	24,279,211	25,168,026	24,694,610
미수금	3,521,197	3,352,663	3,539,875
선급금	1,439,938	1,706,003	1,989,470
선급비용	3,502,083	3,170,632	3,346,593
재고자산	18,353,503	18,811,794	17,317,504
기타유동자산	1,315,653	1,035,460	1,795,143
매각예정분류자산	835,806	77,073	645,491
2 비유동자산	120,744,620	117,364,796	115,276,932
장기매도가능금융자산	6,804,276	8,332,480	12,667,509
관계기업 및 공동기업 투자	5,837,884	5,276,348	5,232,461
유형자산	91,473,041	86,477,110	80,872,950
무형자산	5,344,020	5,396,311	4,785,473
장기선급비용	3,834,831	4,294,401	4,857,126
순확정급여자산	557,091		
이연법인세자산	5,321,450	5,589,108	4,526,595
기타비유동자산	1,572,027	1,999,038	2,334,818
자산총계	262,174,324	242,179,521	230,422,958
부채			
3 유동부채	54,704,095	50,502,909	52,013,913
매입채무	6,485,039	6,187,291	7,914,704
단기차입금	12,746,789	11,155,425	8,029,299

미지급금	11,525,910	8,864,378	10,318,407
선수금	1,358,878	1,343,432	1,427,230
예수금	685,028	992,733	1,161,635
미지급비용	12,527,300	11,628,739	12,876,777
미지급법인세	2,837,353	3,401,625	2,161,109
유동성장기부채	1,232,817	221,548	1,778,667
충당부채	4,597,417	6,420,603	5,991,510
기타유동부채	351,176	287,135	326,259
매각예정분류부채	356,388		28,316
4 비유동부채	14,507,196	12,616,807	10,320,857
사채	58,542	1,230,448	1,355,882
장기차입금	1,244,238	266,542	101,671
장기미지급금	3,317,054	3,041,687	2,562,271
순확정급여부채	173,656	358,820	201,342
이연법인세부채	7,293,514	5,154,792	4,097,811
장기충당부채	358,126	522,378	499,290
기타비유동부채	2,062,066	2,042,140	1,502,590
부채총계	69,211,291	63,119,716	62,334,770
자본			
5 지배기업 소유주지분	186,424,328	172,876,767	162,181,725
자본금	897,514	897,514	897,514
우선주자본금	119,467	119,467	119,467
보통주자본금	778,047	778,047	778,047
주식발행초과금	4,403,893	4,403,893	4,403,893
이익잉여금(결손금)	193,086,317	185,132,014	169,529,604
기타자본항목	(11,934,586)	(17,580,451)	(12,729,387)
매각예정분류기타자본항목	(28,810)	23,797	80,101
6 비지배지분	6,538,705	6,183,038	5,906,463
자본총계	192,963,033	179,059,805	168,088,188
자본과 부채 총계	262,174,324	242,179,521	230,422,958

출처: 전자공시시스템

자산

앞의 표를 살펴보면 자산계정은 유동자산과 비유동자산으로 나뉘어 있는 것을 확인할 수 있습니다. 이 중 유동자산은 1년 이내에 현금으로 바꿀 수 있는 자산으로 현금화 하는 데 시간이 많이 걸리지 않습니다. 반대로 비유동자산은 1년 이후에 현금으로 바꿀 수 있는 자산으로 현금화 하는 데 시간이 많이 걸리는 자산입니다.

1 유동자산

유동자산에는 당좌자산과 재고자산이 있습니다. 당좌자산은 당장 돈이 될 수 있는 자산입니다. 유동자산 중에서도 이미 현금이거나 빠르게 현금화 할 수 있는 자산입니다. 현금 및 현금성 자산, 단기금융상품, 단기매도 가능 금융자산, 매출채권, 미수금, 선급금, 선급비용이 당좌자산에 포함됩니다.

재고자산은 제조, 판매, 유통이라는 과정을 거쳐야 돈이 될 수 있는 자산입니다. 재고자산, 기타유동자산, 매각예정분류자산이 재고자산에 포함됩니다. 앞서 설명한 대로 유동성이 큰 순서대로 회계명을 작성하기 때문에 당좌자산을 재고자산보다 먼저 기록합니다.

| 현금 및 현금성 자산 | 현금은 우리가 익히 알고 있는 현금, 현금성 자산은 '현금과 같은 자산'입니다. 예를 들어 3개월 이내 현금화가 가능한 상품인 당좌예금, 보통예금 또는 금(金) 등을 말하며, 바로 돈이 될 수 있는 자산입니다.

용어

기업어음 | 기업이 자금을 조달하기 위해 자사의 신용을 바탕으로 발행하는 만기 1년 이내의 어음을 말합니다. 담보나 보증 없이 신용도에 기반한 약속어음으로 기업과 투자자가 금리를 자율 결정한다는 점이 특징입니다.

양도성 예금증서 | 제 3자에게 양도할 수 있는 예금증서로 금융시장에서 자유롭게 매매가 가능합니다. 은행이 발행하는 무기명 예금증서로 예치기간은 최소 30일부터 1년까지입니다.

환매조건부채권 | 금융기관이 고객에게 일정 기간 후 다시 사는 조건으로 판매하는 채권입니다. 운용 기간은 1~3개월 정도로, 경과 기간에 따라 확정이자를 지급합니다.

| 단기금융상품 | 1년 내 현금화 할 수 있는 금융상품입니다. 보통 기업어음CP; Commercial Paper, 양도성 예금증서CD; Certificate of Deposit, 환매조건부채권RP; Repurchase Paper, 1년 만기 정기적금을 말합니다. 단순하게 1년 미만의 모든 금융상품이라고 이해하면 됩니다.

| 단기매도 가능 금융자산 | 1년 이내의 매매차익을 목적으로 하는 유가증권을 말합니다. 금융상품이 아닌 국공채나 금융채 등이 해당됩니다. 국공채는 국가나 공기업에서 발행하는 채권, 금융채는 금융기관에서 발행하는 채권으로 이자가 있어 금리에 따라서 매매 가격이 변동합니다.

| 매출채권 | 기업이 상품을 팔았을 때 바로 돈을 받지 못하는 경우도 많습니다. 예를 들어 S대 노가리에서 횟집이나 호프집에 납품하면, 횟집이나 호프집에서 노가리를 팔고 난 후 돈을 줍니다. 큰 회사들도 외상이 발생하는 경우가 많은데, 이후에 받기로 한 외상 매출금이 바로 매출채권입니다.

불곰's Tip

단기금융상품과 단기매도 가능 금융자산

회사에 따라서 기준이 다르기 때문에 표기명이 조금 다를 수 있습니다. 더 자세히 알고 싶으면 재무제표 주석을 살펴보거나 IR 담당자와 통화를 해보도록 합니다.

| 미수금 | 상품매출 이외의 외상거래를 말합니다. 예컨대 S대 노가리의 경우 노가리를 건조하는 건조대가 남아서 다른 노가리 공장에 팔았는데 대금을 아직 받지 못했다면 그 돈이 미수금에 해당합니다.

| 선급금 | 상품이라는 자산을 만들기 위해서 먼저 준 돈입니다. 계속 S대 노가리를 예로 들면 상품이 되기 전의 노가리, 즉 노가리 원료를 사기 위해서 거래처에 먼저 지불한 돈을 말합니다. 원료가 없으면 상품인 노가리를 만들 방법이 없으므로 원재료를 확보해야 해서 미리 지불한 비용이 바로 선급금입니다.

| 선급비용 | 상품 자산이 아닌 부분에 먼저 지급한 비용을 뜻하며, 예를 들어 선불로 낸 공장 임차료 3개월치나 화재보험 1년치 등을 말합니다.

| 재고자산 | 재고자산은 상품, 제품, 반제품, 원재료가 있습니다. 상품은 팔기 위한 물건으로, 예를 들어 우리가 슈퍼에 가서 사는 모든 물건들이 슈퍼 입장에서는 상품입니다. 제품은 판매가 가능하게 포장된 노가리나 삼성 핸드폰을 생각하면 됩니다. 반제품은 가공 중인 상태로, 건조 중인 노가리입니다. 원재료는 아직 아무 가공도 하지 않은, 냉동 상태의 노가리가 해당됩니다.

이 중 재고자산이라는 항목 내에 무엇이 더 많은지는 알 수 없습니다. 더 큰 문제는 재고자산 중에서 얼마 만큼이 팔 수 있는 재고자산인지 모른다는 점입니다. 만약 노가리가 썩었다면 팔 수 없으므로 그 가치는 0원으로 아무 가치도 없습니다. 그런데도 재무제표에는 재고자산으로 둔갑하는데 이것이 바로 부실 재고자산입니다. 이런 면에서 재고자산이 많다는 것은 위험요소입니다.

투자자는 부실 재고자산을 확인할 수는 없지만 다행히 어느 정도 추측은 가능합니다. 재무상태표 다음에 배울 포괄손익계산서를 통해서 회사가 계속 돈을 벌고 있는지를 알 수 있습니다. 회사가 돈을 벌지 못하는데 재고자산이 계속 쌓인다면 문제가 있는 것입니다. 그래서 종목을 고를 때는 매출과 수익이 오르는 회사의 주식을 매수해야 부실 재고자산 리스크를 피할 수 있습니다.

| 기타유동자산 | 1년 내 회사에 들어올 돈이지만 아직 확보하지 못한 상태의 자산입니다. 개인이 연말정산에서 세금환급을 받는 것처럼 회사도 세금환급금이 있습니다. 세금환급금이 1년 이내 들어올 돈일 경우 기타유동자산이 됩니다.

| 매각예정분류자산 | 매각할 예정인 자산으로, 회사의 어느 사업 부분, 차량, 기계 등을 말합니다. 회사의 상품은 여기에 속하지 않습니다. 1년 내 팔 수 있을지에 대한 판단은 회사와 회계법인이 함께 내립니다.

불곰's Tip

재고자산을 살펴볼 때는 이것이 부실 재고자산인지 잘 살펴봐야 합니다. 회사의 매출이 증가하지 않는 상태에서 재고자산만 증가한다면 위험신호로 파악하고 더 꼼꼼히 살펴봐야 합니다.

2 비유동자산

비유동자산은 앞서 말한 대로 현금으로 바꾸는 데 1년 이상 걸리는 자산입니다.

| 장기매도가능금융자산 | 현금화 하는 데 1년 이상 걸리는 금융자산으로, 3년 만기 정기적금 같은 것입니다.

| 관계기업 및 공동기업 투자 | 관계기업이나 공동기업에 투자한 돈입니다. S대 노가리 공장 옆에 S대 노가리 포장을 담당하는 공장이 있다고 가정합니다. 이 포장 공장은 돈도 많이 벌고 있고, 여기서 포장을 하면 원가도 크게 절감된다는 이유로 공장에 자본을 투자한다면 단기간에 뺄 수 없기 때문에 비유동자산입니다.

| 유형자산 | 형태가 있는 자산을 뜻하며 토지, 건물, 설비 등이 속합니다. 기업의 영업활동에 장기적으로 사용되고 미래에도 경제적 효력이 기대되는 자산입니다.

| 무형자산 | 유형자산과 반대로 형태가 없는 자산입니다. 특허, 디자인, 상표권, 라이선스license 권리, 소프트웨어, 콘텐츠, 광업권, 개발권 등입니다.

| 장기선급비용 | 장기간(1년 이상)의 서비스를 받기 위해서 미리 지불하는 비용입니다. S대 노가리가 노르웨이 훈제 기술을 이용해 대구를 판매할 사업 계획이 있다고 해봅시다. 노르웨이 훈제 기술을 5년간 사용하기 위해서 관련 기술 라이선스를 5년치 구매했다면, 이 기술 라이선스가 장기선급비용입니다.

| 순확정급여자산 | 순확정급여자산을 이해하려면 먼저 확정급여자산을 이해해야 합니다. 확정급여자산은 퇴직급여를 말합니다. 종업원 퇴직 시 지급할 돈을 아직 퇴직 전일 때부터 회사가 가지고 있는 것입니다. 보통 자금에 여유가 있는 회사들은 퇴직급여를 조금 여유롭게, 500만 원이 필요하다면 700만 원 정도 준비해놓습니다. 이 200만 원의 여유자금이 순확정급여자산입니다.

| 이연법인세자산 | 이연移延은 '연기되었다'는 뜻입니다. 회사를 담당하는 회계사와 세금을 부여하는 세무서의 세금 계산이 다를 때가 있습니다. 이럴 경우 우선 세무서의 요청대로 세금을 냅니다. 이후 회계사와 세무서가 세무조정을 통해서 회사가 돈을 더 냈다고 판단하면 다음 해에 환급을 받습니다. 이것이 1년 후 회사가 공제 받는 이연법인세자산입니다.

| 기타비유동자산 | 회계처리를 할 때 비유동자산 어디에도 포함이 되지 않는 비유동자산을 기타비유동자산에 넣습니다. 장기외상매출금 등이 기타비유동자산에 포함됩니다. S대 노가리로 예를 들면, 2년 전 어느 호프집에서 받지 못한 외상값 같은 것입니다. 주로 이런 경우 담보가 잡혀 있으며, 담보가 받지 못한 돈보다 가치가 더 크기 때문에 굳이 돈을 받으려고 애쓰지 않습니다.

여기까지가 자산입니다. 재무상태표의 자산 부분은 회사가 조달한 자금을 어떻게 사용했는지, 자금 사용처를 포함해 회사의 자금 운용

방식을 보여줍니다.

부채

부채는 회사가 빌린 돈을 뜻합니다. 부채 항목을 살펴보면 회사의 자금 밑천 중 갚아야 하는 돈이 얼마인지 알 수 있습니다. 부채도 유동부채와 비유동부채로 나뉘며, 유동부채는 1년 내 갚아야 할 돈, 비유동부채는 1년 이후에 갚아도 되는 돈을 말합니다.

③ 유동부채

| 매입채무 | 매입채무는 외상매입금과 지급어음을 합한 것입니다. 매입채무 때문에 회사가 도산하는 경우가 많은데, 자주 접하게 되는 '부도 났다'는 표현은 매입채무에 문제가 생겼다는 말입니다. 회사는 신뢰가 무너질 때 존립하기 힘들어집니다. 매입채무에 문제가 생기면 회사에 대한 신뢰가 사라지게 됩니다.

'매입'은 제품을 만들기 위해서 원료를 샀다는 뜻이고, '채무'는 부채를 말합니다. 다시 S대 노가리로 예를 들어보면 노가리 원료를 매입할 때 현금으로 바로 주면 깔끔하겠지만, 상품을 팔고 나서 원료 대금을 나중에 지불하면 회사 입장에서는 좀 더 수월합니다. 이럴 때 노가리 원료를 구입하는 방법은 외상매입금과 지급어음이 있습니다.

외상매입금은 상품을 매매하기 위해서 재화와 용역을 구매하고 나중에 주는 돈으로, 보통 세금계산서를 발행합니다.

지급어음은 확실하게 언제까지 돈을 주겠다는 약속어음, 즉 '빚 문서'로 어음채무가 됩니다. 지급어음을 이해하기 위해서는 차용증이라는 개념을 알아야 합니다. 차용증은 개인 사이에 금전거래를 약속한 빚 문서로 법률 용어로 '금전소비대차계약서'라고 합니다. 차용증을 쓰고 공증을 하면 민사 · 형사 재판에서 강력한 법적 효력을 갖습니다. 그렇지만 공증된 차용증이 있다고 해서 반드시 돈을 받을 수 있진 않습니다.

용어

공증 | 특정한 법적인 사실을 공식적으로 증명하는 행정행위로 공증 사무를 맡아 처리하는 사람을 공증인이라 합니다.

결국 개인 간의 차용증은 돈을 갚겠다는 상대방의 신용을 바탕으로 작성하지만, 기업 간의 차용증을 쓸 때는 은행을 통해서 거래해야 합니다. 바로 차용증의 중간 역할을 하는 '당좌거래'로, 은행은 돈을 빌리려는 회사의 신용도를 조사하고 신용도가 괜찮으면 당좌계좌를 개설해줍니다. 그리고 돈을 빌려주려는 회사에게 조폐공사에서 발행한 어음용지를 교부합니다. 그렇다고 은행이 책임을 진다는 뜻은 아닙니다. 당좌계좌를 개설해준 은행의 역할은 신용도 조사, 당좌개설, 어음용지 교부일 뿐입니다.

돈을 빌리려는 기업은 당좌계좌 개설 후, 돈을 빌려주는 기업에게 차용증 용도의 약속어음이나 당좌수표를 써줍니다. 약속어음은 지급을 약속한 것으로, 돈을 빌린 회사가 돈을 갚지 못해 약속어음이 부도가 나면, 어음법에 따라서 민사소송 절차를 밟습니다. 돈을 빌려준 회사가 돈이 필요하면 이 약속어음을 담보로 돈을 빌리는 경우도 있습니다. 예를 들어, A사가 B사에서 돈을 빌렸는데, B사도 돈이 필요해서 C사에게 A사가 준 약속어음을 담보로 돈을 빌리기로 했습니다. 이런 경우 해당 약속어음에 배서背書를 합니다. 배서를 한다는 것은 상환 의무를 책임지겠다는 뜻으로, A사가 돈을 못 갚아도 B사는 C사에게 갚겠다는 약속입니다. C사도 돈이 필요해서 D사에게 담보인 약속어음에 배서를 해서 돈을 빌린다면 A사, B사가 돈을 못 갚아도 C사는 D사에게 갚겠다는 약속입니다. D사는 A사, B사, C사 모두에게 돈을 청구할 수 있습니다. 만약에 돈을 갚아야 하는 날이 다 됐는데 A사가 B사에게, B사도 C사에게, C사도 D사에게 돈을 갚지 못하면 줄줄이 회사들이 도산하게 됩니다. 이것이 바로 연쇄 부도입니다.

당좌수표는 지급을 약속하는 것이 아니라 위탁하는 것입니다. 예를 들어서, 돈을 빌린 A사가 돈을 빌려준 B사에게 당좌수표를 줍니다. B사는 이 당좌수표로 해당 은행에서 당좌수표의 금액만큼 돈을 대출받습니다. A사는 당좌계좌에 돈을 넣어두고 은행에 지급을 위탁한 것입니다. 당좌계좌에 돈을 넣어두면, 마이너스 통장 개념처럼 약정에 따라서 한도를 높여준다는 장점이 있습니다. 만약 예금을 1억 원 넣어뒀다면 약정에 따라서 1억 3,000만 원까지 빌려 쓸 수 있습니다.

당좌수표가 부도 나면 부정수표단속법에 걸립니다. 당좌계좌에 돈이 있어야 하는데 없다면 사기죄에 해당해 무조건 인신구속이며, 5년 이하의 징역, 10배의 벌금이 부과됩니다.

용어

배서 | '뒷면에 서명하다'라는 뜻으로 어음을 양도할 경우 뒷면에 서명함으로써 양도 의사를 표시합니다. 이때 양도인이 배서인, 양수인이 피배서인이 됩니다.

상장회사에서 문방구어음을?

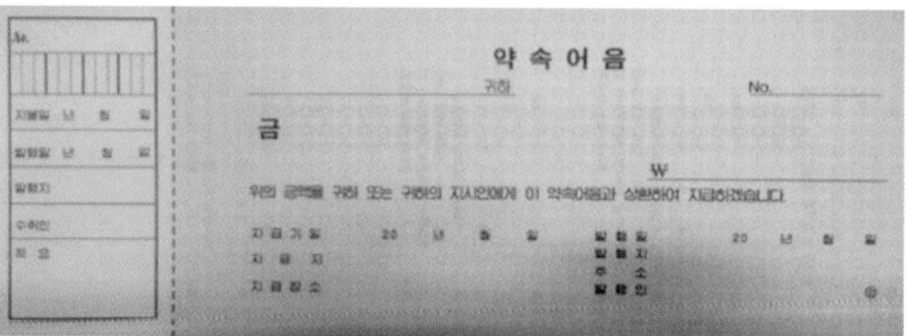
약속어음
귀하
No.
금
₩

위 사진 속 어음은 문방구어음입니다. 앞서 배운 약속어음과 당좌수표는 은행에서 지급하지만, 문방구어음은 진짜 문방구에서 파는 약속어음입니다. 상장회사에서 문방구어음을 발행한다면 탈세나 거래 자료를 남기지 않으려는 목적이 대부분입니다. 은행에서 지급한 약속어음이나 당좌수표는 모든 거래 기록이 남아 있지만, 문방구어음은 누가 얼마나 발행했는지 알 수가 없습니다. 예상도 불가능하며 오로지 준 사람과 받은 사람만 알고 있습니다.

문방구어음도 약속어음이기 때문에 어음법이 적용됩니다. 전 대표이사가 문방구어음 발행을 남발하고 퇴사했어도, 결국 회사 측이 다 갚아야 합니다. 예전에 한 회계법인이 에스비엠(SBM)이라는 회사를 회계감사 했는데, 문방구어음 복사본이 발견돼 회계감사를 거절했습니다. 나중에 이 회사는 상장폐지 절차를 밟았는데, 그만큼 문방구어음은 회사에 치명적입니다. 대표이사가 문방구어음 발행을 남발한다면 도덕적 해이(모럴 해저드)moral hazard를 의심할 만하며, 문방구어음을 발행하는 회사 주식은 즉시 매도해야 합니다.

불곰's Tip

당좌거래 정지?

어음정보센터knote.kr의 '당좌거래 정지조회'에서 회사의 당좌거래가 정지돼 있는지 여부를 확인할 수 있습니다. 당좌거래가 정지돼 있다면 회사에 문제가 있다는 뜻입니다.

| 단기차입금 | 단기차입금은 차입금과 당좌차월로 나눌 수 있습니다. 차입금은 금융기관에 1년 내 갚아야 하는 돈입니다. 당좌차월의 차월借越은 '빌린 것이 넘어섰다'라는 뜻입니다. 앞서 당좌예금에 대해서 배웠습니다. 당좌계좌에 당좌예금 1억 원을 넣었을 때 약정을 통해 1억 3,000만 원까지 끊을 수 있다고 했습니다. 약속어음과 당좌수표의 금액을 넘어선, 차월된 이 3,000만 원이 당좌차월입니다.

| 미지급금 | 미지급금은 아직 지급을 하지 않은 '부채'입니다. 외상매입금은 상거래 시 나중에 주는 돈이고 미지급금은 상거래가 아닌 자산을 구입했는데 아직 지불하지 않은 돈입니다.

예컨대 노가리 판매 유통에 필요한 냉장고, 차량 등은 상품은 아니지만 S대 노가리를 생산하기 위해서 필요한 자산인데, 이를 구매하고 지급하지 않은 금액이 미지급금입니다.

| 선수금 | 선수금은 먼저 받은 돈입니다. S대 노가리가 노가리 원료를 미리 확보하기 위해서 러시아에 선급금을 냅니다. 노가리를 선주문한 매장에서 미리 지급한 돈이 S대 노가리에게는 선수금입니다.

| 예수금 | 선수금과 비슷한 개념입니다. 선수금처럼 미리 받은 돈이라는 공통점이 있지만 예수금의 경우 제 3자에게 가는 돈이라는 차이점이 있습니다. 내 돈이 아니라 나를 잠깐 거쳐 제 3자에게 갈 돈입니다. 대표적인 예로 부가가치세가 있습니다. 모든 상품에 부가되는 가치에 대한 세금으로 한국의 경우 10%입니다. S대 노가리를 990원에 판다면 90원은 국가에 내야 하는 세금, 즉 부가가치세입니다.

| 미지급비용 | 선급비용과 반대되는 개념입니다. 선급비용이 미리 낸 임차료라면, 미지급비용은 아직 내지 않은 임차료입니다. 법인카드 대금, 직원들의 경비 등이 미지급비용에 포함됩니다.

| 미지급법인세 | 아직 내지 않은 법인세입니다. 법인세는 수익이 있는 모든 회사가 내는 세금으로, 한국은 반기 실적의 법인세를 9월 2일까지 내는 '법인세 예납제도'를 시행하고 있습니다. 이를 '법인세 중간예납세액'이라고 합니다. 미지급법인세는 나머지 3~4분기 실적의 법인세로, 법인세 중간예납세액이 1억 원, 미지급법인세가 1억 원일 경우 법인세는 총 2억 원입니다.

| 유동성장기부채 | 상충되는 뜻의 '유동'과 '장기'라는 두 단어가 함께 있어 헷갈릴 수 있지만, 뜻은 글자 그대로입니다. 1년 넘은 부채이자 1년 안에 갚아야 하는 부채입니다. 예컨대 1년 거치 3년 할부 장기차입금 3억 원이 있습니다. 2018년 돈을 빌렸고 매년 1억 원씩 갚아야 한다고 가정했을 때, 2019년 유동성장기부채가 1억 원, 장기차입금은 2억 원이 됩니다. 2020년이 되면 유동성장기부채 1억 원, 장기차입금 1억 원이 남게 되며, 2021년에는 유동성장기부채는 1억 원이고 장기차입금은 없습니다.

| 충당부채 | 충당充當은 '모자란 것을 채운다'는 뜻으로 예전에는 충당부채를 충당금이라고 불렀습니다. 예컨대 제품의 반품률을 1% 정도로 예측한다면, 그 금액만큼 채워놓는 것입니다. 회사가 A라는 전자제품이 AS 개런티 기간 동안 5% 정도 수리 및 반품될 것으로 예상

하면 그 금액에 맞는 충당부채를 설정해놓습니다.

| 기타유동부채 | 말 그대로 기타 부채입니다. 매입채무, 단기차입금, 미지급금, 선수금, 예수금, 미지급비용, 미지급법인세, 유동성장기부채, 충당부채 계정에 포함되지 않는 모든 단기성 부채입니다.

예를 들어 중고 냉장고를 처분하려고 내놓았는데, 누군가 냉장고를 넘기라며 준 선수금이 기타유동부채가 됩니다. 딱히 회사의 사업과 관련이 없는, 애매한 부분의 부채가 기타유동부채입니다.

| 매각예정분류부채 | 자산에서 매각예정분류자산이라는 항목이 있었습니다. 매각예정분류자산 중 부채인 부분이 매각예정분류부채입니다. 빠른 이해를 위해서 '사업보고서 → III. 재무에 관한 사항 → 6. 기타 재무에 관한 사항'을 확인하도록 합니다.

4. 주식의 총수 등
5. 의결권 현황
6. 배당에 관한 사항 등
II. 사업의 내용
III. 재무에 관한 사항
1. 요약재무정보
2. 연결재무제표
3. 연결재무제표 주석
4. 재무제표
5. 재무제표 주석
6. 기타 재무에 관한 사항
IV. 감사인의 감사의견 등
V. 이사의 경영진단 및 분석의견
VI. 이사회 등 회사의 기관에 관한
1. 이사회에 관한 사항
2. 감사제도에 관한 사항
3. 주주의 의결권 행사에 관한
VII. 주주에 관한 사항
VIII. 임원 및 직원 등에 관한 사항
1. 임원 및 직원의 현황
2. 임원의 보수 등
IX. 계열회사 등에 관한 사항
X. 이해관계자와의 거래내용
XI. 그 밖에 투자자 보호를 위하여

- 분할 내역

[프린팅솔루션 사업부문 분할]

· 회사명명 : 에스프린팅솔루션 주식회사
· 소재지지 : 경기도 수원시 영통구 삼성로 129
· 대표이사 : 김기호
· 분할방법 : 물적분할(분할후 에스프린팅솔루션 주식회사 신설)
· 분할목적 : 프린팅솔루션 사업의 경쟁력 강화
· 분할승인 : 2016년 10월 27일(임시주주총회 결의)
· 분할기일 : 2016년 11월 1일

(단위:억원)

대상회사	계정과목	예측		실적				비고
		1차연도	2차연도(17.1Q)	1차연도		2차연도(17.1Q)		
				실적	괴리율	실적	괴리율	
에스프린팅솔루션 주식회사	매출액	2,094	3,419	2,186	4.40%	3,728	9.04%	
	영업이익	Δ29	215	Δ61	111.48%	228	6.05%	
	당기순이익	Δ67	196	Δ10	Δ84.72%	208	6.12%	

[Δ는 부(-)의 값임]

출처: 전자공시시스템

이 경우 프린팅솔루션 사업부문을 회사에서 분할할 예정으로, 해당 사업부문의 자산은 매각예정분류자산, 부채는 매각예정분류부채가 됩니다.

4 비유동부채

비유동부채는 1년 이내 갚지 않아도 되지만 1년 이후에는 갚아야 하는 부채입니다.

| 사채 | 삼성전자 재무상태표에서 '사채'라는 말이 나와 다소 놀랐겠지만, 일반적으로 알고 있는 사채와는 다릅니다.

재무상태표에 있는 사채社債는 회사채會社債로 회사의 채무를 말합니다. 회사채는 주식회사만 발행할 수 있으며 발행 목표는 회사를 상장하는 이유와 마찬가지로 자금 조달입니다. 상장하기 전에도 일반 대중을 대상으로 회사채를 발행할 수 있습니다. 이는 장기채권으로 단기차입금의 장기 버전이라고 생각하면 됩니다. CB(전환사채) Convertible Bond나 BW(신주인수권부사채)Bond with Warrant가 회사채에 포함됩니다.

삼성전자가 어떤 사채를 발행했는지 알아보겠습니다.

사채에 대한 내역은 '3. 연결재무제표 주석' 항목에서 살펴볼 수 있습니다. 연결재무제표이기 때문에 삼성전자의 종속기업인 삼성전자 미국 법인과 하먼Harman에서 발행한 회사채에 대한 내용도 나옵니다.

용어

CB | 사채로 발행됐지만 일정 기간 후 발행회사의 주식으로 전환할 수 있는 사채입니다. 기업은 주로 자금 조달을 위해 CB를 발행하며 더 많은 참여를 이끌기 위해 전환권 행사가격을 낮게 책정하기도 합니다. 이 경우 주당 가치가 떨어지므로 기존 주주들은 손해를 볼 수 있습니다.

BW | 발행회사의 주식을 매입할 수 있는 권리가 부여된 사채로 신주인수권과 회사채가 결합된 형태입니다. CB와 유사하지만 CB의 경우 주식으로 전환하면 사채가 소멸되지만 BW는 신주인수권을 행사해도 사채가 소멸되지 않는다는 차이점이 있습니다.

I. 회사의 개요
1. 회사의 개요
2. 회사의 연혁
3. 자본금 변동사항
4. 주식의 총수 등
5. 의결권 현황
6. 배당에 관한 사항 등
II. 사업의 내용
III. 재무에 관한 사항
1. 요약재무정보
2. 연결재무제표
3. 연결재무제표 주석
4. 재무제표
5. 재무제표 주석
6. 기타 재무에 관한 사항
IV. 감사인의 감사의견 등
V. 이사의 경영진단 및 분석의견
VI. 이사회 등 회사의 기관에 관한
1. 이사회에 관한 사항
2. 감사제도에 관한 사항
3. 주주의 의결권 행사에 관한
VII. 주주에 관한 사항
VIII. 임원 및 직원 등에 관한 사항
1. 임원 및 직원의 현황
2. 임원의 보수 등
IX. 계열회사 등에 관한 사항
X. 이해관계자와의 거래내용
XI. 그 밖에 투자자 보호를 위하여
【 전문가의 확인 】

보고기간종료일 현재 사채의 내역은 다음과 같습니다.

(단위: 백만원)

구 분	발행일	만기상환일	연이자율(%)	금 액	
			당분기말	당분기말	전기말
US$ denominated Straight Bonds(*1)	1997.10.2	2027.10.1	7.7	61,386 (US$55,000천)	66,468 (US$55,000천)
US$ denominated Unsecured Bonds(*2)	2012.4.10	2017.4.10	1.8	1,116,100 (US$1,000,000천)	1,208,500 (US$1,000,000천)
US$ denominated Debenture Bonds(*3)	2015.5.11	2025.5.15	4.2	446,440 (US$400,000천)	-
EURO€ denominated Debenture Bonds(*4)	2015.5.27	2022.5.27	2.0	417,412 (EUR€350,000천)	-
1년이내 만기도래분(유동성사채)				(1,121,681)	(1,214,543)
사채할인발행차금				(1,675)	(1,883)
사채할증발행차금				32,291	-
계				950,273	58,542

(*1) 10년 거치 20년 분할상환되며 이자는 6개월마다 후급됩니다.
(*2) 종속기업 Samsung Electronics America에서 발행하였고, 5년 만기 일시상환되며, 이자는 6개월마다 후급됩니다.
(*3) 종속기업 Harman International Industries에서 발행하였고, 10년 만기 일시상환되며, 이자는 6개월마다 후급됩니다.
(*4) 종속기업 Harman International Industries에서 발행하였고, 7년 만기 일시상환되며, 이자는 1년마다 후급됩니다.

출처: 전자공시시스템

| 장기차입금 | 금융기관에서 빌린 돈으로 상환일이 결산일 기준 1년을 초과해서 상환해야 하는 돈입니다. 유동부채에서 배운 유동성장기부채에서 매년 갚는 돈을 제외한 나머지 돈이 장기차입금입니다.

| 장기미지급금 | 미지급금은 영업활동 이외의 채무로 회사의 상품과 관련이 없고 1년 이후 지급해야 하는 돈이 장기미지급금입니다.

| 순확정급여부채 | 순확정급여부채는 순확정급여자산의 반대 개념으로, 추가로 적립해야 하는 퇴직연금입니다. 순확정급여자산도 있고 순확정급여부채도 있는 이유는 재무상태표에서 자산과 부채를 서로 차감하지 않고 둘 다 표시해야 하기 때문입니다. 예를 들어 1억 원

의 받을 돈이 있고 5,000만 원의 줄 돈이 있다면, 둘 다 표시해야 하며 5,000만 원이 남았다고만 표기하면 안 됩니다.

| 이연법인세부채 | 이연법인세부채도 마찬가지로 이연법인세자산도 있고 이연법인세부채도 있습니다. 이연법인세자산은 회사의 회계사(기업회계 기준)가 측정한 법인세가 세무서(법인세법 기준)가 계산한 것보다 많아서 공제 받은 금액입니다. 반대로 이연법인세부채는 세무서가 계산한 법인세가 회사가 측정한 법인세보다 많아서 추가로 납부해야 하는 돈입니다.

| 장기충당부채 | 장기충당부채는 충당부채인데 장기, 즉 1년이 넘은 것입니다. 비행기, 배, 자동차 등 대형 제품들은 AS 기간도 깁니다. 예전에 현대자동차가 미국에서 보증기간을 10년으로 설정한 적이 있었는데, 이런 것들이 장기충당부채에 포함됩니다.

| 기타비유동부채 | 기타비유동부채는 어느 항목에도 포함되지 않는 비유동부채입니다.

자본

자본은 갚지 않아도 되는 사업 밑천, 자기 돈입니다. 자산에서 부채를 빼면 자본이므로 부채가 없는 자산, 다시 말해서 순자산 또는 자기자본이라고 부릅니다.

자본資本은 '재물의 근본'이라는 뜻으로, 사업을 시작할 때 제일 먼저 필요한 돈입니다. 회사가 돈을 빌리려고 해도 어느 정도의 자산이

갖춰져야 빌릴 수 있습니다.

회계학 관점에서 보면 회사를 시작할 때 자본금이 있고, 사업을 운영하면서 이익을 내면 잉여금이 발생합니다. 이 자본금과 잉여금을 합한 것이 자본입니다.

자본은 회사의 돈이므로 유동과 비유동이 아닌, 지배기업 소유주지분과 비지배지분으로 나뉩니다. 지배기업 소유주지분은 자본금(우선주자본금, 보통주자본금), 주식발행초과금, 이익잉여금(결손금), 기타자본항목, 매각예정분류기타자본항목을 전부 합한 것입니다.

5 지배기업 소유주지분

어느 만큼이 지배기업 소유주지분에 속하는지 또는 비지배지분에 속하는지 예를 들어서 설명하겠습니다. 아래 그림과 같이 A사, B사, C사, D사가 있다고 가정합니다.

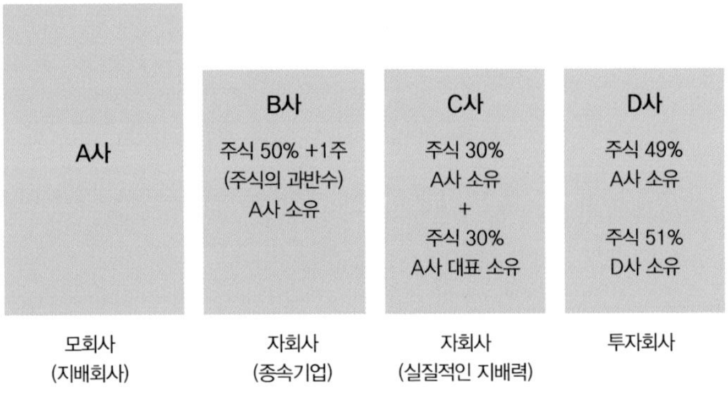

A사	B사	C사	D사
	주식 50% +1주 (주식의 과반수) A사 소유	주식 30% A사 소유 + 주식 30% A사 대표 소유	주식 49% A사 소유 주식 51% D사 소유
모회사 (지배회사)	자회사 (종속기업)	자회사 (실질적인 지배력)	투자회사

A사는 B사 주식의 과반수를 가지고 있으므로 B사의 모母회사입니다. B사는 A사의 종속기업이자 자子회사입니다. C사의 경우는 A사가 C사 주식의 과반수를 가지고 있지는 않습니다. 하지만 A사가 C사의 주식 30%를 소유하고 있고 A사 대표이사가 C사의 주식을 30% 가지고 있습니다. A사가 보유한 C사 주식수와 A사 대표가 보유한 C사 주식수가 60%이므로 과반수가 넘습니다. 이런 경우 C사는 A사의 종속기업은 아니지만, 실질적인 지배력 아래 있기 때문에 A사의 자회사입니다.

D사의 경우 D사의 주식을 A사가 49% 가지고 있지만, 과반수가 넘지 않으므로 실질적인 지배력은 없습니다. 경영권은 D사에 있으므로, D사는 A사의 자회사가 아닌 투자회사입니다.

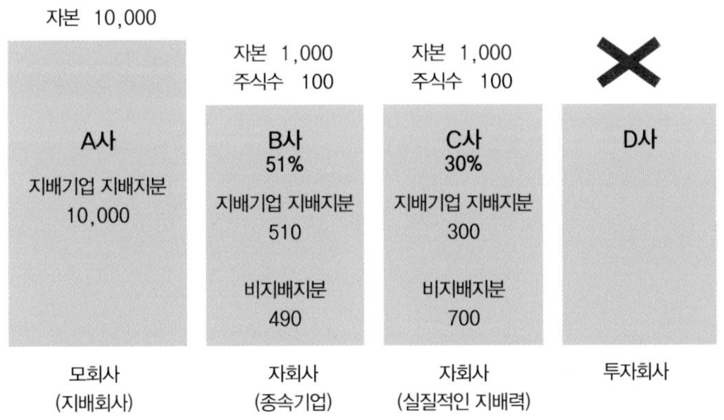

A사의 연결재무상태표에서는 A사, B사, C사의 재무 상태를 가지

고 옵니다. A사의 자본이 10,000, B사와 C사의 자본이 1,000이고 두 회사의 주식이 각각 100 있다고 가정해봅시다. 지배기업 소유주지분에는 A사 자본의 100%인 10,000, B사 자본의 51%인 510, C사 자본의 30%인 300이 들어갑니다. 총 10,810입니다. 비지배지분은 나머지인 B사 자본의 49%인 490, C사 자본의 70%인 700입니다. 총 1,190입니다.

| 자본금 | 여기서 말하는 자본금은 주식회사 설립을 위해서 주주들이 출자한 금액입니다. 우선주자본금과 보통주자본금으로 나뉩니다.

– **우선주자본금**: 주주들이 우선주를 사서 회사로 들어간 돈입니다(발행된 우선주 수×우선주 액면가). 일반적으로 보통주보다 싸고, 자산에 대해서 우선 분배를 받습니다. 아주 가끔 우선주가 보통주보다 비쌀 때가 있는데, 이는 주가가 왜곡됐다고 봐도 무방합니다. 회사가 이익이 나서 배당을 하면 우선 배당 받는 것이 우선주입니다. 예를 들어 삼성전자가 2017년 12월 31일 기준으로 배당을 했을 때 우선주는 1주당 배당금 2만 1,550원으로 시가배당률 1.1%였고, 보통주는 1주당 배당금 2만 1,500원으로 시가배당률 0.9%였습니다.

– **보통주자본금**: 주주들이 보통주를 사서 회사로 들어간 돈입니다(발행된 보통주 수 × 액면가). 우리가 일반적으로 알고 있는 주식입니다.

불곰's Pick

우선주 vs 보통주

우선주가 보통주보다 저렴하고 배당을 더 많이 주기 때문에 보통주보다 더 좋아 보일 수도 있습니다. 하지만 우선주는 의결권이 없어서 주주가 회사 경영에 참여하지 못합니다. 지분의 가치를 논할 때 경영권 프리미엄premium이 중요합니다. 예를 들어서 100억 원짜리 회사를 인수할 때, 200억 원, 300억 원에 인수하는 이유가 바로 이 경영권이 '회사 인수'에 포함되었기 때문입니다. 주식투자도 마찬가지로 경영권 프리미엄이 없다면 가치가 높다고 볼 수 없습니다.

| **주식발행초과금** | 주식 발행은 새로운 주식이 나왔다는 뜻이므로 회사가 증자를 한 것입니다. '초과금'은 주식의 액면금액과 발행금액의 차액입니다.

예를 들어서 액면가 5,000원짜리 주식을 5만 원에 100만 주 유상증자했다면, 액면금액은 50억 원이고 발행금액은 500억 원이므로 주식발행초과금은 450억 원이 됩니다.

액면금액	5,000 × 1,000,000 = 5,000,000,000(50억 원)
발행금액	50,000 × 1,000,000 = 50,000,000,000(500억 원)
주식발행초과금	50,000,000,000(500억 원) − 5,000,000,000(50억 원) = 45,000,000,000(450억 원)

유상증자 관련 기사를 통해서도 살펴보겠습니다.

> 이번 유상증자로 삼성전자의 자본금은 현재 7,373억 원에서 7,852억 원으로 늘어나게 된다. 이번 증자에서 조달하는 자금은 5,217억 원이다.•

자본금이 7,373억 원에서 7,852억 원으로 늘어난다는 것은 액면가로 봤을 때 479억 원치의 주식을 발행한다는 의미입니다. 조달하는 자금이 5,217억 원이라는 것은 발행하는 금액이므로 주식발행초과금은 5,217억 원에서 479억 원을 뺀 4,738억 원입니다.

불곰's Talk

유상증자를 하는데, 액면가보다 싸게 파는 경우도 있나요?

회사가 증자를 할 때 회사가 주식을 액면가보다 더 싸게 파는 경우는 그만큼 돈이 급하다는 뜻입니다. 그런 회사의 주식은 사지 말아야 합니다. 이런 경우 주식발행초과금이 아니라 주식 할인 발행차금이라고 합니다. 5,000원짜리를 4,000원에 팔면 주식 할인 발행차금이 1,000원입니다. 상장회사 중에서 이런 경우는 없다고 생각해도 무방합니다.

• 한국경제신문, 1998년 12월 14일, '삼성전자, 유상증자 실시키로'

무상증자 · 유상증자 · 제 3자 배정 유상증자

주식발행초과금과 밀접하게 다뤄야 할 부분이 주식 발행 원리입니다. 이를 자세히 살펴보겠습니다.

주식을 발행하면 회사의 사업 밑천인 자본이 증가합니다. 증자는 자금 조달 방법 중 하나입니다. 주식을 발행하는 방식은 무상증자, 유상증자, 제 3자 배정 유상증자가 있습니다.

무상증자

무상증자는 우선 '공짜'입니다. 회사는 돈을 받지 않고, 주주는 돈을 내지 않고 주식을 받습니다. 회사가 이익을 많이 내서 이익의 일부분만큼 신규 주식을 발행해 기존 주주들에게 무상으로 지급하는 것입니다. 회사 측에 들어올 돈도 없고 시가총액도 변화 없이, 주식수만 늘어나게 됩니다.

회사가 100% 무상증자를 했다면 주주에게 한 주당 한 주씩 무상으로 줬다는 뜻입니다. 100주를 가지고 있던 기존 주주는 200주를 가지게 되고, 주가가 100만 원이었다면 50만 원이 됩니다. 이렇게 100만 원에서 50만 원으로 가격이 조정되는데 이를 '권리락'이라고 합니다.

실질적으로 생각해보면 무상증자 때문에 주가가 상승할 이유는 없습니다. 회사가 돈을 더 번 것도 아니고 주식수만 늘렸기 때문입니다. 하지만 주가가 상승할 가능성이 높아져 주주들에게는 좋은 소식입니다. 회사가 이익을 주주와 나눴기 때문에 회사에 대한 신뢰도도 올라가고, 주당 가격은 떨어졌기 때문에 더 많은 사람들이 접근할 수 있습니다. 60만 원이 있는 사람은 100만 원인 주식은 살 수 없지만, 100%

무상증자를 해서 주가가 50만 원이 되면 60만 원이 있는 사람도 주식을 살 수 있게 됩니다.

유상증자

반면 유상증자는 공짜가 아니며 주주가 돈을 내야 합니다. 회사가 자금을 조달하기 위해 신규 주식 발행을 앞두고 기존 주주들에게 먼저 살 마음이 있는지, 인수 여부를 물어보는 것입니다. 더 많은 사람들을 참여시키기 위해 할인도 하는데, 주가가 1만 원이라면 30% 할인해서 7,000원에 파는 식입니다. 대개 할인율 30%인 경우가 가장 많습니다.

투자자 입장에서는 회사가 유상증자를 한다면, 할인율보다 증자의 목적이 중요합니다. 즉 공시에 명시된 증자의 목적에 대한 내용을 반드시 숙지해야 합니다. 보통 시설자금이나 운영자금 때문에 유상증자를 한다고 명시되는데, 어떤 시설자금이고 어떤 운영자금인지 등을 확인해야 합니다. 이후 IR 담당자와 접촉해서 더 상세한 내용을 파악해야 하고, 관련 뉴스와 공시를 통해서 회사의 발자취를 숙지해야 합니다.

유상증자는 기존 주주들 입장에서 돈이 또 들어가기 때문에 심리적 부담과 물질적 부담이 있습니다. 또한 증자의 목적이 아무리 좋다 해도 어쨌든 회사가 돈이 필요한 상황이기 때문에 '이 회사가 사업을 잘 못하고 있나?'라는 의구심이 생길 수도 있습니다. 이러한 이유로 유상증자를 하면 대부분의 주가는 하락합니다.

유상증자에 대한 투자자 대처

투자자는 유상증자에 참가하거나 포기하거나 두 가지로 대응할 수 있습니다.

참가할 경우 거래하는 증권사에 전화해 신주에 대한 증자대금을 확인하고 청약의사를 밝힌 뒤 증자대금 납입일까지 증권계좌에 해당 금액을 입금하면 됩니다. 증권

불곰's Tip

유상증자를 포기하려고 했는데, 깜박하고 팔지 못했어요

2013년 자본시장법이 개정되면서 유상증자를 포기하려다 주식을 팔지 못한 주주들에게 신주인수권(우선적으로 신주를 인수할 수 있는 권리)이 증권계좌로 들어옵니다. 이 신주인수권을 행사일 기간 중에 팔아서 손해를 만회해야 합니다.

계좌에 납입일까지 돈을 넣어두면 신주권교부일에 자신의 주식계좌로 주식이 입고됩니다.

반면, 이 회사에 더 이상 돈을 넣으면 안 되겠다고 판단하면 유상증자를 포기하면 됩니다. 포기하기로 결정했으면, 가장 먼저 확인해야 하는 것이 '신주배정 기준일'입니다. 이 기준일에서 영업일로부터 2일 전까지 무조건 매도해야 합니다. 영업일 2일 전까지기 때문에 기준일이 금요일이면 수요일까지, 기준일이 화요일이면 그 전주 금요일까지입니다. 매도하는 이유는 신주배정 기준일 하루 전에 권리락 가격이 형성되기 때문입니다.

주가: 1만 원
주식수: 100주
주주들에게 30% 할인율(7,000원)을 적용해서 100% 유상증자를 공시
신주배정 기준일: 2019년 7월 22일(월요일)

주가가 1만 원인 회사에서 주주들에게 30% 할인율을 적용해서 100% 유상증자를 공시했습니다. 유상증자에 참가하지 않겠다면, 2019년 7월 18일 목요일까지 반드시

매도해야 합니다. 7월 22일에는 권리락 주가가 형성이 되기 때문입니다. 권리락 주가를 구하는 공식은 다음과 같습니다.

■ **권리락 주가 구하기**

A: 권리락 주가 형성일 전날 종가 × 기존 주식수(권리락 주가 형성일 전날의 시가총액)

B. 유상증자하는 주식 가격 × 유상증자하는 주식수

C: A + B

D: C를 총 주식수(기존 주식수 + 유상증자 주식수)로 나누기
(전날 종가 × 주식수) + (증자 가격 × 증자 주식수) / 총 주식수

이 주식은 주식수가 100주이기 때문에 100% 유상증자를 하면 총 200주가 됩니다. 7월 18일 종가가 1만 원이라고 가정했을 때,

A: (10,000 × 100) = 1,000,000

B: (7,000 × 100) = 700,000

C: (A) 1,000,000 + (B) 700,000 = 1,700,000

D: 1,700,000 / 200 = 8,500원

$$\frac{10{,}000 \times 100 + 7000 \times 100}{200\text{주}} = 8{,}500$$

7월 19일 권리락 주가는 8,500원이 됩니다. 그러므로 유상증자를 하지 않을 것이라면 1만 원에 주식을 파는 것이 훨씬 이득입니다. 만약 이 기간을 놓쳤다면 행사일

기간 동안에 신주인수권을 팔아서 손해를 만회해야 합니다.

실제 있었던 공시를 통해서 자세히 알아보겠습니다.

8. 신주배정기준일			2017년 7월 6일
9. 1주당 신주배정주식수(주)			0.740740741
10. 우리사주조합원 우선배정비율(%)			-
11. 청약예정일	우리 사주조합	시작일	-
		종료일	-
	구주주	시작일	2017년 8월 8일
		종료일	2017년 8월 9일
12. 납입일			2017년 8월 17일
13. 실권주 처리계획			23. 기타 투자판단에 참고할 사항 - 신주의 배정 방법 참조
14. 신주의 배당기산일			2017년 1월 1일
15. 신주권교부예정일			2017년 8월 29일
16. 신주의 상장예정일			2017년 8월 30일
17. 대표주관회사(직접공모가 아닌 경우)			신한금융투자(주)
18. 신주인수권양도여부			예
- 신주인수권증서의 상장여부			예
- 신주인수권증서의 매매 및 매매의 중개를 담당할 금융투자업자			신한금융투자(주)

출처: 전자공시시스템

유상증자 참가를 원한다면 증권사에 전화해 해당사항을 확인하고, 납입일인 8월 17일까지 돈을 넣어두면 됩니다. 유상증자를 포기한다면 우선 신주배정 기준일을 확인해야 합니다. 이 경우에는 신주배정 기준일이 2017년 7월 6일 목요일이므로 7월 4일에 매도해야 합니다. 유상증자를 포기하려고 했는데 이때 매도하지 못했다면, 증권사에 전화해서 신주인수권 상장기간을 물어보고 그 기간 안에 팔면 됩니다.

제 3자 배정 유상증자

마지막으로, 제 3자 배정 유상증자란 신주 인수를 기존 주주나 경영진이 아닌 제 3자가 한다는 뜻입니다. 주로 기존 주주들이 유상증자 참여를 하지 않을 것으로 판단될 때 실행합니다. 그만큼 회사 사정이 좋지 않고 주주들이 보기에도 부실기업처럼 보인다는 뜻입니다.

이때 제 3자가 누구인지가 굉장히 중요하며, 이에 따라 주가의 변동폭이 커집니다. 제 3자의 돈이 '불건전'하다면, 회사의 사정은 더 나빠질 수밖에 없습니다. 예를 들어 사채업자가 제 3자라면, 시장에서 이 회사를 긍정적으로 바라보지 않습니다. 불건전한 돈이 유입돼 회사의 가치만 좀먹고 사라질 수도 있습니다.

제 3자 배정 유상증자를 하기 위해서 회사를 만드는 경우도 있습니다. 창립한 지 한 달도 되지 않는 회사가 제 3자라면 뭔가 이상하다고 생각해야 합니다. 실제로 이런 경우 많은 회사들이 상장폐지 됐습니다. 반대로 삼성전자 같은 큰 회사가 제 3자라면 오히려 주가가 오를 수도 있습니다.

그외에도 경영권을 제 3자에게 넘겨주기 위해서 유상증자를 하는 경우도 있습니다. 이때는 신주가가 현재 주가보다 높은 경우가 많습니다. 예를 들어서 현재 주가가 1만 원이면 유상증자를 1만 5,000원에 하는 식입니다. 경영권을 얻을 수 있다면 '경영권 프리미엄' 가격을 감안하고 들어오게 되는데, 이런 상황에서는 주가가 올라갈 수도 있습니다.

| 이익잉여금(결손금) | 기업이 영업활동으로 번 돈으로 매년 남긴 이익을 말합니다. S대 노가리의 경우 노가리를 팔아서 번 돈이 해당합니다. 이후 살펴볼 연결손익계산서에서 이 잉여금이 얼마나 어떻게 발생했는지 알 수 있습니다. 손익계산서에 있는 당기순이익이 계속 오르면 잉여금이 더 많아지지만, 당기순이익이 적자가 나면 결손금이 됩니다.

| 기타자본항목 | 기타자본항목에 들어가는 대표적인 예가 자사주 매입입니다. 이는 자기 회사의 주식을 샀다는 뜻입니다.

삼성전자가 자사의 주식을 샀다면, 주식을 산 만큼 자본은 줄어들기 때문에 기타자본항목은 마이너스로 표시됩니다. 보통 자사주를 매입하는 이유는 세 가지가 있습니다.

첫 번째는 투자 목적입니다. 자신들이 가장 잘 알고 있는 자사주를 산 다음 돈이 필요할 때 파는 방식입니다. 매각할 때는 주가에 미치는 영향을 최소화 하기 위해서 주로 '블록block 매각'을 합니다. 시장에 바로 팔지 않고 기관에 주식을 한 '덩어리block'로 판다고 생각하면 됩니다.

두 번째는 대주주의 경영권 방어를 위해서입니다. 주주총회에서 경영권을 위협하는 세력과 표 대결을 해야 하는 긴급한 상황이 예측되면 주주총회 전에 미리 우호 세력에게 주식을 팔아서 자신의 경영권을 보호하는 데 이용할 수 있습니다. 요즘은 지주회사 체제로 바꾸기 위해서 자사주 매입을 하는 경향이 있는데, 결국 경영권 보호를 위

불곰's Talk

주식 소각은 좋은 일인가요?

회사 입장에서 보면 '주식,' 즉 '돈'을 태운 것이기 때문에 그만큼 자금이 줄어듭니다. 하지만 어떤 회사도 여유자금이 없는데 무리해서 주식 소각을 하지는 않기 때문에 크게 걱정할 필요는 없습니다.

한 경우가 많습니다.

셋째는 주식 소각燒却입니다. 이는 주식을 태워서 없앤다는 뜻으로 주식수는 줄어들고 한 주당 가치는 올라갑니다. 주주 입장에서는 자신이 보유하고 있는 주식의 가치가 올라가니 좋은 소식입니다. 주주 위주의 경영방침으로 주주 우대정책이기도 하지만 경영권 방어 기능도 있습니다.

| 매각예정분류기타자본항목 | 매각예정분류기타자본항목을 풀어서 해석하면 매각이 예정돼 있는 것으로 분류된 기타자본항목입니다. 팔 예정인 자사주라고 생각하면 됩니다.

6 비지배지분

여기까지가 지배기업 소유주지분입니다. 연결재무상태표의 자본 항목에서 지배기업 소유주지분을 제외한 부분이 비지배지분입니다. 앞서 배운 모회사와 자회사의 관계에서 모회사가 자회사를 대상으로 갖고 있는 지분을 뺀 나머지가 해당됩니다.

불곰's Pick

재무상태표 검토 시 부채비율 100% 이하인지 확인할 것!

재무상태표에서 가장 중요한 것은 부채비율이 100% 이하인지 확인하는 것입니다. 특별히 계산할 필요 없이 자본과 부채 중 자본이 더 많은지만 확인하면 됩니다. 영업이익이 급성장하고 있으면 부채비율이 100%보다 높아도 투자 대상이 될 수 있습니다.

연결재무상태표 용어 간단 정리

	자산	회사 자금의 사용처(자산 = 부채 + 자본)
	유동자산	1년 내 현금화 가능한 것
당좌자산	현금 및 현금성자산	바로 돈이 될 수 있는 것(현금, 예금, 금)
	단기금융상품	1년 내 현금화 가능한 금융상품(1년 미만 금융상품)
	단기매도가능금융자산	1년 내 매매차익을 목적으로 하는 유가증권(국공채, 금융채)
	매출채권	외상 매출금
	미수금	상품매출 외에 외상 거래로 받을 돈
	선급금	상품이라는 자산을 만들기 위해서 먼저 준 돈
	선급비용	먼저 낸 비용(임차료, 화재보험)
재고자산	재고자산	재고(상품, 제품, 반제품, 원재료)
	기타유동자산	아직 확보하지 못한 1년 내에 들어올 돈(세금환급금)
	매각예정분류자산	회사 상품 외에 팔 예정인 자산(차량, 기계 등)
	비유동자산	1년 이후에 현금화 가능한 것
	장기매도가능금융자산	현금화가 1년 걸리는 금융자산(ex: 3년 만기 정기적금)
	관계기업 및 공동기업 투자	관계기업이나 공동기업에 투자한 돈
	유형자산	형태가 있는 자산(토지, 건물, 설비 등)
	무형자산	형태가 없는 자산(특허, 디자인, 콘텐츠 등)
	장기선급비용	1년 이상 서비스를 받기 위해서 미리 지불하는 비용(ex: 라이선스 5년치 구매)
	순확정급여자산	종업원들 퇴직금 주고 남을 돈
	이연법인세자산	1년 뒤에 받을 세금 환급금
	기타비유동자산	어디에도 포함되지 않는 비유동 자산(ex: 장기외상매출금)
	자산총계	자산을 모두 합한 액수
	부채	빌린 돈
	유동부채	1년 안에 갚아야 하는 돈
	매입채무	외상매입금 + 지급어음
	단기차입금	금융기관에게 1년 안에 갚아야 하는 차입금과 당좌차월
	미지급금	상거래가 아닌 자산을 구입했는데 아직 안 준 돈
	선수금	먼저 받은 돈

예수금	먼저 받은 돈인데 제 3자에게 가야 하는 돈
미지급비용	아직 안 낸 돈(ex: 법인카드 대금, 경비)
미지급법인세	아직 안 낸 법인세
유동성장기부채	1년 넘은 부채인데 1년 안에 갚아야 하는 부채
충당부채	1년 내에 모자랄 돈을 예측해서 채워 넣어 두는 돈
기타유동부채	어디에도 포함되지 않는 유동부채
매각예정분류부채	매각예정분류자산 중에서 부채인 것
비유동부채	1년 이후에 갚아도 되는 돈
사채	회사채, 해당 회사의 채권
장기차입금	결산일을 기준으로 상환일이 1년 이상 남은 금융기관에서 빌린 돈
장기미지급금	회사 영업과 관련 없는 1년 이후에 지급해야 하는 채무
순확정급여부채	추가로 적립해야 하는 퇴직연금
이연법인세부채	추가로 납부해야 하는 법인세
장기충당부채	충당부채인데 1년 넘는 것
기타비유동부채	어디에도 포함되지 않는 비유동부채
부채총계	부채를 모두 합한 액수
자본	회사 돈
지배기업 소유주지분	모회사 100% + 모회사의 자회사 해당 지분만큼
자본금	주주들이 출자한 금액
우선주자본금	우선주 수 X 우선주 액면가
보통주자본금	보통주 수 X 보통주 액면가
주식발행초과금	주식의 액면금액과 발행금액의 차액
이익잉여금(결손금)	기업의 영업활동으로 번 돈
기타자본항목	자사주 매입 등
매각예정분류기타자본항목	팔 예정인 자사주 등
비지배지분	모회사의 자회사 해당 지분을 뺀 나머지
자본총계	자본을 모두 합한 액수
자본과 부채 총계	자본과 부채를 모두 합한 액수(자산 총계)

당좌자산: 당장 돈이 될 수 있는 자산으로 빠르게 현금화 할 수 있습니다.

재고자산: 제조 · 판매 · 유통 과정을 거쳐야 돈이 될 수 있는 자산으로 그만큼 현금화 하는 데 시간이 걸립니다.

손익계산서란 무엇인가?

재무상태표는 간략히 말해 '자산 = 부채 + 자본'에 대한 내용이었었습니다.

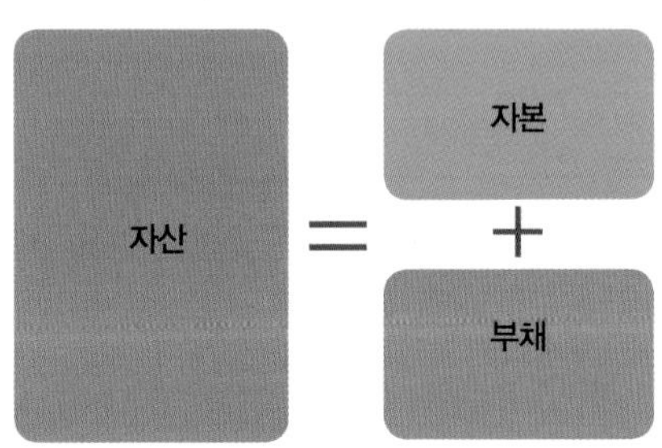

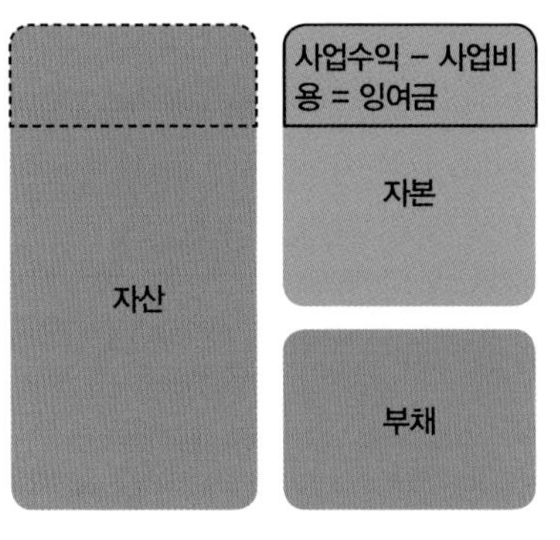

회사가 이 자산으로 사업을 해서 돈을 벌면 잉여금(이익)이 발생합니다.

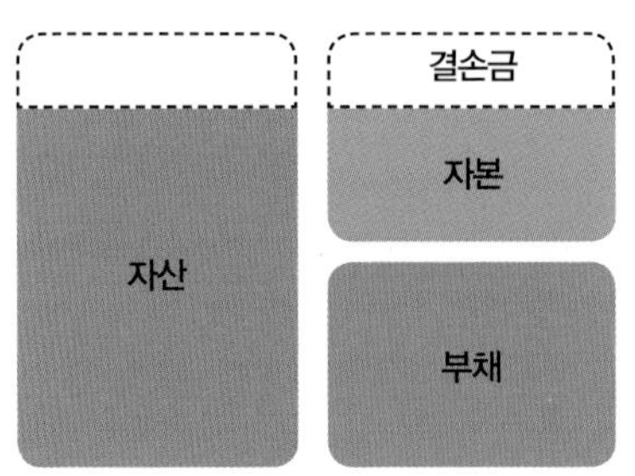

반대로 돈을 잃으면 손실금(결손금)이 발생합니다.

포괄손익계산서는 이 이익과 손실에 대해서 보여줍니다. 돈을 얼마나 벌었고(총수익) 그 돈을 버는 데 돈이 얼마나 들었나(총비용)에 관한 내용을 다룹니다. 재무상태표가 회사의 '기초체력'을 보여준다면 포괄손익계산서는 회사의 '실력'을 보여줍니다.

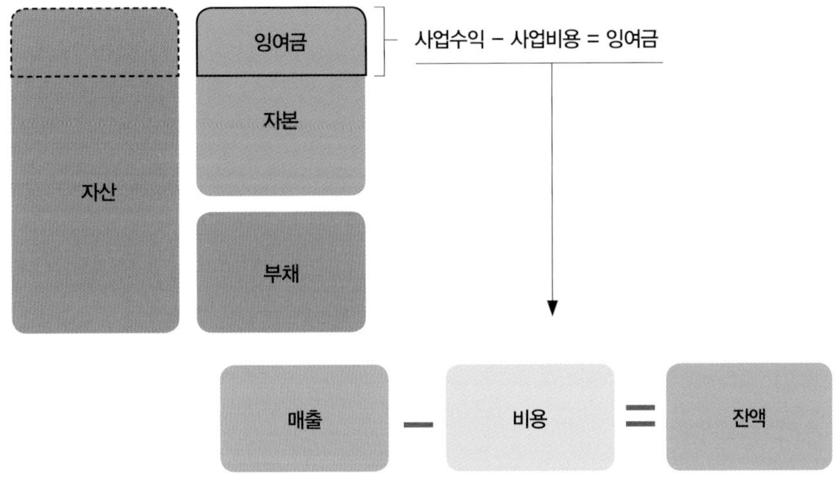

포괄손익계산서를 통해서 과거부터 현재까지 이 회사가 돈을 잘 벌었는지 못 벌었는지 파악할 수 있고, 미래도 어느 정도 예측할 수 있습니다. 포괄손익계산서에서 제일 중요한 세 가지는 매출액, 영업이익, 당기순이익입니다. 중요 순서를 정한다면 영업이익, 당기순이익, 매출액 순입니다.

손익계산서 제대로 살펴보기

손익계산서는 다음과 같은 형태입니다. 공시의 재무상태표 하단에 함께 명시됩니다.

연결 손익계산서

제48기 2016.01.01부터 2016.12.31까지
제47기 2015.01.01부터 2015.12.31까지
제46기 2014.01.01부터 2014.12.31까지

(단위: 백만 원)

	제48기	제47기	제46기
수익(매출액)	201,866,745	200,653,482	206,205,987
매출원가	120,277,715	123,482,118	128,278,800
매출총이익	81,589,030	77,171,364	77,927,187
판매비와 관리비	52,348,358	50,757,922	52,902,116
영업이익(손실)	29,240,672	26,413,442	25,025,071
기타수익	3,238,261	1,685,947	3,801,357
기타비용	2,463,814	3,723,434	2,259,737
지분법이익	19,501	1,101,932	342,516
금융수익	11,385,645	10,514,879	8,259,829
금융비용	10,706,613	10,031,771	7,294,002
법인세비용차감전순이익(손실)	30,713,652	25,960,995	27,875,034
법인세비용	7,987,560	6,900,851	4,480,676
계속영업이익(손실)	22,726,092	19,060,144	23,394,358
당기순이익(손실)	22,726,092	19,060,144	23,394,358
당기순이익(손실)의 귀속			
지배기업의 소유주에게 귀속되는 당기순이익(손실)	22,415,655	18,694,628	23,082,499
비지배지분에 귀속되는 당기순이익(손실)	310,437	365,516	311,859
주당이익			
기본주당이익(손실) (단위:원)	157,967	126,305	153,105
희석주당이익(손실) (단위:원)	157,967	126,303	153,096

출처: 전자공시시스템

손익계산서의 공식은 다음과 같습니다.

	매출액
−	매출원가
=	**매출총이익**
−	판매비와 관리비
=	**영업이익**
+	기타수익
−	기타비용
+	지분법이익 / − 지분법손실
+	금융수익
−	금융비용
=	**법인세비용차감전순이익(손실)**
−	법인세비용
계속영업이익(손실)	
=	**당기순이익(손실)**

각 항목이 무엇을 의미하는지 알아봅시다.

| 매출액 | 상품 및 제품을 판매한 금액입니다. S대 노가리의 경우 노가리 판매로 벌어들인 매출이 해당됩니다.

| 매출원가 | 상품을 만들기 위해서 직접 투입한 원가입니다. 여기서 말하는 '직접 투입한 원가'는 상품을 만드는 데(제조) 필수적인 원가입니다. 노가리 원료, 공장 종업원 급여, 부재료(조미), 포장박스, 노가리를 말리는 데 필요한 전기 사용료 등으로 홍보직원의 급여나 영업사원의 복리후생비는 포함되지 않습니다.

매출원가는 '매출액'의 '매출원가'로 모든 상품의 원가가 아닙니다. 모든 재고자산을 만드는 데 든 돈이 아니라, 판매된 재고자산의 원가로 재고원가와는 다릅니다.

예를 들어 2018년 노가리를 100톤 생산했다면, 우선 노가리 100톤을 만드는 데 든 비용이 제조원가입니다(제조원가는 손익계산서에 나오지는 않지만 개념을 알아두면 좋습니다). 그 후 1년 동안 노가리가 70톤 팔렸다면, 이 70톤의 원가가 매출원가입니다. 나머지 30톤은 재고자산이 되고 이 30톤의 원가가 재고원가입니다.

| 매출총이익 | 매출에서 매출원가를 뺀 금액입니다.

| 판매비와 관리비 | 제품을 잘 팔기 위해 투입되는 비용입니다. 사무실에서 노가리를 홍보하는 직원이나 인사관리팀 직원의 급여, 복리후생비, 접대비, 광고비, 배송비 등이 여기에 포함됩니다.

| 영업이익 | 영업이익을 구하는 공식은 '영업이익 = 매출액 - 매출원가 - 판매비와 관리비'입니다. 즉, 영업이익은 영업활동을 해서 생긴 이익으로 회사가 본업을 통해서 번 돈입니다. 본업을 잘해야 회사의 실력이 있다는 뜻이므로 투자자 입장에서는 영업이익이 가장 중요합니다. 매출이 아무리 높아도 제품을 팔기 위한 비용이 너무 많이 들면 높은 매출이 의미가 없습니다. 매출이나 당기순이익이 높아도 영업이익이 낮으면 투자할 만한 회사가 아닙니다.

이처럼 가장 중요한 영업이익을 증가시키는 방법은 두 가지가 있습니다.

■ 영업이익 산출식

	매출액
−	매출원가
−	판매비와 관리비
=	영업이익

위 공식에서 보는 바와 같이 첫째는 매출액을 늘리는 것이고, 둘째는 매출원가나 판매비와 관리비를 줄이는 것입니다. 이 두 가지 중 어느 방법이 더 좋다고는 말할 수 없으며, 상황에 따라 기업이 사용하는 방법이 다릅니다.

– **매출액 증가**: 매출액을 늘리는 방법으로, 마케팅이나 홍보를 강화해서 제품을 더 많이 팔면 됩니다. 하지만 이 방법은 판매비와 관리비(비용)가 늘어나기 때문에 한계가 있으며, 주로 제품의 품질로 승부를 볼 때 사용합니다.

– **매출원가, 판매비와 관리비 절감**: 매출이 어느 정도 정해졌을 때 사용하는 방법입니다. 저렴한 원료 구입, 하청업체 압박, 판매관리비 절감, 종업원 구조조정 등으로 비용을 줄이는 방법으로 매출이 크게 늘어나기 힘든 불경기에 주로 쓰입니다.

영업이익 다음으로 영업외수익과 영업외비용을 배워보겠습니다.

■ 당기순이익 산출식

	매출액	
−	매출원가	
=	매출총이익	
−	판매비와 관리비	
=	영업이익	
+	기타수익	영업외수익&영업외비용
−	기타비용	영업외수익&영업외비용
+	지분법이익	영업외수익&영업외비용
+	금융수익	영업외수익&영업외비용
−	금융비용	영업외수익&영업외비용
=	법인세비용차감전순이익(손실)	
−	법인세비용	
[계속영업이익(손실)]		
=	당기순이익(손실)	

영업외비용과 영업외수익은 서로 반대되는 개념입니다. 기타수익, 지분법이익, 금융수익은 영업외수익으로 영업과 관련 없는 수익입니다. 기타비용과 금융비용은 영업외비용으로 영업과 관련 없는 비용입니다.

| 기타수익 | 회사가 영업활동 외로 번 돈입니다(금융수익은 포함되지 않습니다). 회사가 가지고 있는 부동산의 임대수익이나 건물을 매각해서 얻은 수익 등을 말합니다.

| 기타비용 | 회사가 영업활동 외로 지출한 비용입니다(금융비용은 여기에 포함되지 않습니다). 홍수와 같은 어쩔 수 없는 자연 재해로 인한 손

실이나 어느 항목에도 포함시키기 애매한 기부금 등이 여기에 속합니다.

| 지분법이익 | 모회사가 자회사의 지분을 50% 넘게 가지고 있다면 해당 지분에 대한 이익이 있습니다. 자회사의 지분을 51% 가지고 있는데 자회사의 당기순이익이 100억 원이라면 51억 원이 지분법이익입니다.

| 금융수익 | 금융과 관련된 수익으로 이자수익, 외환차익, 단기매매증권평가이익이 여기에 속합니다. 이자수익은 회사가 은행계좌에 돈을 예치하고 받는 이익입니다. 외환차익은 수출이나 수입 과정에서 환율로 인해 발생하는 이득입니다. 단기매매증권평가이익은 회사가 주식투자를 해서 번 돈입니다.

| 금융비용 | 금융과 관련된 비용으로 이자비용, 외환차손, 단기매매증권처분손실이 여기에 속합니다. 은행에 돈을 빌려서 이자를 내야 한다면 이자 비용이 발생합니다. 외환차손은 환율 차이로 입은 손해, 단기매매증권처분손실은 회사가 주식투자로 인해 입은 손실입니다.

투자자 입장에서는 수익만큼이나 회사의 성장성을 고려해야 하므로 '어떻게' 발생한 수익인지도 중요하게 봐야 합니다. 예를 들어서 2018년 회사 토지를 매각했다면 엄청난 이익이 났을 테고 일시적으로 당기순이익이 올라갔을 겁니다. 하지만 2019년에 매각할 땅이 없다면, 2019년의 당기순이익은 2018년보다 하락할 확률이 큽니다. 다른 예로, 급등락하는 환율 때문에 외환차손이 발생해 일시적으로 당기순이익이 하락할 수도 있습니다. 하지만 환율이 다시 안정화되면 당기순이익도 상승하게 됩니다. 영업외수익과 영업외비용이 갑자기 10억 원에서 100억 원으로 늘어나거나 100억 원에서 10억 원으로 줄어든다면 회사의 주식 담당자에게 연락을 해 확인해야 합니다. 정리하자면, 당기순이익이 정상적으로 나온 것인지 일시적으로 높거나 낮게 나온 것인지를 알아야 합니다.

| 법인세비용차감전순이익(손실) | 말 그대로 매출액부터 금융비용까지 법인세비용을 제외한 순이익이라는 뜻입니다. 더할 거 다 더하고 뺄 거 다 뺀, 세금을 내기 전의 순이익입니다.

| 법인세비용 | 회사 경영으로 발생한 이익에 대해 국가에 내야 하는 세금입니다. 한국의 경우 과세표준 200억 원을 초과하면 22%, 2억 원 초과부터 200억 원까지 20%, 2억 원 이하는 10%입니다.

| 계속영업이익(손실) | 지속적인 영업활동을 통한 이익만을 나타내며 계속영업이익의 반대말은 중단사업이익입니다. 중단사업이익이란 회사를 매각하거나 사업 부문을 분할했다는 뜻입니다. 중단한 사업이 없다면 계속영업이익과 당기순이익은 동일하게 나옵니다.

| 당기순이익 | 일정기간 회사의 순이익을 의미합니다. 번 돈을 전부 더하고, 나간 돈을 모두 뺀 금액이 당기순이익인데, 왜 영업이익이 당기순이익보다 더 중요한지 의문점이 생길 수 있습니다. 영업이익은 제품을 팔고 남은 돈이기 때문에 회사의 실력 그 자체지만, 당기순이익은 환율의 변화, 건물의 매각과 같은 영업과 관련 없는 일시적인 변

동에 따라서 수치가 움직이기 때문에 회사의 진정한 실력이라고 단정하기 어렵습니다.

| 당기순이익(손실)의 귀속 | 당기순이익(손실)의 귀속에는 지배기업의 소유주에게 귀속되는 당기순이익과 비지배지분에 귀속되는 당기순이익이 있습니다.

- **지배기업의 소유주에게 귀속되는 당기순이익(손실)**: 자회사 지분만큼의 손익까지 포함된 당기순이익이라는 뜻입니다.

- **비지배지분에 귀속되는 당기순이익(손실)**: 자회사의 순이익 중 다른 주주들의 순이익을 표시한 것입니다.

| 주당이익 | 주당이익에는 기본주당이익과 희석주당이익이 있습니다.

- **기본주당이익(손실)(단위: 원)**: 한 주당 이익을 나타내는 수치입니다. 앞의 삼성전자 손익계산서에서 기본주당이익이 '157,967'이라면 한 주당 일 년에 벌어들이는 돈이 15만 7,967원입니다.

영어로 기본주당순이익은 EPS[Earning Per Share]입니다. Earning(순이익), Per(당), Share(주식), 즉 주당 순이익이라는 뜻입니다.

공식은 영어 뜻을 그대로 적용하면 됩니다.

$$\frac{\text{당기순이익}}{\text{총 주식수}} = \text{EPS(기본주당이익)}$$

예를 들어 1년 기준 당기순이익이 100억 원이고 총 주식수가 100주라면 EPS는 1억 원입니다.

- **희석주당이익(손실)(단위: 원)**: 회사가 CB, BW를 발행할 경우 주식의 가치가 희석되기 때문에 희석된 주당이익으로 표시합니다. 기본주당이익과 희석주당이익이 같다면 CB나 BW 발행 내역이 없다는 뜻입니다.

불곰's Tip

더 알고 싶다면

계정별로 좀 더 알고 싶은 부분은 '3. 연결재무제표 주석'과 '6. 기타 재무에 관한 사항'을 확인하는 것을 추천합니다.

연결손익계산서 용어 간단정리

	수익(매출액)	상품 매출
	매출원가	팔린 상품을 만들기 위해서 들어간 돈
	매출총이익	매출액 – 매출원가
	판매비와 관리비	상품을 팔기 위해 쓴 돈(ex: 광고비)
	영업이익(손실)	회사가 본업으로 번 돈(매출액 – 매출원가 – 판매비와 관리비 = 영업이익)
영업외수익	기타수익	영업과 관련 없는 수익(금융수익 포함 안 됨)
영업외비용	기타비용	영업과 관련 없는 비용(금융비용 포함 안 됨)
영업외수익	지분법이익	자회사에서 보유 지분만큼 얻는 수익
	금융수익	금융과 관련된 수익(ex: 이자수익)
영업외비용	금융비용	금융과 관련된 비용(ex: 이자비용)
	법인세비용차감전순이익(손실)	세금 내기 전 수익
	법인세비용	법인세(세금)
	계속영업이익(손실)	계속된 영업활동을 통한 이익
	당기순이익(손실)	모든 것을 반영한 후에 남은 최종순이익
	당기순이익(손실)의 귀속	
	지배기업의 소유주에게 귀속되는 당기순이익(손실)	보유 지분만큼 자회사의 손익도 포함된 당기순이익
	비지배지분에 귀속되는 당기순이익(손실)	자회사 타주주들의 당기순이익
	주당이익	
	기본주당이익(손실) (단위: 원)	한 주당 이익
	희석주당이익(손실) (단위: 원)	향후 주식으로 전환될 주식수를 미리 계산하여 희석시킨 주당 이익

영업외수익: 영업과 관련 없는 수익

영업외비용: 영업과 관련 없는 비용

PER

PER는 'Price Earning Ratio'의 약자로 Price(주가), Earning(수익), Ratio(비율)라는 뜻입니다. PER는 주가가 고평가돼 있는지 저평가돼 있는지 알 수 있는 기준입니다. 기준점으로 PER 10 이하가 좋습니다. 단, 영업이익이 급성장하고 있다면 PER가 10보다 조금 높아도 괜찮습니다.

PER 계산법

$$PER = \frac{\text{주당 가격(주가)}}{EPS}$$

예를 들어서 주당 가격이 1만 원이고 EPS가 1,000원이라면 PER는 10입니다.

$$\frac{\text{1만 원(주당 가격)}}{\text{1,000원(EPS)}} = 10(PER)$$

더 간단하게 PER를 계산하는 방법이 있습니다. PER를 구하는 데 필요한 값인 주당 가격과 EPS 각각에 총 주식수를 곱하면 각각 시가총액, 그리고 당기순이익입니다.

주당 가격 × 총 주식수 = 시가총액
EPS × 총 주식수 = 당기순이익

따라서 시가총액을 당기순이익으로 나누면 PER를 좀 더 손쉽게 구할 수 있습니다.

$$PER = \frac{시가총액}{당기순이익}$$

이 공식에서 PER와 당기순이익을 곱하면 시가총액이 됩니다.

PER 10이 의미하는 것은 당기순이익으로 10년 내 똑같은 회사를 다시 만들 수 있다는 뜻입니다. 그러므로 PER는 낮을수록 좋지만 마이너스는 좋지 않습니다. 마이너스는 손실이 발생했다는 뜻이기 때문입니다.

미래 예측을 담은 FD PER

HTS나 MTS에도 PER가 나오는데 왜 공식까지 알아야 하는지 궁금할 수도 있습니다. 그런데 HTS나 MTS에서 제공하는 PER는 작년의 당기순이익과 현재의 시가총액으로 계산한 과거의 PER입니다.

현재의 PER뿐만 아니라 미래의 PER도 알아야만 제대로 된 투자 기준을 잡을 수 있습니다. 미래의 PER를 알기 위해서는 당기순이익을 '예상forwarding'해야 합니다. 향후 추가로 상장돼 시가총액에 영향을 주게 될 주식, 즉 미래의 주당 가치를 희석시키는 주식수인 CB, BW도 함께 계산해야 합니다. 간단하게 물 탄 시가총액, 즉 '희석된diluted'시가총액이라고 생각하면 됩니다. 불곰 PER는 미래를 예측하고 희석된 시가총액이 반영된 PER로 모든 기업 평가의 기준이 됩니다. 바로 'FD PERForwarding Diluted PER'입니다.

FD PER 구하는 법

PER는 시가총액을 당기순이익으로 나눈 값이라고 했습니다. 여기에서 FD PER를 구하려면 시가총액에는 CB와 BW가 주식으로 전환될 경우를 예측하여 희석된 시가총액(D)을 구합니다. 그리고 예상 당기순이익(F)을 추정합니다.

$$\text{FD PER} = \frac{\text{희석된 시가총액(D)}}{\text{예상 당기순이익(F)}}$$

희석된 시가총액 구하는 법

희석된 시가총액을 구하는 법은 희석 증권의 주식수 곱하기 현재 주가 더하기 현재의 시가총액입니다.

희석된 시가총액 = 현재 시가총액 + (희석 증권의 주식수 × 현재 주가)

희석 증권은 CB, BW, 전환우선권(보통주로 전환할 수 있는 우선주), 스톡옵션(주식매입선택권)stock option입니다. 모두 보통주로 전환되며, 이는 향후 시가총액이 증가한다는 뜻입니다. 결국 자신이 가지고 있는 해당 주식의 가치는 떨어지게 됩니다.

CB나 BW 관련 내용 찾기

CB, BW 관련 사항을 확인하고 싶다면 역시 공시자료를 살펴봐야 합니다. 사업보고서에서 'I. 회사의 개요 → 3. 자본금 변동사항'으로 이동합니다.

예시를 통해서 자세히 공부해보겠습니다.

3. 자본금 변동사항

증자(감자)현황

(기준일: 2017년 03월 31일)　　　　(단위: 원, 주)

주식발행(감소)일자	발행(감소)형태	발행(감소)한 주식의 내용				
		주식의 종류	수량	주당 액면가액	주당발행(감소)가액	비고
2006.07.20	유상증자(주주배정)	보통주	800,000	500	1,500	-
2007.05.24	유상증자(일반공모)	보통주	1,750,000	500	18,000	-
2007.07.24	유상증자(제 3자배정)	보통주	250,000	500	18,000	-
2008.03.24	유상증자(주주우선공모)	보통주	1,360,000	500	13,750	-
2008.04.16	무상증자	보통주	840,000	500	-	-
2014.01.17	신주인수권행사	보통주	242,365	500	4,126	-
2014.11.10	무상증자	보통주	9,051,662	500	-	-
2015.03.12	신주인수권행사	보통주	225,225	500	2,220	-

미상환 전환사채 발행현황

(기준일: 2016. 12. 31)

(단위: 백만 원, 주)

종류\구분	발행일	만기일	권면총액	전환대상 주식의 종류	전환청구가능기간	전환조건		미상환사채	
						전환비율(%)	전환가액	권면총액	전환가능주식수
제6회차 무보증 사모전환 사채	2016. 06.14	2019. 06.14	15,000	보통주	2017.06.14 ~ 2019.05.14	100%	2,140	15,000	7,009,345
합계	-	-	15,000	-	-	-	-	15,000	7,009,345

출처: 전자공시시스템

도표를 순서대로 보면 예전에 주주배정 · 일반공모 · 제 3자 배정 유상증자를 진행한 것을 알 수 있습니다. 유상증자(주주우선공모)는 상장을 했다는 뜻이며 무상증자와 신주인수권행사도 이미 시가총액에 반영돼 있습니다.

중요한 부분은 하단의 아직 처리되지 않은 CB와 BW입니다. '미상환'은 아직 해결되지 않았다는 뜻이고, 전환사채는 CB입니다. 2016년 6월 14일에 발행했고, 만기일은 2019년 6월 14일입니다. 2019년 5월 14일까지 전환할 수 있는데, 전환을 하지 않을 경우에는 2019년 6월 14일까지 권면총액인 150억 원을 돌려줘야 합니다(단위가 백만 원이므로 권면총액은 150억 원입니다). 한 주당 2,140원에 전환할 수 있고, 전환할 수 있는 주식이 700만 9,345주 있습니다.

투자를 고려 중이던 당일 종가가 2,770원이었고, 시가총액은 634억 원이었습니다. FD PER에서 희석된 시가총액(D)을 구하기 위해서는 우선 전환이 가능한 주식수(700만 9,345주)와 현재가(2,770원)를 곱한 다음에 현재 시가총액(634억 원)을 더하면 됩니다.

7,009,345 × 2,770 = 약 194억 원
194억 원 + 634억 원 = 828억 원(희석된 시가총액)

이 경우, 제 기준대로 FD PER가 10 이하가 되려면 예상 당기순이익(F)이 적어도 83억 원 정도는 돼야 합니다.

예상 당기순이익

예상 당기순이익은 누구도 정확하게 알려주지 않지만, 투자자 입장에서 어느 정도 예상할 수는 있습니다. 다음은 예상 당기순이익을 구하는 3단계 방법입니다.

1 1단계

전자공시시스템에서 회사의 과거 자료를 확인합니다. 예를 들어

불곰's Talk

자사주를 소각하면 시가총액이 줄어드는데, 왜 FD PER와는 관련이 없나요?

자사주가 소각되면 바로 시가총액에 반영되기 때문에 따로 계산할 필요가 없습니다.

2018년 3사분기 분기보고서까지만 나온 상태라면 2018년 3분기, 2017년 3분기, 2016년 3분기를 비교해봅니다. 회사가 영업이익과 당기순이익을 일정하게 내고 있고 꾸준히 상승세라면 나머지 분기의 예상 당기순이익의 흐름을 유추해낼 수 있고 최종적으로 2018년 예상 당기순이익을 유추하는 데도 도움이 됩니다. 반대로 당기순이익이 들쑥날쑥한지, 갑자기 당기순이익이 줄었는데 일시적 현상인지, 장기적인 불황인지 등을 파악해서 예상해야 합니다.

2 2단계

회사의 실적을 예측할 만한 보조 자료들을 찾아봐야 합니다. 산업 동향, 기업 관련 뉴스를 찾아보고 회사의 주식 담당자(IR 담당자)에게 사업군에 대해서 물어봐야 합니다. 더 궁금한 것이 있다면 영업 담당자에게 질문하는 것도 좋은 방법입니다. 영업부서 직원들은 실제 현장을 접하는 이들이므로 최신 정보를 알고 있는 경우가 많습니다. 이러한 다양한 정보들은 미래의 실적을 예측할 때 필수 요소입니다.

3 3단계

본인의 예상을 조금 더 보수적인 시각으로 바라봅시다. 이를 '주의할 점'이 아닌 하나의 '단계'로 넣은 이유는 반드시 거쳐야 하는 단계이기 때문입니다. 이미 보수적으로 예측했다고 하더라도 한 번 더 예상 수치를 낮추는 것이 투자 리스크를 줄이는 방법입니다. 2018년 3

(단위: 원)

	제6기	제5기	제4기
매출액	66,334,460,453	70,928,953,914	72,233,522,810
매출원가	43,072,768,496	49,383,446,423	55,181,884,661
매출총이익	23,261,691,957	21,545,507,491	17,051,638,149
판매비와 관리비	5,643,536,269	5,753,693,058	5,856,535,175
영업이익(손실)	17,618,155,688	15,791,814,433	11,195,102,974
금융수익	1,414,376,477	1,298,854,793	839,435,177
금융비용	385,207,528	381,905,904	441,590,361
기타수익	35,440,859	8,187,254	49,569,351
기타비용	809,552,482	190,648,026	2,077,275
법인세비용차감전순이익(손실)	17,873,213,014	16,526,302,550	11,639,839,866
법인세비용	3,312,311,634	3,647,243,773	2,534,987,909
당기순이익(손실)	14,560,901,380	12,879,058,777	9,104,851,957
기타포괄손익	−144,682,679	−144,342,006	−208,058,012
후속적으로 당기손익으로 재분류되지 않는 세후기타포괄손익	−144,682,679	−144,342,006	−208,058,012
보험수리적손익	−144,682,679	−144,342,006	−208,058,012
총포괄이익	14,416,218,701	12,734,716,771	8,896,793,945
주당이익			
기본주당이익(손실)	11,790	10,425	7,257

출처: 전자공시시스템

분기 당기순이익이 2017년 3분기 당기순이익보다 2배 이상 높다고 하더라도 2018년 전체 당기순이익이 2017년 전체 당기순이익의 2배 이상 나온다는 보장은 없습니다. 우리는 조금 더 보수적으로 예상해야 합니다.

회사별로 상황이 다르므로 각각 다르게 계산해야겠지만 기본적인

(단위: 원)

	제5기 1분기		제4기 1분기		제4기	제3기
	3개월	누적	3개월	누적		
매출액	17,799,309,667	17,799,309,667	16,832,459,066	16,832,459,066	72,233,522,810	73,414,643,427
매출원가	12,608,087,892	12,608,087,892	13,896,174,387	13,896,174,387	55,181,884,661	58,049,768,077
매출총이익	5,191,221,775	5,191,221,775	2,936,284,679	2,936,284,679	17,051,638,149	15,364,875,350
판매비와 관리비	1,469,014,011	1,469,014,011	1,465,133,772	1,465,133,772	5,856,535,175	5,137,324,112
영업이익(손실)	3,722,207,764	3,722,207,764	1,471,150,907	1,471,150,907	11,195,102,974	10,227,551,238
금융수익	253,100,649	253,100,649	386,726,512	386,726,512	839,435,177	469,925,319
금융비용	28,995,512	28,995,512	83,907,629	83,907,629	441,590,361	442,630,628
기타수익	53,270	53,270	15,443,873	15,443,873	49,569,351	43,127,353
기타비용	7,514,089	7,514,089	119,633	119,633	2,677,275	29,414,944
법인세비용차감전 순이익(손실)	3,938,852,082	3,938,852,082	1,789,294,030	1,789,294,030	11,639,839,866	10,268,558,338
법인세비용	861,047,450	861,047,450	388,183,481	388,183,481	2,534,987,909	2,787,777,731
당기순이익(손실)	3,077,804,632	3,077,804,632	1,401,110,549	1,401,110,549	9,104,851,957	7,480,780,607
기타포괄손익	-46,602,328	-46,602,328	-79,185,768	-79,185,768	-208,058,012	-70,793,227
보험수리적손익	-46,602,328	-46,602,328	-79,185,768	-79,185,768	-208,058,012	-70,793,227
총포괄이익	3,031,202,304	3,031,202,304	1,321,924,781	1,321,924,781	8,896,793,945	7,409,987,380
주당이익						
기본주당이익(손실)	2,489	2,489	1,114	1,114	7,257	5,949

출처: 전자공시시스템

감을 잡기 위해서 예시를 한번 보겠습니다. 편의상 회사의 상황이나 업계 현황은 고려하지 않고 단순하게 숫자만 보도록 하겠습니다.

어떤 회사의 당기순이익이 4기 9,104,851,957원, 5기 12,879,058,777원, 6기 14,560,901,380원이었습니다. 5기는 4기보다 약 42% 증가했고, 6기는 5기보다 약 13% 증가했습니다.

(단위: 원)

	제7기 1분기		제6기 1분기		제6기	제5기
	3개월	누적	3개월	누적		
매출액	15,413,307,067	15,413,307,067	16,591,298,734	16,591,298,734	66,334,460,453	70,928,953,914
매출원가	9,659,707,425	9,659,707,425	11,366,738,975	11,366,738,975	43,072,768,496	49,383,446,423
매출총이익	5,753,599,642	5,753,599,642	5,224,559,759	5,224,559,759	23,261,691,957	21,545,507,491
판매비와관리비	1,413,285,977	1,413,285,977	1,383,010,054	1,383,010,054	5,643,536,269	5,753,693,058
영업이익(손실)	4,340,313,665	4,340,313,665	3,841,549,705	3,841,549,705	17,618,155,688	15,791,814,433
금융수익	452,886,692	452,886,692	335,665,886	335,665,886	1,414,376,477	1,298,854,793
금융비용	144,766,547	144,766,547	38,682,259	38,682,259	385,207,528	381,905,904
기타수익	12,600,628	12,600,628	14,610,240	14,610,240	35,440,859	8,187,254
기타비용	9,738,644	9,738,644	23,961,846	23,961,846	809,552,482	190,648,026
법인세비용차감전 순이익(손실)	4,651,295,794	4,651,295,794	4,129,181,726	4,129,181,726	17,873,213,014	16,526,302,550
법인세비용	850,087,764	850,087,764	735,934,965	735,934,965	3,312,311,634	3,647,243,773
당기순이익(손실)	3,801,208,030	3,801,208,030	3,393,246,761	3,393,246,761	14,560,901,380	12,879,058,777
기타포괄손익	−62,602,639	−62,602,639	−95,288,045	−95,288,045	−144,682,679	−144,342,006
후속적으로 당기손익으로 재분류되지 않는 세후기타포괄손익	−62,602,639	−62,602,639	−95,288,045	−95,288,045	−144,682,679	−144,342,006
보험수리적손익	−62,602,639	−62,602,639	−95,288,045	−95,288,045	−144,682,679	−144,342,006
총포괄이익	3,738,605,391	3,738,605,391	3,297,958,716	3,297,958,716	14,416,218,701	12,734,716,771
주당이익						
기본주당이익(손실)	3,078	3,078	2,748	2,748	11,790	10,425

출처: 전자공시시스템

5기 1분기는 4기 1분기보다 약 120% 증가했습니다. 6기 1분기는 5기 1분기보다 약 10% 증가했습니다. 7기 1분기는 6기 1분기보다 약 12% 증가했습니다.

정리해보면 다음과 같습니다.

구분	제7기 1분기	제6기 1분기	제5기 1분기	제4기 1분기
당기순이익	3,801,208,030	3,393,246,761	3,077,804,632	1,401,110,549
전년 동기 대비 증가율(%)	12.02	10.25	119.67	
구분	제7기	제6기	제5기	제4기
당기순이익	?	14,560,901,380	12,879,058,777	9,104,851,957
전년 대비 증가율(%)	?	13.06	41.45	

여기서 FD PER를 구하려면, 7기 전체의 당기순이익을 예상해야 합니다. 연 단위로 봤을 때 당기순이익이 늘고 있지만 느는 추세가 이전보다는 느립니다. 7기 1분기 전년도 동기 대비 증가율이 약 12%라고 해서 7기 당기순이익이 6기 당기순이익보다 12% 정도 높을 것이라고 예상하면 안 됩니다. 또한, 5기 전년도 대비 증가율이 약 42%였고, 6기 전년도 대비 증가율이 약 13%였다고 해서 7기의 42%와 13%의 평균이 될 것이라는 생각은 과도하게 긍정적인 사고방식입니다.

우리는 최대한 보수적으로 7기 당기순이익은 6기와 비슷하거나 최대 3~10% 정도 증가할 것이라고 예상해야 합니다. 다시 한 번 말씀 드리지만, 이는 회사 내부 상황을 고려하지 않고 단순하게 숫자만 보고 보수적으로 잡은 수치입니다.

주의할 점

PER는 투자종목 선정에 있어서 굉장히 중요한 요소지만 조심해야 하는 세 가지 경우의 낮은 PER가 있습니다.

- **부채비율 100% 이상**: PER가 낮아도 부채비율이 100% 이상이면, 투자대상이 아닙니다. 가장 중요한 투자 종목 선발 예선전을 통과할 수 없습니다.
- **일시적인 저 PER**: 토지매각이나 건물매각 등 회사의 영업과 상관 없이 큰 이익이 나서 일시적으로 당기순이익이 증가하면 PER는 일시적으로 하락합니다. 하지만 이런 당기순이익은 지속되기 힘듭니다.
- **전통적인 저 PER**: PER가 전통적으로 낮은 건설, 철강과 같은 산업군이 있습니다. 외부환경과 성장성에 리스크가 크다는 판단으로 투자를 꺼리는 투자자들이 많아서 전통적으로 PER가 낮지만, 이런 종목들의 '낮은 PER'는 큰 의미가 없습니다.

알아는 둡시다
ROA, 유동비율, 당좌비율, BPS, PBR, ROE, EPS

*** ROA; Return On Assets(총자산 순이익률)**

ROA란 기업이 가지고 있는 총자산으로 당기순이익을 얼마나 달성했는지를 알려주는 지표입니다. 당기순이익을 총자산으로 나누면 총자산 순이익률을 구할 수 있습니다.

$$\frac{\text{당기순이익}}{\text{총자산}} \times 100 = \text{총지산 순이익률}$$

총자산이 10억 원이고 당기순이익이 1억 원이었으면,

$$\frac{\text{1억 원}}{\text{10억 원}} \times 100 = 10\%$$

총자산 순이익률은 10%가 됩니다.

얼핏 매우 중요해 보이지만 저는 사용하지 않는 지표입니다. 이 공식은 자산 중 좋은 것과 나쁜 것이 섞여 있는데 구분이 되지 않습니다. 자본이 많은 자산인지 부채가 많은 자산인지 표기가 없습니다.

또한 당기순이익을 총자산으로 나눴을 때 투자업종과 같은 회사들은 총자산 순이익률이 높게 나옵니다. 제조회사와 비교해보면 제조회사가 공장(자산)을 가지고 10%의 총자산 순이익률을 낸다면 투자회사는 적은 자산으로 어딘가에 투자해서 이익이 2배가 나면 100%의 총자산 순이익률이 나옵니다. 여기까지만 보면 투자회사가 훨씬 더 좋은 회사로 보이지만 기업의 지속성이나 진입장벽 등을 고려하면 이야기는 달라집니다. 투자회사는 진입장벽이 낮고 2배의 투자 이득은 일시적 확률일 가능성이 큽니다. 이와 반대로 제조회사는 지속성이 있고, 진입장벽이 높습니다. 이러한 측면에서 총자산 순이익률은 투자 기준으로 삼기에는 부족한 면이 있습니다.

＊ 유동비율

유동비율은 현금 동원력을 보여주는 지표로 회사가 단기간에 갚아야 하는 부채를 갚을 능력이 있는지 여부를 알려줍니다. 유동비율이 클수록 재무 유동성이 크며, 일반적으로 갚아야 하는 돈의 두 배는 가지고 있어야 한다는 2대 1의 원칙을 따릅니다. 유동부채가 1억 원이라면 유동자산이 2억 원은 있어야 안전합니다.

유동자산을 유동부채로 나누면 유동비율을 구할 수 있습니다.

$$\frac{\text{유동자산}}{\text{유동부채}} \times 100 = \text{유동비율}$$

유동자산이 4억 원이고 유동부채가 2억 원이라면,

$$\frac{\text{4억}}{\text{2억}} = 2 \times 100 = 200\%$$

유동비율은 200%가 됩니다.

＊ 당좌비율

당좌비율은 유동비율과 비슷한데, '유동자산'이 아닌 '당좌자산'을 유동부채로 나눈 것입니다. 유동자산에서 재고자산을 뺀 나머지 자산이 당좌자산입니다. 재고자산은 앞서 배운 바와 같이 팔릴지 안 팔릴지 모르는 자산이지만, 당좌자산은 현금,

예금, 유가증권이므로 대부분 즉시 현금화 할 수 있습니다. 유동비율이 단기간 안에 돈을 갚는 능력이라면, 당좌비율은 당장 돈을 갚을 수 있는 능력입니다. 보통 유동비율은 200% 이상, 당좌비율은 100% 이상을 좋게 봅니다.

당좌자산을 유동부채로 나누면 당좌비율을 구할 수 있습니다.

$$\frac{\text{당좌자산}}{\text{유동부채}} \times 100 = \text{당좌비율}$$

당좌자산이 5억 원이고 유동부채가 4억 원이라면,

$$\frac{5\text{억}}{4\text{억}} = 1.25 \times 100 = 125\%$$

당좌비율은 125%가 됩니다.

유동비율이나 당좌비율도 저는 크게 중요하게 보지 않습니다. 부채비율이 100% 이하면 계산할 필요가 없기 때문입니다. 부채비율 100% 이하, 지속적인 수익창출 능력이 있다는 기준에 부합하는 종목들은 대부분 유동비율 200% 이상과 당좌비율 100% 이상의 조건도 갖추고 있기 때문입니다.

＊ BPS; Book-value Per Share(주당 순자산가치)

한 주당 가지고 있는 순자산(자기자본)이 얼마인지를 알려주는 지표입니다. BPS가 높다는 것은 기업의 순자산가치가 높다는 뜻입니다. 다음 공식처럼 구하면 됩니다.

$$\text{주당 순자산가치(BPS)} = \frac{\text{순자산(기업의 총자산 · 부채)}}{\text{발행주식수}}$$

＊ PBR; Price Book-value Ratio(주가 순자산 비율)

BPS와 같이 배우는 것이 PBR입니다. PBR은 주가와 해당 회사가 가지고 있는 순자산의 비율입니다.

$$\text{주가 순자산 비율(PBR)} = \frac{\text{주가}}{\text{BPS(주당 순자산가치)}}$$

조금 더 간단하게 계산하는 방법을 배워보겠습니다. 위아래 둘 다 총 주식수를 곱합니다.

$$\frac{\text{주가} \times \text{총 주식수}}{\text{주당 순자산가치(BPS)} \times \text{총 주식수}}$$

위(분자)는 주가 곱하기 총 주식수이므로 시가총액이고, 밑(분모)은 '주당' 순자산가치 곱하기 총 주식수이므로 순자산이 됩니다.

$$\frac{\text{주가} \times \text{총 주식수}}{\text{BPS} \times \text{총 주식수}} = \frac{\text{시가총액}}{\text{순자산}} = \text{PBR}$$

시가총액이 100억 원이고, 순자산이 100억 원이라면,

$$\text{PBR} = \frac{\text{시가총액 100억}}{\text{순자산 100억}} = 1$$

PBR은 1입니다.

시가총액이 50억 원이고, 순자산이 100억 원이라면,

$$\text{PBR} = \frac{\text{시가총액 50억}}{\text{순자산 100억}} = 0.5$$

PBR은 0.5입니다. 순자산이 시가총액보다도 높다는 뜻이므로, 이런 회사는 저평가돼 있다고 볼 수 있습니다. 일반적으로 PBR 1 이하면 저평가에 해당합니다.

BPS와 PBR의 문제점은 회사의 수익성을 보여주지 않는다는 데 있습니다. 어떤 회사가 땅을 많이 가지고 있으면 BPS, PBR은 낮게 나옵니다. 특히 그 땅을 팔 계획이 없다면 투자자 입장에서는 별 의미가 없습니다. 참고할 수는 있겠지만, 투자 기준으로 삼기에는 미흡합니다.

＊ ROE; Return On Equity(자기자본 이익률)

회사가 자기자본을 이용해서 창출한 이익을 나타내는 수익성 지표입니다. 다음과 같이 구할 수 있습니다.

$$\frac{\text{당기순이익}}{\text{자본총계}} \times 100 = \text{ROE}$$

자본이 100억 원 있고, 당기순이익이 2억 원이라면,

$$\text{ROE} = \frac{\text{2억 원}}{\text{100억 원}} \times 100 = 2$$

ROE는 2%입니다. 이는 사업을 하기 위해서 '내' 돈을 넣었는데 수익이 2%가 났다는 뜻입니다. 이런 경우 은행 이자율인 3%에도 미치지 못하므로 사업을 접어야 하는 수준입니다.

ROE는 회사의 수익성을 보여주지만, 자본에 대한 내용만 있고 부채에 대한 정보가 없습니다. 어떤 회사가 당기순이익 2억 원을 달성했다고 가정해봅시다. 그런데 회사 자산이 100억 원으로 그중 부채가 90억 원, 자본이 10억 원이라면 ROE는 20%

로 '엄청난' 회사가 됩니다. 이렇게 빚이 많고 자본금이 적은 회사는 ROE가 높게 나올 수 있지만, 언제 무너질지 모르는 회사입니다.

＊ EPS; Earning Per Share(주당 순이익)

회사의 주식 한 주당 순이익을 얼마나 냈는지를 알려주는 지표입니다. 바로 이 주당 순이익이 주주의 몫으로, 주식투자에서 굉장히 중요한 가치 개념입니다.

주당 순이익을 구하는 기본적인 공식은 간단합니다.

$$\text{EPS} = \frac{\text{당기순이익}}{\text{총 주식수}}$$

조금 더 정확하게 계산하자면 당기순이익에서 우선주 배당금을 빼고 총 주식수에서 자사주 수를 뺀 유통되는 총 주식수로 나눠야 합니다.

$$\text{EPS} = \frac{\text{당기순이익} - \text{우선주 배당금}}{\text{유통되는 총 주식수}}$$

EPS는 주식투자를 할 때 반드시 고려해야 하는 가치 개념이지만, 저는 사용하지 않습니다. PER를 알면 굳이 EPS를 계산할 필요가 없기 때문입니다. 저의 세 가지 기준인 부채비율 100% 이하, FD PER 10 이하, 영업이익의 지속적인 성장성에는 당좌비율, 유동비율, BPS, PBR, ROE와 같은 요소가 전부 포함됩니다.

화장하는 재무제표

재무제표는 내용이 투명하고 꾸밈이 없을 경우 투자자가 가장 믿을 수 있는 정보입니다. 안타깝게도 세상에는 정직한 사람만 있는 것이 아니어서 회사 측에서 재무제표를 조작하는 경우도 있습니다. 확률상 조작을 하지 않은 재무제표가 조작한 재무제표보다 훨씬 더 많습니다. 그래도 조심하자는 의미에서 조작한 재무제표, 즉 분식회계에 대해서 알아둘 필요가 있습니다.

용어

분식회계 | 분식회계에서 분은 밀가루 분(粉), 식은 꾸밀 식(飾)입니다. '예쁘게 화장한' 재무제표를 뜻합니다. 기업의 경영 실적이나 재무 상태를 실제보다 좋아 보이게 조작하는 것으로 주로 자산이나 이익을 부풀려 기록합니다.

분식회계의 목적

회사는 자금 조달을 목적으로 분식회계를 합니다. 대표적인 예로 '좀비기업'과 'IPO & 유상증자'가 있습니다.

• 좀비기업

좀비기업이란 죽은 회사를 뜻합니다. 원금은 둘째치고 이자비용조차 감당할 수 없는 영업이익을 내는 회사입니다. 이런 회사들이 가장 두려워하는 순간은 돈을 빌려준 은행이 차익금을 회수할 때입니다. 은행에서 돈을 갚으라고 하면 갚을 수 없는 상태이므로 도산하게 됩니다. 은행은 이 회사가 영업이익으로 이자조차도 갚을 수 없다는 사실을 알게 되면, 더 적극적으로 돈을 회수하려 합니다. 이런 과정을 거쳐 회사의 도산, 부도, 파산이 이루어집니다.

회사는 은행을 속여야 시간을 벌 수 있으므로 장사를 잘하고 있고 충분히 돈을 갚을 능력이 있는 것처럼 보이게끔 재무제표를 조작합니다. 은행을 안심하게 만들어서 대출을 연장하거나 돈을 더 빌리려는 목적이라고 볼 수 있습니다.

● IPO & 유상증자

IPO는 기업 상장을 뜻하고, 기업이 상장을 하는 이유는 자금을 조달하기 위해서입니다. 유상증자는 상장 후 더 많은 자금을 끌어들이는 것을 목표로 합니다. 상장을 앞둔 기업은 일순위 목표를 공모가를 높이는 데 두고 기업 가치를 최대한 높이기 위해서 회계 처리를 '보수적'으로 하지 않고 '공격적'으로 하는 경향이 큽니다. 여기서 말하는 보수적이란 회사의 문제점이나 리스크가 있다는 부정적인 가능성도 반영하여 처리하는 것입니다. 공격적이라 함은 회사의 긍정적인 요소만을 지나치게 과시하는 것을 말합니다. 보수적으로 회계 처리를 하면 공모가가 떨어질 확률이 크기 때문에 회사로서는 공격적으로 회계 처리를 하는 경우가 많습니다. 이러한 이유 때문에 상장한 지 얼마 되지 않은 회사에 투자할 때는 신중을 기해야 합니다.

상장회사가 이후 유상증자를 할 때도 마찬가지입니다. 자금 조달을 더 많이 하기 위해서 회사가 사업을 잘하고 있는 것처럼 공격적으로 재무제표를 작성하는 경우도 있습니다.

분식회계의 방식

분식회계를 하는 방법은 크게 다음의 네 가지 방법이 있습니다.

• 쓰레기 재고

재고는 자산에 포함되므로 재고가 많을수록 재무제표상 회사 자산도 많게 나옵니다. 이 재고가 나중에 팔릴 상품이라면 문제가 없지만, 이후로도 팔리지 않을 재고라면 이야기가 달라집니다. 팔릴 재고가 아니라면 아무 가치가 없는 쓰레기일 뿐입니다. 하지만 재무제표에는 이 '쓰레기'가 '금'으로 표시되는데, 이를 전문용어로는 '과대계상'이라고 합니다. 기업의 내부자만이 정확하게 쓰레기 재고가 얼마

용어

과대계상 | 수치를 실제보다 크게 올린, 부풀린 금액을 기표한 것입니다.

나 있는지 알고 있기 때문에, 기업 입장에서는 이 방법이 그리 어렵지 않습니다. 회사가 돈을 잘 벌지 못하는데 재고자산이 계속 쌓인다면 투자자는 분식회계를 의심해볼 필요가 있습니다.

● **공매출**

공매출의 '공'은 '빌 공空'으로, 이는 '없는' 매출이라는 뜻입니다. 매출이 일어나지 않았는데 매출이 일어났다고 가짜로 만들어내는, 명백한 불법행위입니다. 장사를 잘하고 있는 것처럼 꾸며서 투자를 받아내거나 은행에서 더 많은 돈을 빌리려는 속셈으로 많이들 합니다.

공空은 일어로 '가라から', 우리가 흔히 알고 있는 그 '가라'와 뜻이 같습니다. 예전에는 공매출, '가라' 세금계산서를 끊어달라는 사람들이 간혹 있었는데, 요즘은 전자세금계산서를 많이 사용해서 사라져가는 추세입니다.

● **자회사 허물 감추기**

연결재무제표에는 자회사의 실적도 포함됩니다. 자회사들의 경우 상장되지 않은 회사가 많아서 실제 이익과 손실을 정확하게 감사하기 어렵습니다. 이 점을 이용해서 이익을 부풀리거나 손실을 반영하지 않는 경우가 있습니다.

• **부실채권 둔갑술**

부실채권은 돈을 받을 수 없거나 일부만 받을 수 있는 채권입니다. 예를 들어 거래하던 회사가 폐업해서 돈을 받을 수 없는 상황이라면 부실채권이 됩니다. 하지만 간혹 이런 손실을 회계상으로 반영하지 않고 정상 매출로 넣는 경우가 있습니다.

역분식회계란?

역분식회계의 '역逆'은 반대라는 뜻으로, 화장을 못생겨 보이게 한다는 말입니다. 일부러 회계상에서 회사의 상태를 좋지 않게 조작하는 것으로, 보수적으로 재무제표를 작성하는 것과는 다릅니다. 회사의 문제점이나 리스크를 솔직하게 보여주지 않고 거짓으로 회사의 실적을 숨기거나 줄이는 방식입니다. 역분식회계 방법은 아주 간단합니다. 실제 이익보다 작은 수치를 만들면 됩니다.

역분식회계의 목적

분식회계의 목적이 더 많은 돈을 조달하기 위해서라면, 역분식회계는 돈을 덜 지출하는 것을 목적으로 합니다. 역분식회계를 하는 주된 이유로 세금 탈루, 거래처 눈치 보기, 저가에 주식 매집, 경영악화 핑계 대기 등이 있습니다.

• **세금 탈루**

회사는 이익이 발생하면 법인세를 내야 합니다. 세금 탈루란 돈을 많이 벌었는데도 세금을 적게 내기 위해서 벌지 못한 척을 하는 겁니다. 법인세의 경우 법인세 차감 전 순이익에서 세무조정을 거쳐 과세표준에 따라 납세해야 합니다. 과세표준에 따르면, 법인세 차감 전 순이익이 200억 원 이상이면 22%, 2억 원 초과부터 200억 원 이하까지 20%, 2억 원 이하는 10%의 법인세를 내야 합니다.

용어

세무조정 | 회계사가 검증한다는 뜻입니다.

과세표준	세율	누진공제
2억 원 이하	10%	-
2억 원 초과~200억 원 이하	20%	2,000만 원
200억 원 초과	22%	4억 2,000만 원

• **거래처 눈치 보기**

상장회사의 재무제표는 누구나 볼 수 있도록 공개돼 있어 거래처들끼리도 서로의 경영 상황을 한눈에 파악할 수 있습니다. 납품을 받고 있는 회사인 원청업체가 납품업체의 이익률이 너무 높다고 판단하면 납품가를 낮추라고 요구할 가능성이 있습니다. 납품업체 입장에서는 원청업체가 그 사실을 몰랐으면 하는 바람을 가지게 됩니다. 납품업체가 원청업체의 가격 인하와 같은 요구를 들어주지 않으면 원청업체가 더 이상 일거리를 주지 않을 수도 있습니다. 이런 가격인하 압박을 피하기 위해서 이익이 많이 나지 않는 것처럼 재무제표를 꾸밉니다.

• 저가에 주식 매집

CEO나 대주주의 상속이나 지분 증가를 위해서 회사의 이익을 숨기는 경우입니다. 회사를 상속 받기 위해서 주식을 상속 받는 경우 주가를 떨어트려야 상속세가 적게 나옵니다. 주식을 상속 받을 때 상속세의 기준이 주가이므로, 상속과 주가의 연관성은 상당히 깊다고 볼 수 있습니다. CEO나 대주주의 지분이 너무 적어서 지분을 늘리려고 할 때도 주가가 떨어지는 경우가 많습니다. CEO나 대주주도 주식을 싸게 사고 싶은 마음은 동일하기 때문입니다.

• 경영악화 핑계 대기

경영악화를 핑계로 사측의 이득을 취하기 위해서 재무제표를 조작하기도 합니다. 근로자 임금 인상을 피하기 위해서 재무제표를 조작한 다음 회사가 어려우니 임금 인상은 불가능하다고 주장하는 식입니다.

불곰's Talk

그렇다면, 재무제표를 보지 말라는 뜻인가요?

분식회계가 있다는 사실을 사전에 알아야 대응할 수 있습니다. 재무제표를 보지 말라는 뜻이 아닙니다. 여전히 재무제표는 주식투자에 있어서 가장 믿을 수 있는 자료입니다. 분식회계가 존재한다는 것을 감안하고 긴장해서 지켜봐야 합니다. 그리고 당연히 분식회계를 하는 회사에 투자하지 말아야 합니다.

재무제표 검증은 누가 하나요?

분식회계를 방지하기 위해서 공인회계사들이 있는 회계법인이 재무제표를 감사합니다. 회사에서 사업보고서를 3월 31일까지 제출할 때쯤 회계법인에서 만든 감사보고서도 같이 제출합니다. 감사보고서는 회사가 분식회계를 했는지, 재무제표를 적정하게 작성했는지 등을 검증한 보고서라고 생각하면 됩니다.

감사보고서 열람하기

사업보고서처럼 전자공시시스템에서 볼 수 있습니다. 찾고 있는 회사명을 입력해 검색한 다음 '감사보고서 제출'을 클릭합니다.

공시서류검색 | 회사별검색

회사명 삼부토건 / 기간 20181109 - 20190509

번호	공시대상회사	보고서명	제출인	접수일자	비고
1	유 삼부토건	[기재정정]주요사항보고서(신주인수권부사채권발행결정)	삼부토건	2019.04.30	
2	유 삼부토건	단일판매ㆍ공급계약체결	삼부토건	2019.04.29	유
3	유 삼부토건	[기재정정]단일판매ㆍ공급계약체결	삼부토건	2019.04.19	유
4	유 삼부토건	단일판매ㆍ공급계약체결	삼부토건	2019.04.18	유
5	유 삼부토건	타인에대한채무보증결정	삼부토건	2019.04.01	유
6	유 삼부토건	임원ㆍ주요주주특정증권등소유상황보고서	이용재	2019.04.01	
7	유 삼부토건	임원ㆍ주요주주특정증권등소유상황보고서	박용준	2019.04.01	
8	유 삼부토건	사업보고서 (2018.12)	삼부토건	2019.04.01	연
9	유 삼부토건	사외이사의선임ㆍ해임또는중도퇴임에관한신고	삼부토건	2019.03.27	
10	유 삼부토건	사외이사의선임ㆍ해임또는중도퇴임에관한신고	삼부토건	2019.03.27	
11	유 삼부토건	정기주주총회결과	삼부토건	2019.03.27	유
12	유 삼부토건	주식등의대량보유상황보고서(일반)	휴림로봇	2019.03.22	
13	유 삼부토건	주식등의대량보유상황보고서(일반)	제이씨파트너스	2019.03.22	
14	유 삼부토건	감사보고서제출	삼부토건	2019.03.19	유
15	유 삼부토건	참고서류	삼부토건	2019.03.12	

[1/5] [총 65건]

DART 유 삼부토건 본문 2019.03.19 감사보고서제출

감사보고서 제출

[지배회사 또는 지주회사의 연결재무제표 관련 감사의견 및 재무내용]

구분	당해 사업연도	직전 사업연도
1. 연결 감사의견 등		
- 감사의견	적정	적정
- 계속기업 존속불확실성 사유 해당여부	미해당	미해당
2. 연결 재무내용(원)		
- 자산총계	413,057,823,968	390,366,998,964
- 부채총계	222,803,253,148	264,692,945,673
- 자본총계	190,254,570,820	125,674,053,291
- 비지배지분 제외 자본총계	197,247,007,766	236,129,583,317
- 자본금	124,015,655,000	93,833,750,000
※ 자본총계°/자본금 비율(%) (° 비지배지분은 제외)	159.0	251.6

출처: 전자공시시스템

감사의견 확인하기

감사보고서에서 집중적으로 살펴봐야 할 부분은 감사의견입니다. 감사의견은 재무제표를 제출한 회사가 GAAPGenerally Accepted Accounting Principles회계처리 기준에 맞춰서 재무제표를 작성했는지에 대한 회계법인 측의 의견입니다. 재무제표의 적정성 여부만 확인한 것으로 이 회사가 돈이 많은지, 사업을 잘하고 있는지에 대한 평가는 아닙니다. 재무제표상 회사의 경영 상태가 좋지 않아도 사실만을 기재했다면 적정하다고 판단합니다. 재무제표에 '우리 회사 내일 망해요'라고 나와 있어도, 사실이면 회계사 입장에서는 문제가 없습니다. 오직 회계처리 기준에 맞게 작성했는지에 대한 의견만 제시해 줍니다. 감사의견은 다음의 네 가지가 있습니다.

용어

GAAP | 일반적으로 인정된 회계원칙을 말합니다.

| 적정의견 | 재무제표가 GAAP에 맞춰서 적정하게 작성되었다는 뜻입니다.

| 한정의견 | 재무제표가 대체로 적정하나 일부 하자가 있다는 뜻입니다.

| 부적정의견 | 재무제표가 적정하지 않으며, 회계처리 기준에 어긋나 정보로서의 가치가 없다는 뜻입니다.

| 의견거절 | 허위자료를 제시하거나 필요한 자료를 제시하지 않아서 감사를 할 수 없다는 뜻입니다.

한정의견, 부적정의견, 의견거절은 상장폐지의 요건이 되므로, 이에 해당되는 회사에는 절대로 투자하면 안 됩니다. 보통 한정의견, 부적정의견, 의견거절을 받은 회사는 회계법인에 항변을 하는 과정에서 마찰을 겪습니다. 그러다 3월 말까지 감사보고서를 제출하지 못하면 관리종목으로 지정되고, 4월 10일까지도 감사보고서를 제출하지 못하면 상장폐지가 됩니다.

예시를 통해서 공부해보겠습니다.

감사보고서 제출

[지배회사 또는 지주회사의 연결재무제표 관련 감시의견 및 재무내용]

구분	당해 사업연도	직전 사업연도
1. 연결 감사의견 등		
– 감사의견	적정	적정
– 계속기업 존속불확실성 사유 해당여부	해당	해당
2. 연결 재무내용(원)		
– 자산총계	425,668,794,861	1,786,124,862,963
– 부채총계	319,067,033,752	2,045,753,447,231
– 자본총계	106,601,761,109	–259,628,584,268
– 자본금	48,791,975,000	44,013,435,000
※ 자본총계°/자본금 비율(%) (°비지배지분은 제외)	449	–396.6
3. 연결 손익내용(원)		
– 매출액(재화의 판매 및 용역의 제공에 따른 수익액에 한함)	390,337,422,991	446,750,361,725
– 영업이익	–35,105,925,243	–72,638,337,645
– 법인세비용차감전계속사업이익	519,478,634,807	–593,791,101,071
– 당기순이익	261,442,370,960	–632,958,231,812
– 지배기업 소유주지분 순이익	265,267,367,321	–620,161,802,498
4. 연결대상 종속회사 수	11	14
5. 주요종속회사수	–	2
6. 연결 감사보고서상 횡령·배임사항 기재여부	아니오	

출처: 전자공시시스템

[개별/별도재무제표 관련 감사의견 및 재무내용]

1. 감사의견 및 재무내용		당해사업연도	직전사업연도
가. 결산기간	시작일	2016. 01. 01	2015. 01.01
	종료일	2016. 12. 31	2015. 12. 31
나. 감사의견 등			
- 감사의견		적정	적정
- 계속기업 존속불확실성 사유 해당여부		해당	해당
- 내부회계관리제도 검토의견 비적정 등 여부		미해당	해당
다. 재무내용(원)			
- 자산총계		383,119,467,948	1,313,659,933,107
- 부채총계		224,146,421,916	1,702,405,552,423
- 자본총계		158,973,046,032	-388,745,619,316
- 자본금		48,791,975,000	44,013,435,000
※ 자본총계/자본금 비율(%)		325.8	-883.2
라. 손익내용(원)			
-매출액(재화의 판매 및 용역의 제공에 따른 수익액에 한함)		389,348,495,788	446,798,306,117
- 영업이익		-34,135,401,544	-72,282,380,112
- 법인세비용차감전계속사업이익		423,522,861,092	-767,092,407,044
- 당기순이익		423,522,861,092	-655,455,757,830
2. 회계감사인명		삼덕회계법인 (NEXIA SAMDUK Auditors & Consultants)	
3. 감사보고서 수령일자		2017. 03. 27	
4. 연결재무제표 제출대상 해당여부		해당	
5. 감사보고서상 횡령 · 배임사항 기재여부		아니오	

6. 기타 투자판단과 관련한 중요사항

- 상기 자료는 한국채택국제회계기준(K-IFRS)에 의한 재무제표 기준으로 작성되었습니다.
- 연결실체의 종속기업 중 삼부건설공업㈜은 회사매각으로, ㈜신라밀레니엄과 타니골프앤리조트㈜는 회생절차 진행중으로 연결범위에서 제외되어 직전사업연도 실적에서 제외되어 재작성하였습니다.
- 2017.03.02.자로 제출한 [매출액 또는 손익구조 30%(대규모법인은 15%) 이상 변경] 공시와 관련하여 본 공시(감사보고서 제출)로 정정공시를 갈음합니다.
- 2017.03.02.자로 제출한 실적공시와의 차이는 감사과정에서 수정된 사항이며, 주요요인은 다음과 같습니다. ① 후속적으로 손익으로 재분류될수 없는 기타포괄손익항목(기준서1001)이 이익잉여금으로 직접 대체되어 자본으로 분류되었기 때문에 당기순이익은 감소하였으나, 총자본에는 영향이 없습니다. ② 감사기간 중에 대여금이 회수되어 대손충당금환입 사유가 발생하여 자본이 증가하였습니다.
- 상기 자료는 외부감사인의 회계감사가 완료된 확정실적입니다.

※ 관련공시	2017-03-02 매출액 또는 손익구조 30%(대규모법인은 15%) 이상 변경

출처: 전자공시시스템

'감사보고서 제출'을 클릭하면 나타나는 첫 화면입니다. 감사의견에 '적정'이라고 기입돼 있습니다. 재무제표가 GAAP 기준에 따라서 잘 작성됐다는 뜻입니다. 감사의견 밑에 '계속기업 존속불확실성 사유 해당여부'가 있습니다. 이는 회사가 계속 사업을 하는 데 불확실성이 있는지 여부를 알려줍니다. '해당'이라고 나와 있으면 그럴 가능성이 있음, 즉 상장폐지의 가능성이 존재한다는 뜻입니다. 존속불확실성이 없으면 '미해당'이라고 나옵니다. 감사의견이 적정으로 나와 있더라도 반드시 계속기업 존속불확실성 사유 해당여부를 확인해야 합니다.

스크롤을 아래로 내리면, 개별/별도재무제표와 관련된 감사의견이 나옵니다. 연결재무제표 감사의견처럼 감사의견은 '적정'이고 계속기업 존속불확실성 사유 해당여부는 '해당'입니다. 그 밑에 '내부회계관리제도 검토의견 비적정 등 여부'가 있습니다. 내부회계관리제도가 적정하면 '미해당'이라고 나오고, 적정하지 못하면 '해당'이라고 나옵니다.

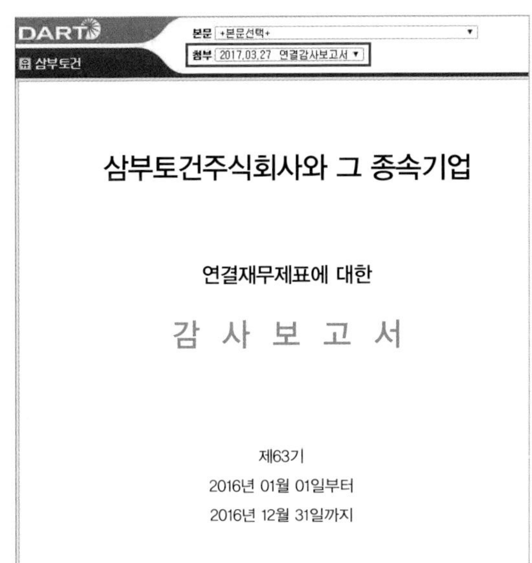
DART
본문 +본문선택+
첨부 2017.03.27 연결감사보고서
삼부토건

삼부토건주식회사와 그 종속기업

연결재무제표에 대한

감 사 보 고 서

제63기
2016년 01월 01일부터
2016년 12월 31일까지

출처: 전자공시시스템

위의 '첨부'를 클릭하면 연결감사보고서의 본문을 볼 수가 있습니다. 본문에서 중요하게 봐야 하는 부분은 '강조사항'입니다. 계속기업 존속불확실성 사유 해당여부가 '해당'이었는데, 왜 해당됐는지가 본문의 강조사항에서 나옵니다.

강조사항

감사의견에는 영향을 미치지 않는 사항으로서 이용자는 다음 사항들에 주의를 기울여야 할 필요가 있습니다.

(1) 회생절차 진행

재무제표에 대한 주석 36에서 설명하고 있는 바와 같이, 지배기업은 건설경기 침체와 불리한 경영환경으로 인한 유동성 위기 등으로 2015년 8월 17일자로 서울중앙지방법원에 채무자회생및파산에관한법률에 따른 회생절차 개시를 신청하였고 2016년 2월 26일자로 회생계획안에 대한 인가가 결정되었으며, 법원으로부터 허가받은 M&A 추진계획에 따라 기업매각을 준비하고 있습니다.

(2) 중요한 우발상황의 존재

재무제표에 대한 주석 32와 주석 36에서 설명하고 있는 바와 같이, 지배기업은 회생절차에 따른 채무확정을 위한 채권자의 신고금액 중 상당금액을 부인한 바 있습니다. 당기말 현재 부인된 채권에 대해 채권조사확정재판이 진행 중에 있으며 채권조사확정재판 결과 및 이에 따른 이의소송 등의 최종결과에 따라 회사는 추가적인 의무를 부담할 수 있는 불확실성에 노출되어 있습니다.

(3) 계속기업가정의 불확실성

첨부된 재무제표는 연결기업이 계속기업으로서 존속할 것이라는 가정을 전제로 작성되었으므로 회사의 자산과 부채가 정상적인 사업활동과정을 통하여 장부금액으로 회수되거나 상환될 수 있다는 가정하에 회계처리되었습니다. 그러나 재무제표에 대한 주석 36과 주석 37에서 설명하고 있는 바와 같이, 지배기업은 2016년 12월 31일로 종료하는 보고기간 말 현재 회생절차 진행 중에 있습니다. 이러한 상황은 연결기업이 계속기업으로서의 존속능력에 중대한 의문을 불러 일으킬 만한 중요한 불확실성이 존재함을 의미하며, 이로 인해 연결기업의 자산과 부채를 정상적인 사업활동과정을 통하여 장부금액으로 회수하거나 상환하지 못할 수도 있습니다. 이와 같은 불확실성의 최종 결과로 계속기업가정이 타당하지 않을 경우에 발생될 수도 있는 자산과 부채의 금액 및 분류표시와 관련 손익항목에 대한 수정사항은 위 재무제표에 반영되어 있지 않습니다.

(4) 수주산업 핵심감사항목에 대한 감사인의 강조사항 등

수주산업 핵심감사항목은 「회계감사실무지침 2016-1」에 따라 감사인의 전문가적 판단과 지배기구와의 커뮤니케이션을 통해 당기 재무제표 감사에서 유의적인 사항을 선정한 것입니다. 해당 사항은 재무제표 전체에 대한 감사의 관점에서 재무제표 전체에 대한 의견을 형성할 때 다루어진 사항이며, 감사인은 이 사항에 대하여 별도의 의견을 제공하는 것은 아닙니다.

(이하 생략)

강조사항 일부분을 발췌했습니다. 계속기업 존속불확실성이 존재하는 이유 네 가지를 확인할 수 있습니다. 당시 이 회사는 "(1) 회생절차 진행 중"이었고, 채권조사확정재판이 끝나지 않았으므로 "(2) 중

요한 우발상황의 존재"가 있었습니다. 또한, 회계사가 보기에 지배기업 리스크가 존재한다고 판단해 "(3) 계속기업가정의 불확실성"이 있었습니다. 마지막으로 "(4) 수주산업 핵심감사항목에 대한 감사인의 강조사항 등"이 있습니다. 조선업·건설업계 회사들은 불안정성이 있기 때문에 항상 '핵심감사항목'을 넣도록 되어 있습니다. 조선업이나 건설업에 투자하려면 핵심감사항목에 대한 내용을 반드시 읽어야 합니다.

투자자 입장에서 감사보고시는 기업 분석의 시작점입니다. 감사의견이 적정인지 확인하고 한정, 부적정, 의견거절이면 더 이상 분석할 필요가 없습니다. 계속기업 존속 불확실성은 '미해당'이어야 하며, '해당'이라고 나와 있으면 분석을 중단하면 됩니다. 감사의견이 적정이고 계속기업 존속 불확실성이 미해당이면 감사보고서의 강조사항과 핵심감사사항을 필독해야 합니다.

회계감사에도 불구하고 분식회계가 발생하는 이유

대부분의 회사들이 정직하게 재무제표를 작성하겠지만 간혹 분식회계 사건이 발생합니다. 한국의 경우 아직 회계감사에 있어 후진성을 보이고 있습니다. 모든 보고서는 '독립된 감사인의 감사보고서'라고 적혀 있는데, 여기서 '독립된 감사인'은 감사를 받는 회사와 관련이 없어야 하며 100% 객관적이어야 합니다.

하지만 한국의 경우 감사를 받을 회사가 회계법인을 선택할 수 있는 자유수임제를 따릅니다. 회사가 회계법인 측에 돈을 주고 고용하므로 회사가 갑이고 회계법인이 을입니다. 회사는 '적정의견'을 써줄 회계법인을 찾을 수도 있습니다.

외환위기 당시 대우그룹이 41조 원 상당의 분식회계를 했었습니다. 당시 회계법인이었던 산동회계법인이 이 분식회계를 공모·방조·묵인했다고 추측하는 사람들이 많았습니다. 산동회계법인은 영업정지 1년을 선고 받고, 이후 폐업했습니다.

대우조선의 5조 원 분식회계 사건 때도 감사를 한 안진회계법인은 1년간 영업정지를 선고 받았습니다. 안진회계법인 측은 재무제표를 정확하게 작성할 책임은 회사에 있으며, 이중장부가 있는지 늦게 알았다고 주장했습니다. 당시 우리나라 회계법인 2위의 이같은 주장은 회사가 작정하고 조작하면 회계법인도 잡아낼 수 없는 경우가 있다는 뜻입니다.

이런 상황들을 보면, 분식회계가 사라지기 위해서는 회계법인보다 더 중요한 것이 CEO의 도덕성입니다.

물론, 외국에서도 분식회계 사건은 있었고 여전히 문제가 되고 있습니다. 2001년 에너지 운송업체 엔론Enron의 15억 달러 규모 분식회계가 세상에 드러났고, 당시 엔론의 CEO는 증권사기죄로 24년 징역을 받았습니다. 분식회계는 엄연히 증권사기입니다. 엔론의 감사를 맡았던 회계법인 아서 앤더슨Arthur Anderson은 시장에서 신뢰를 잃고 2002년 해체됐습니다.

이 사건 때문에 만들어진 법이 '사베인스 옥슬리 법Sarbanes-Oxley Act' 입니다. 사베인스 옥슬리 법에 따르면, 재무제표는 기업 경영진이 보증해야 하고 문제가 생길 경우 형사처벌을 할 수 있습니다. 이처럼 강력한 법이 없으면, 분식회계 사건은 계속 발생할 수밖에 없습니다.

STEP 9

불곰의 투자 결정 6단계

지금까지 배운 내용을 토대로 투자 결정을 내리는 과정을 살펴보겠습니다. 저는 투자 결정까지 다음의 6단계 과정을 거칩니다.

1단계: 투자철칙 3가지 체크

회사의 과거와 현재를 보여주는 재무제표 확인이 첫 단계입니다. 미래는 과거와 현재의 연장선이므로, 과거와 현재를 알아야 미래를 예측할 수 있습니다. 여기서 말하는 '미래'란 지금보다 돈을 더 벌 수 있는지 없는지, 즉 '수익이 증가할지 감소할지'를 뜻합니다.

첫 번째, 부채비율 100% 이하

부채비율은 100% 이하가 좋습니다. 회사의 자기 돈(자본)이 빌린 돈(부채)보다는 많아야 합니다.

두 번째, 불곰 PER(FD PER) 10 이하

제 기준으로 FD PER 10 이하가 좋으며 FD PER 10 이하면 저평가된 주식이라고 평가합니다.

세 번째, 영업이익의 지속성장성(일시적 저 PER주 구분)

영업이익은 회사가 장사를 잘하고 있는지 여부를 가장 분명하게 보여주는 척도입니다. 영업이익의 지속성장성을 확인함으로써 일시적인 저 PER주인지도 확인할 수 있습니다.

1단계는 투자 종목 선발 예선전이라고 볼 수 있습니다. 어떤 종목을 조사할 필요가 있는지 알아보는 단계입니다. 이 세 가지 체크사항에 부합하지 못하면 아이템이나 다른 사항은 살펴볼 필요가 없습니다. 현재 상장돼 있는 모든 종목 중 80%는 여기서 탈락입니다.

2단계: 전자공시시스템(DART) 공시 검토

2단계는 전자공시시스템에 있는 모든 공시를 검토하는 것입니다. 사업 · 분기 · 반기보고서(재무제표 포함), 유상증자, 주주 변경, 소송, 임직원 횡령 등은 주요 공시사항이므로 각별히 살펴봐야 합니다. 우선 사업보고서에서 중요하게 봐야 할 부분들을 짚어보겠습니다.

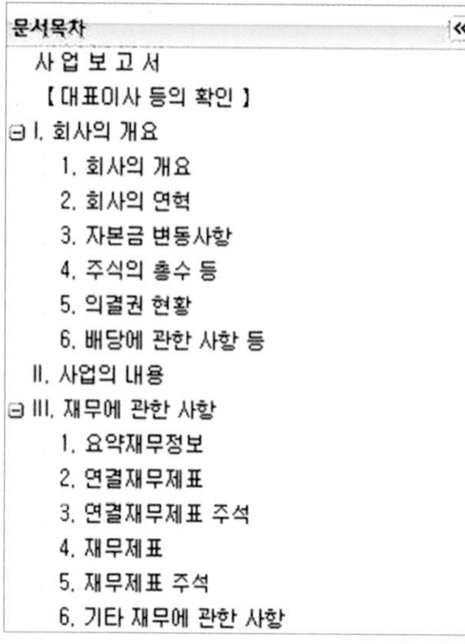
문서목차

사 업 보 고 서

【 대표이사 등의 확인 】

I. 회사의 개요

1. 회사의 개요
2. 회사의 연혁
3. 자본금 변동사항
4. 주식의 총수 등
5. 의결권 현황
6. 배당에 관한 사항 등

II. 사업의 내용

III. 재무에 관한 사항

1. 요약재무정보
2. 연결재무제표
3. 연결재무제표 주석
4. 재무제표
5. 재무제표 주석
6. 기타 재무에 관한 사항

IV. 감사인의 감사의견 등

V. 이사의 경영진단 및 분석의견

VI. 이사회 등 회사의 기관에 관한 사항

1. 이사회에 관한 사항
2. 감사제도에 관한 사항
3. 주주의 의결권 행사에 관한 사항

VII. 주주에 관한 사항

VIII. 임원 및 직원 등에 관한 사항

1. 임원 및 직원의 현황
2. 임원의 보수 등

IX. 계열회사 등에 관한 사항

X. 이해관계자와의 거래내용

XI. 그 밖에 투자자 보호를 위하여 필요한 사항

【 전문가의 확인 】

1. 전문가의 확인
2. 전문가와의 이해관계

출처: 전자공시시스템

자본금 변동사항

자본금 변동사항은 사업보고서 중 'I. 회사의 개요 → 3. 자본금 변동사항'에서 볼 수 있습니다.

주식의 가치를 희석시키는 CB나 BW 관련 사항을 다루기 때문에 반드시 확인해야 합니다. CB, BW 발행 여부를 알아야 희석된 시가총액을 구할 수 있습니다.

미상환 신주인수권부사채 등 발행현황

(기준일: 2017년 9월 30일)

(단위: 백만 원, 주)

류\구분	발행일	만기일	권면총액	행사대상	신주인수권 행사 가능기간	행사조건		미행사신주인수권부사채	
				주식의 종류		행사비율(%)	행사가액	권면총액	행사가능주식수
제1회 무보증 분리형사모 신주인수권 부사채	2013.08.28	2018.08.28	12,000	보통주	2014.8.28 ~ 2018.7.28	100	9,777	9,500	971,668
합계	-	-	12,000	-	-	-	-	9,500	971,668

출처: 전자공시시스템

위 도표를 보면 전환할 수 있는 주식이 97만 1,668주 있습니다. 투자를 고려하던 당일 종가가 1만 4,750원이었고, 시가총액은 930억 원이었습니다. FD PER에서 희석된(D) 시가총액을 구하기 위해서는 우선 전환이 가능한 주식수(97만 1,668주)와 현재가(1만 4,750원)를 곱한 다음 현재 시가총액(930억 원)을 더하면 됩니다.

971,668 × 14,750 = 14,332,103,000
14,332,103,000 + 93,000,000,000 = 107,332,103,000(희석된 시가총액)

이 경우 FD PER가 10 이하가 되려면 예상 당기순이익(F)이 최소 108억 원 정도는 돼야 합니다.

배당 관련 사항

배당 관련 사항은 사업보고서 중 'I. 회사의 개요→6. 배당에 관한 사항 등'에서 볼 수 있습니다. 배당이라는 한 가지만 보고 투자를 결정 짓기에는 부족한 감이 있지만, 배당은 주식투자 시 굉장히 중요한 요소입니다. 배당을 높게 주는 회사는 주가가 빨리 오르지 않아도 맘 편히 기다릴 수 있기 때문입니다. 특히, 배당률이 은행 이자율보다 높다면 투자하기 좋은 회사입니다.

| 예시 | 한국쉘석유

6. 배당에 관한 사항 등

당사는 정관에 의거 이사회 결의 및 주주총회의 결의를 통하여 매년 배당을 실시하고 있습니다. 당사의 기간별 이익 수준 및 보유한 현금 능력에 따라 수시로 배당의 규모를 결정하고 있습니다.
당사는 주주와 고객을 최우선가치로 추구하면서 매년 지속적으로 배당을 실시해 오고 있습니다. 배당성향 기준으로 2014년(54기) 92%, 2015년(55기) 83%의 현금배당을 하였고, 2016년도(56)에는 91%의 현금배당을 할 예정으로 지난 2월 24일 현금배당결정 공시를 완료하였습니다.

주요배당지표

구분	주식의 종류	당기	전기	전전기
		제56기	제55기	제54기
주당액면가액(원)		5,000	5,000	5,000
(연결)당기순이익(백만 원)		–	–	–
(개별)당기순이익(백만 원)		27,242	31,214	26,924
(연결)주당순이익(원)		20,956	24,010	20,711
현금배당금총액(백만 원)		–	–	–
주식배당금총액(백만 원)		91	83	92
현금배당수익률(%)	보통주	4.2	4.2	4.7
	우선주	–	–	–
주식배당수익률(%)	보통주	–	–	–
	우선주	–	–	–
주당 현금배당금(원)	보통주	19,000	20,000	19,000
	우선주	–	–	–
주당 주식배당(주)	보통주	–	–	–
	우선주	–	–	–

※ 당사는 2016년 6월 30일 기준으로 보통주 1주당 2,000원의 현금 중간 배당을 실시하였으며, 현금배당금 총액은 26억 원이며 동년 8월 18일자로 배당금 지급을 완료하였습니다.

출처: 전자공시시스템

한국쉘석유는 배당 관련 전설적인 주식 중 하나입니다. 한국쉘석유는 56기(2016년) 19,000원(4.2%), 55기(2015년) 20,000원(4.2%), 54기(2014년) 19,000원(4.7%)을 배당금으로 줬습니다. 4.2%나 4.7%의 배당률이면 은행 이자율보다 높습니다. 한때 이 주식의 가격이 4만원이었을 때도 있었습니다. 당시에 매수한 이들은 배당만 매년 약 50%씩 가져가고 있습니다.

VII. 주주에 관한 사항

1. 최대 주주 및 그 특수 관계인의 주식소유 현황

1) 최대 주주 및 그 지분율(2016년 12월 31일 현재)
당사의 최대 주주는 외국인 투자자인 Shell Petroleum N.V이며, 소유 주식수는 700,000주로 총 53.85%의 지분을 보유하고 있습니다.

최대 주주 및 특수 관계인의 주식소유 현황
(기준일: 2016년 12월 31일)

(단위: 주, %)

성명	관계	주식의 종류	소유주식수 및 지분율				비고
			기초		기말		
			주식수	지분율	주식수	지분율	
Shell Petroleum N.V	투자법인	보통주	700,000	53.85	700,000	53.85	–
계		보통주	700,000	53.85	700,000	53.85	–
		우선주	–	–	–	–	–

출처: 전자공시시스템

한국쉘석유 사업보고서 중 'VII. 주주에 관한 사항'을 보면, 배당률이 높은 이유를 알 수 있습니다. 'Shell Petroleum'이라는 해외 투자법인의 지분율이 53.85%이고, 배당으로 수익의 대부분을 가져갑니다. 쉽게 말해서, 쉘석유 본사에서 한국쉘석유의 수익을 가져갈 때 배당으로 가져 간다고 생각하면 됩니다.

사업의 내용

사업보고서 중 'II. 사업의 내용'에서 확인할 수 있습니다.

회사가 어떤 사업을 하는지 회사 아이템의 특장점, 성장성, 경쟁력, 진입장벽은 무엇인지를 일차적으로 분석해야 합니다. 사업의 내용 중 중요하게 봐야 하는 부분들을 예시를 통해서 확인해보겠습니다.

| 예시 | 대륙제관

가. 지적재산권 보유 현황

회사는 영위하는 사업과 관련하여 19건의 특허권을 취득하여 보유하고 있으며, 각 특허권의 상세 내용은 다음을 참고하시기 바랍니다.

종류	취득일	내용	상용화 여부
액체용기와 합성수지 와테의 결합구조	2003.05.19	위조여부를 쉽게 확인하며 적재 안정성과 외부 충격을 흡수하는 효과가 있음	상용화 단계
폭발방지용 소형고압용기	2006.04.13	용기가 외부로부터 열을 받으면 가스를 외부로 미리 배출하여 폭발을 방지	상용화 단계
이단 굴신부를 구비한 스파우트 캡	2008.10.08	금속용기에 담긴 내용물을 외부로 배출시 원치 않는 곳으로 흐르는 것을 방지	상용화 단계
각형 넥킹 캔용기 제조장치 및 그 제조방법	2009.02.03	적층 보관 및 운반의 용이성, 안정성과 공간활용도의 극대화 가능	상용화 단계
휴대용 가스용기의 안전밸브	2009.08.25	용기 내부의 압력이 과도하게 높아질 경우 과압가스를 외부로 분출시켜 폭발 방지	상용화 단계
고압가스용기	2010.12.13	높은 열이나 외력이 용기에 가해지더라도 폭발하기 전에 용기 내부에 있는 가스를 방출시킴으로써 폭발을 방지	상용화 단계
휴대용 가스용기의 안전밸브	2011.09.06	용기 내부의 압력이 과도하게 높아질 경우 과압가스를 외부로 분출시켜 폭발 방지	상용화 단계

출처: 전자공시시스템

대륙제관이라는 회사의 사업 내용 중 '지적재산권 보유 현황'의 일부분입니다. 대륙제관은 부탄가스를 만드는 회사이고, 영위하는 사업과 관련된 19건의 특허권을 취득했습니다. 그중에서도 폭발 방지를 위한 특허를 여러 건 가지고 있다는 사실을 찾아볼 수 있습니다. 이 회사가 가지고 있는 폭발 방지 지적재산권이 아이템의 차별성, 진입장벽, 경쟁력이라고 할 수 있습니다.

이 회사에 투자를 고려한다면, 여기서 조사를 끝내지 말고 특허 취득 이후 폭발 사고가 단 한 번도 없었는지, 경쟁 기업들은 폭발 사고 방지와 관련해서 어떤 특허를 가지고 있는지, 경쟁사들은 폭발 사고가 발생한 적이 있는지 등을 알아봐야 합니다.

| 예시 | 메디톡스

연구과제	B형 보툴리눔 독소의 생물의약품으로의 개발 (2002. - 2005. 7)
연구기관	㈜메디톡스부설 미생물독소연구소 협력기관: 서울대학교 치과대학 / 안전성평가연구소
연구결과 및 기대효과	▷ 개발개요 기존 A형 보툴리눔 독소 대체재로서의 시장성을 갖는 B형 보툴리눔 독소를 생물 신약으로 개발함 ▷ 개발내용 - B형 보툴리눔 독소 생산 및 정제 공정 연구 - B형 보툴리눔 독소 주사제 시제품 개발 - B형 보툴리눔 독소 설치류 독성 시험 수행 - 마우스 모델 이용 A, B형 독소 통증관련 비교 연구 ▷ 기대효과 - 향후 임상시험을 위한 IND의 자료로 활용 - A형 보툴리눔 독소 저항성 환자에 대한 대체재로 개발 가능 - 보툴리눔 독소 제제 포트폴리오 다변화에 기여
제품화 내용	- 현재 공정 및 제형 변경 연구 진행 및 관련 비임상 연구 진입 - 향후 임상시험 및 라이선스 아웃 등을 통한 매출 전망

출처: 전자공시시스템

용어

라이선스 아웃 | 기술을 수출하는 것을 말합니다.

도표에서 제품화 내용 부분을 보면 '라이선스 아웃 등을 통한 매출 전망'이라고 적혀 있습니다. 실제로 이후 세계 1위 보톡스 회사인 엘러간에 라이선스 아웃을 진행해 주가가 급등했습니다. 이런 고급 정보는 '대표이사인 친구'가 알려주는 것이 아니라 사업보고서의 사업의 내용 항목에 전부 나와 있습니다.

재무 관련 사항

제일 먼저 보아야 할 재무제표는 1단계에서 확인했으니 넘어가겠습니다.

주주 관련 사항

사업보고서 중 'VII. 주주에 관한 사항'에서 확인할 수 있습니다.

최대 주주들이 누구인지, 그들의 가족이 회사 주식을 얼마나 가지고 있는지, 최근 임직원들이 주식을 팔았는지 여부 등을 알 수 있습니다.

| 예시 | 빅솔론

가. 최대 주주 및 특수 관계인의 주식소유 현황

(기준일: 2016년 12월 31일) (단위: 주, %)

성명	관계	주식의 종류	소유주식수 및 지분율				비고
			기초		기말		
			주식수	지분율	주식수	지분율	
김형근	최대 주주	보통주	3,509,000	34.4	3,509,000	34.4	-
전정복	배우자	보통주	280,000	2.7	280,000	2.7	-
김장환	임원	보통주	100,849	1	100,849	1	-
나경환	임원	보통주	21,000	0.2	21,000	0.2	-
오진섭	임원	보통주	76,000	0.7	0	0	특수관계 해소
홍광표	임원	보통주	120,110	1.2	0	0	특수관계 해소
성인석	임원	보통주	132,000	1.3	0	0	특수관계 해소
계		보통주	4,238,959	41.6	3,910,849	38.3	-
		-	-	-	-	-	-

출처: 전자공시시스템

주주에 관한 사항 중 최대 주주 및 특수 관계인의 주식소유 현황을 보면 김형근 대표이사가 최대 주주로 34.4%, 배우자가 2.7%를 가지고 있습니다. 특이한 점은 오진섭, 홍광표, 성인석 임원들이 기초에는 각각 0.7%, 1.2%, 1.3%를 가지고 있었지만 기말에는 모두 0%로 특수관계가 해소되었습니다. 왜 특수관계가 해소되었는지 투자자는 알 수 없기 때문에 IR 담당자에게 연락해서 답변을 받아야 합니다.

임직원 현황

사업보고서 중 'VIII. 임원 및 직원 등에 관한 사항 → 임원 및 직원의 현황'에서 확인할 수 있습니다.

회사의 임원이 누구인지도 중요한 사항 중 하나입니다. 임원들은 회사라는 배의 선장이자 핵심 멤버이고, 결국 주요 사항은 이들이 결정하기 때문입니다. 임원 및 직원의 현황에서 이들의 대학 전공부터 경력사항까지 전부 확인할 수 있습니다. 또한 회사 성장에 저해가 되는 낙하산 인사가 있는지도 생각해볼 수 있습니다.

| 예시 | 빅솔론

가. 임원 현황

(기준일: 2016년 12월 31일) (단위: 주)

성명	출생년월	직위	등기임원 여부	상근 여부	담당 업무	주요 경력	소유주식수		재직기간	임기
							의결권	의결권		만료일
김형근	1958.01	대표이사 회장	등기 임원	상근	경영 총괄	- 서울대 공과대학 - 대만산업은행 이사 - (주)빅솔론 이사회의장 (주)빅솔론 대표이사	3,509,000	-	2005. 8.23~	2019. 03.23
김장환	1961.09	대표이사	등기 임원	상근	연구소장	- 경기공업대학 기계공학 - 삼성전기 근무 - (주)빅솔론 연구소장	100,849	-	2002. 11.14~	2019. 03.23
나경환	1966.03	전무이사	등기 임원	상근	연구소	- 한양대 기계설계 석사 - 삼성전기 근무 - (주)빅솔론 전무이사	21,000	-	2002. 11.14~	2019. 03.23

출처: 전자공시시스템

김형근 대표이사는 서울대 공과대학을 졸업하고 빅솔론의 회장이 되었습니다. 대표이사와 전무이사는 모두 기계 관련 학과를 전공했고, 삼성전기에서 일했고, 2002년 설립 연도부터 함께 일해왔습니다. 빅솔론이라는 회사는 삼성전기에서 분사分社된 회사로, 삼성전기 멤버들이 계속 남아 있는 것입니다.

만약 빅솔론 대표이사가 기계와 전혀 상관 없는 전공에 관련 경력이나 특별한 이유 없이 최대 주주가 되었다면, 상식적으로 뭔가 이상하다는 것을 알 수 있습니다. 그런 경우에는 CEO 리스크가 있다고 판단해야 합니다.

계열회사 관련 사항

사업보고서 중 'IX. 계열회사 등에 관한 사항'에서 확인할 수 있습니다. 연결재무제표에서 연결되어 있는 계열회사의 당기순손익을 확인해 경영 성과를 검토해야 합니다.

| 예시 | CS홀딩스

4. 타법인출자 현황

(기준일: 2016년 3월 31일) (단위: 천 원, 주, %)

법인명	출자 목적	기말잔액			최근사업연도 재무현황	
		수량	지분율	장부 가액	총자산	당기 순손익
조선선재(주) (상장)	경영 참여	570,059	45.33	33,018,580	89,007,793	14,560,901
조선선재온산(주) (비상장)	경영 참여	600,000	100	78,862,025	112,123,139	3,017,980
동양금속(주) (비상장)	경영 참여	374,404	100	13,231,896	13,987,038	19,317
CHOSUN VINA CO., LTD (비상장)	경영 참여	-	100	9,426,246	13,299,517	1,062,829
금강공업 (상장)	일반 투자	20,692	0.43	941,486	678,340,605	7,634,880
합 계		-	-	135,480,233	906,758,092	26,295,907

출처: 전자공시시스템

CS홀딩스의 '계열회사 등에 관한 사항'에서 '4. 타법인출자 현황' 부분을 보겠습니다. CS홀딩스는 조선선재(상장), 조선선재온산(비상장), 동양금속(비상장), CHOSUN VINA CO., LTD(비상장), 금강공업(상장)에 투자했습니다. 법인명 오른쪽의 출자목적 중 '경영참여'는 CS홀딩스의 자회사라는 뜻입니다. 조선선재의 경우 CS홀딩스가 지분을 45.33%만 가지고 있는데도 자회사인 이유는 CS홀딩스와 CS홀딩스 대주주의 지분율을 합하면 50% 이상이기 때문입니다.

조선선재는 약 146억 원, 지분율 100%를 가지고 있는 조선선재온산은 약 30억 원, 동양금속은 약 2천만 원, CHOSUN VINA CO., LTD는 약 10억 원의 당기순손익을 냈습니다. 자회사들이 전체적으로 사업을 잘하고 있으니 CS홀딩스의 투자가 성공적이었다고 볼 수 있습니다.

사업보고서 이외의 주요 공시사항에 대해서도 예시를 통해서 알아보겠습니다.

| 예시 | 삼성전자 재판/소송 횡령 배임혐의 발생

횡령 · 배임혐의 발생

1. 사고발생 내용		가. 당사 임원의 횡령 혐의 등에 대한 '박근혜 정부의 최순실 등 민간인에 의한 국정농단 의혹사건 규명을 위한 특별검사'의 공소제기 사실 확인 나. 대상자: 이재용 부회장, 최지성 부회장, 장충기 사장, 박상진 사장, 황성수 전무
2. 횡령 등 금액	혐의발생금액(원)	15,425,350,000
	자기자본(원)	179,059,805,354,410
	자기자본대비(%)	0.009
	대규모법인여부	해당
3. 향후대책		당사는 본 건과 관련하여 향후 제반 과정의 진행상황을 확인할 예정입니다.
4. 발생일자		2017. 02. 28
5. 확인일자		2017. 03. 03
6. 기타 투자판단과 관련한 중요사항		1. 공소 제기된 사항은 아래와 같습니다. -특정경제범죄 가중처벌 등에 관한 법률 위반(횡령) 혐의 혐의액 154억2,535만 원에 대한 관련 대상자: 이재용 부회장, 최지성 부회장, 장충기 사장 위 혐의액 중 77억9,735만 원 부분에 대한 관련 대상자 : 박상진 사장, 황성수 전무 2. 상기 혐의발생금액은 공소장에 기재된 횡령 관련 금액 중 당사에 해당하는 부분입니다. 3. 상기 혐의 및 금액은 확정된 내용이 아니며, 추후 법원의 판결에 의해 변동될 수 있습니다. 4. 상기 자기자본은 2015년 말 연결재무제표 기준 자본총계입니다. 5. 당사는 향후 진행사항 및 확정사실 등이 있을 경우 지체없이 관련사항을 공시할 예정입니다.
		※ 관련공시: -

출처: 전자공시시스템

삼성전자의 횡령 · 배임혐의 발생 공시입니다. '박근혜 정부의 최순실 등 민간인에 의한 국정농단 의혹사건' 관련 내용을 다루고 있습니다. 횡령이나 배임이 확정된 것이 아니라 혐의가 있다는 뜻으로 대상자는 이재용 부회장을 포함한 삼성전자 임원들입니다. 혐의 발생 금액은 154억 원으로 자기자본 대비 0.009%에 해당하는 금액입니다. '6. 기타 투자판단과 관련한 중요사항'을 보면 자세한 내용을 알 수 있습니다.

보통 횡령 · 배임 '혐의'만 발생해도 거래 중지나 상장폐지 관련 심사에 들어가는 경우가 많지만 이 경우 자기자본 대비 금액이 너무 미미해서 진행되지 않은 것으로 보입니다. 작은 회사 같은 경우 이런 횡령 · 배임 혐의가 큰 타격을 줄 수 있는 중요한 공시사항이므로 주의해서 지켜봐야 합니다.

| 예시 | 와이솔 신주인수권부사채 발행 결정

신주인수권에 관한 사항

<table>
<tr><td rowspan="4">신주인수권
가치산정
관련 사항</td><td colspan="2">이론가격</td><td>2,422</td></tr>
<tr><td colspan="2">이론가격 산정모델</td><td>블랙-숄즈 옵션가격 모형이론</td></tr>
<tr><td colspan="2">신주인수권의 가치</td><td>신주인수권 행사가격의 15.27%</td></tr>
<tr><td colspan="2">비고</td><td>신주인수권 가치는 변동성에 비례하므로, 신주인수권 가치의 보수적 평가를 위해, 변동성이 작은 KOSDAQ지수의 6개월 변동성(13.29%, 역사적 변동성, 2011.4.3 기준)을 사용하여 평가함. 단, 실질가격은 이론가격과 다를 수 있음.</td></tr>
<tr><td rowspan="6">신주인수권증권
매각 관련 사항</td><td rowspan="4">매각 계획</td><td>매각예정일</td><td>2011년 4월 7일</td></tr>
<tr><td>권면총액</td><td>15,000,000,000</td></tr>
<tr><td>신주인수권증권
매각총액</td><td>8,500,000,000</td></tr>
<tr><td>신주인수권증권
매각단가</td><td>634</td></tr>
<tr><td colspan="2">매각 상대방</td><td>김지호(최대 주주) 및 특수 관계인</td></tr>
<tr><td colspan="2">매각 상대방과
회사 또는
최대 주주와의 관계</td><td>(주)와이솔 대표이사, 최대 주주 및 임원 등</td></tr>
</table>

출처: 전자공시시스템

와이솔이라는 회사가 신주인수권부사채를 발행한다는 공시입니다. 매각 당사자가 김지호 최대 주주와 특수 관계인으로 지분을 더 많이 가져가려는 최대 주주의 의지가 보입니다. 기존 주주들 입장에서는 보유하고 있던 주식의 가치가 희석되기 때문에 악재로 판단합니다.

| 예시 | 에스아이티글로벌 유상증자 결정 제 3자 배정증자

유상증자 결정

1. 신주의 종류와 수	보통주식(주)	411,764
	기타주식(주)	-
2. 1주당 액면가액(원)		100
3. 증자 전 발행주식총수(주)	보통주식(주)	10,786,796
	기타주식(주)	-
4. 자금 조달의 목적	시설자금(원)	-
	운영자금(원)	699,998,800
	타법인 증권 취득자금(원)	-
	기타자금(원)	-
5. 증자방식		제 3자 배정증자

출처: 전자공시시스템

에스아이티글로벌이 유상증자를 결정했다는 내용의 공시입니다. 증자방식은 제 3자 배정증자입니다. 이는 회사 내부에서 보기에도 기존 주주들이 증자에 참여하지 않을 것 같아서 공모를 포기한 것으로, 그만큼 회사 상황이 좋지 않다는 뜻입니다. 제 3자 배정 유상증자도 CB나 BW처럼 주주들에게는 악재로 작용합니다.

| 예시 | 아바텍 주식 소각 결정

정정신고(보고)

정정일자	2016. 04. 05	
1. 정정관련 공시서류	주식 소각 결정	
2. 정정관련 공시서류제출일	2016. 04. 05.	
3. 정정사유	주식 소각 예정일 변경	
4. 정정사항		
정정항목	정정 전	정정 후
소각 예정일	-	2016. 04. 08

- 당사는 2016년 1월 5일 주식 소각 결정 공시 시 주식 소각 예정일을 자기주식 신규 취득 완료 후 즉시 소각할 예정이라고 공시하였음.
- 현재 당사는 주식 소각을 위한 업무를 진행하고 있으며, 상기와 같이 2016년 4월 8일 주식을 소각할 예정임.

주식 소각 결정

1. 소각할 주식의 종류와 수	보통주식(주)	700,000
	종류주식(주)	-
2. 발행주식총수	보통주식(주)	16,307,500
	종류주식(주)	-
3. 1주당 가액(원)		500
4. 소각예정금액(원)		6,355,386,819
5. 소각을 위한 자기주식 취득 예정기간	시작일	2016. 01. 06
	종료일	2016. 04. 04
6. 소각할 주식의 취득방법		장내매수
7. 소각 예정일		2016. 04. 08
8. 자기주식 취득 위탁 투자중개업자		현대증권주식회사
		교보증권주식회사
9. 이사회결의일		2016. 01. 05
-사외이사 참석여부	참석(명)	1
	불참(명)	-
-감사(감사위원) 참석여부		참석

10. 공정거래위원회 신고대상 여부	미해당	
11. 기타 투자판단에 참고할 사항	-배당가능이익을 재원으로 취득한 자기주식의 소각으로 자본금의 감소는 없음 -자기주식의 소각 법적 근거 상법 제343조 제1항의 단서규정 -상기4.소각예정금액(①과 ②의 평균가액) ① 이사회 결의일 현재 자기주식 보유현황 : 자기주식수 683,029주 : 장부가 8,163,823,430원 ② 신규취득 자기주식 예상수량 및 예상금액 : 취득예정주식수 766,871주 : 취득예정금액 4,999,998,920원 ※취득예정금액은 취득예정주식수에 2016년 1월 4일 종가(6,520원)를 곱한 금액임 - 상기6.소각할 주식의 취득방법과 관련하여,장내매수를 통한 자기주식 신규취득과 기취득한 자기주식의 합한 수량의 일부를 소각 - 상기7.소각예정일과 관련하여, 자기주식 신규 취득 완료 즉시 소각 예정	
	※관련공시	-

출처: 전자공시시스템

아바텍에서 주식 소각 결정을 했다는 공시입니다. CB나 BW가 주식의 가치를 희석한다면, 주식 소각은 주식의 가치가 '농축'되므로 주주 입장에서는 호재입니다. 내용을 좀 더 자세히 살펴보면 3개월(2016년 1월 6일~4월 4일) 동안 장내에서 70만 주를 약 64억 원에 매수해서 소각할 예정이라는 것을 알 수 있습니다.

| 예시 | 미래컴퍼니 대표이사 변경

대표이사 변경

1. 변경내용	변경 전 대표이사	-	
	변경 후 대표이사	정우영	
2. 변경사유		대표이사 공석에 따른 대표이사 선임	
3. 변경일		2013. 08. 30	
4. 이사회결의일		2013. 08. 30	
-사외이사 참석여부	참석(명)	3	
	불참(명)	-	
-감사(사외이사가 아닌 감사위원) 참석여부		-	
5. 기타 투자판단에 참고할 사항		-	
		※관련공시	2013년 6월 25일 대표이사 변경

변경 후 대표이사 전체 내역

성명	생년월일	최대 주주와의 관계	주식수	지분비율	비고
정우영	1950. 08. 22	배우자	106,080	1.38%	최대 주주 김종인의 주식에 대한 상속이 진행 중에 있습니다.

출처: 전자공시시스템

미래컴퍼니의 대표이사 변경 공시입니다. '5. 기타 투자판단에 참고할 사항'을 보면 2013년 6월 25일 대표이사가 변경되었다는 것을 알 수 있습니다. '변경 후 대표이사 전체 내역'에서 '비고' 부문에 따르면 최대 주주 김종인의 주식에 대한 상속이 진행 중입니다. 상속을 하게 되면 상속세를 내야 하며, 상속세는 증여일 전과 후 두 달씩, 총 4개월의 종가 평균액으로 결정됩니다. 상속세 산정의 기준이 되는 4개월 동안은 주가가 오르지 않는 경우가 많은데, 주가가 오르면 최대 주주의 상속세가 높아지기 때문입니다.

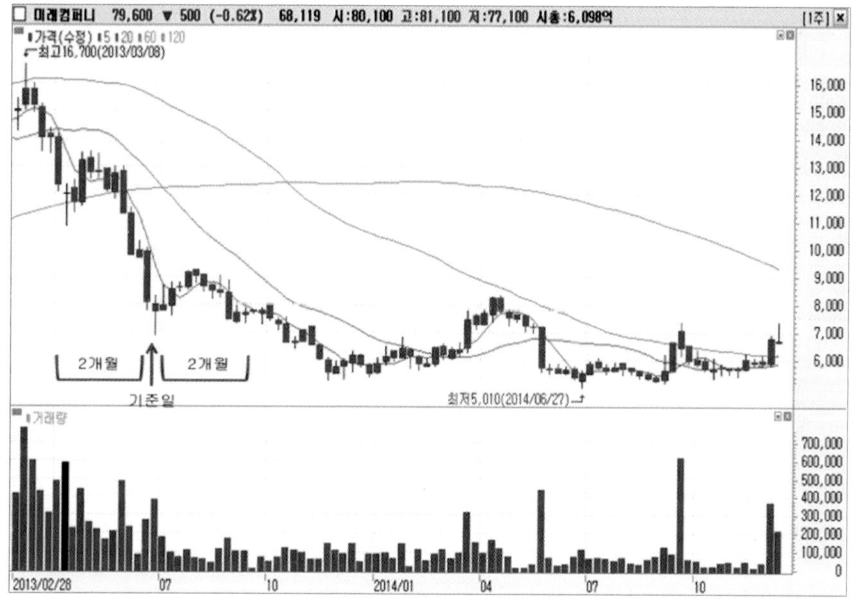

출처: 삼성증권

미래컴퍼니의 주가도 기준일 기준 전 2개월, 후 2개월 총 4개월간 크게 상승하진 않았습니다.

| 예시 | 케이에스피 최대 주주 변경을 수반하는 주식 담보 제공 계약 체결

정정신고(보고)

정정일자		2016. 11. 16
1. 정정관련 공시서류	최대 주주 변경을 수반하는 주식 담보제공 계약 체결	
2. 정정관련 공시서류제출일	2016. 02. 18, 2016. 05. 30	
3. 정정사유	최대 주주 회생개시 결정에 따른 계약 변동사항	
4. 정정사항		
정정항목	정정 전	정정 후
6. 기타 투자판단에 참고할 사항	- 해당 건은 하기 "개별 담보제공 계약에 관한 사항" 중 경남은행 주식담보제공계약 만기도래로 인하여 연장한 건입니다.	- 해당 건은 최대 주주인 한국공작기계(주)의 회생절차 개시결정으로 인하여 당 담보제공 계약의 변동사항에 대한 내용입니나. - 최대 주주인 한국공작기계(주)는 2016년 7월 21일 회생개시 결정을 받았으며 회생계획안을 제출할 예정입니다. - 최대 주주의 회생개시로 주식담보제공계약은 기한의 이익을 상실하였으며, 회생계획안의 제출 및 인가 결정에 따라 주식담보제공계약에 대한 변제가 이루어집니다. - 추후 회생절차에 따른 변동사항에 대해 재공시하도록 하겠습니다.
[채무자에 관한 사항] 1. 인적사항 대표이사, 주식수, 지분율(%)	대표이사 류정엽 주식수: 345,597 지분율(%): 28.68	대표이사 류흥목 주식수: 754,403 지분율(%): 62.61
3. 당해 상장법인과의 최근 3년간 거래내역(일상적 거래 제외)	-	당해년도: 단기대여금 2,945,534,362 전년도: 단기대여금 3,937,622,098 전전년도: 단기대여금 6,200,000,000

출처: 전자공시시스템

최대 주주 변경을 수반하는 주식 담보 제공 계약 체결에 대한 공시 사항의 일부분입니다. '최대 주주 변경을 수반하는 주식 담보 제공 계약 체결'은 공시해야 하는 조건이 있습니다. 최대 주주가 주식을 담보로 대출을 받았는데, 돈을 갚지 못하면 빌려준 쪽에서 담보로 잡은 주식을 시장에 팔아버립니다. 그러면 최대 주주가 가지고 있는 주식수가 줄어들기 때문에 최대 주주가 바뀝니다.

최대 주주가 바뀔 수 있는 계약 조건이라면 공시를 해야 하며 이는 위험 요소입니다. 최대 주주가 갑자기 바뀔 수 있다는 위험성보다는, 돈을 갚지 못하면 담보인 주식이 시장에 매각된다는 위험성이 훨씬 더 큽니다. 따라서 최대 주주가 바뀔 정도로 주식을 매각하기 시작하면 주가는 떨어질 수밖에 없습니다.

| 예시 | 티에이치엔 타인에 대한 채무보증 결정

타인에 대한 채무보증 결정

<table>
<tr><td colspan="3">1. 채무자</td><td>THN AUTO PARTS MANUFACTURING BRASIL S.A</td></tr>
<tr><td colspan="3">- 회사와의 관계</td><td>자회사</td></tr>
<tr><td colspan="3">2. 채권자</td><td>우리은행 브라질(BANCO WOORI BANK DO BRASIL S.A)</td></tr>
<tr><td colspan="3">3. 채무(차입)금액(원)</td><td>1,105,380,000</td></tr>
<tr><td rowspan="6">4. 채무보증내역</td><td colspan="2">채무보증금액(원)</td><td>1,326,456,000</td></tr>
<tr><td colspan="2">자기자본(원)</td><td>21,922,618,388</td></tr>
<tr><td colspan="2">자기자본대비(%)</td><td>6.05</td></tr>
<tr><td colspan="2">대규모법인여부</td><td>미해당</td></tr>
<tr><td rowspan="2">채무보증기간</td><td>시작일</td><td>2016. 12. 30</td></tr>
<tr><td>종료일</td><td>2017. 4. 28</td></tr>
<tr><td colspan="3">5. 채무보증 총 잔액(원)</td><td>4,366,266,000</td></tr>
<tr><td colspan="3">6. 이사회결의일(결정일)</td><td>2016. 12. 28</td></tr>
<tr><td rowspan="2">- 사외이사 참석여부</td><td colspan="2">참석(명)</td><td>1</td></tr>
<tr><td colspan="2">불참(명)</td><td>0</td></tr>
<tr><td colspan="3">- 감사(사외이사가 아닌 감사위원) 참석여부</td><td>참석</td></tr>
<tr><td colspan="4">7. 기타 투자판단과 관련한 중요사항</td></tr>
<tr><td colspan="4">1) 상기 채무보증건은 기 보증을 연장하는 것입니다.
2) 상기 원화금액은 채무금액 BRL3,000,000과 채무보증금액 BRL3,600,000에 대하여 이사회결의일 최초고시 매매기준율(1BRL=368.46KRW)에 따른 금액입니다.
3) 상기 자기자본 금액은 2015년 12월 31일 연결결산 기준입니다.
4) 환율변동에 따라 원화표시 채무보증금액은 변동될 수 있습니다.
5) 상기5. 채무보증 총 잔액은 금번 채무보증금액을 포함한 금액이며, 금일(12월 28일) 최초고시 매매기준율(1BRL=368.46KRW),(1CNY=173.27KRW)로 환산한 금액입니다.
6) 하기 '채무자의 요약 재무사황'은 당해년도(2015년), 전년도(2014년), 전전년도(2013년) 기준입니다.</td></tr>
<tr><td>※ 관련공시</td><td colspan="3">-</td></tr>
</table>

출처: 전자공시시스템

타인에 대한 채무보증 결정에서 '타인'은 주로 자회사나 계열회사입니다. 이는 주주들의 큰 반발을 불러일으키는 결정으로 만약 개인적인 관계 때문에 채무보증을 섰다면 배임죄에 해당될 수도 있습니다. '타인'과 회사의 정확한 관계는 '회사와의 관계'를 통해서 확인할 수 있습니다.

해당 공시의 경우 티에이치엔의 자회사가 돈을 빌리기 위해서 티에이치엔이 보증을 선다는 내용입니다. 자회사가 돈을 갚지 못할 경우 티에이치엔이 대신 갚아줘야 할 의무가 있으므로 보증을 서면 회사의 재무 리스크가 높아집니다. 티에이치엔에 투자를 고려하고 있다면 자회사의 어떤 비전을 보고 보증을 섰는지, '계열회사 등에 대한 사항'에서 자회사의 경영 실적이 어떠한지, 자기자본 대비 얼마 만큼의 금액을 빌렸는지 등을 확인해야 합니다.

3단계: IR 자료 분석

IR 자료의 IR은 'Investor Relation'의 약자로 직역하면 '투자자 관련 자료', 즉 기업홍보 자료입니다. 기업이 자사를 외부에 소개 및 홍보하기 위해서 만든 자료이므로 전자공시시스템에서 확인하는 공시들보다는 신뢰도가 다소 떨어집니다.

IR 자료에는 두 가지 내용이 포함됩니다. 하나는 보편적인 팩트(사실)[fact]로, 사업보고서에 나와 있는 내용이나 작년 실적 등입니다. 다른 하나는 회사의 목표이자 희망사항입니다. '내년에 매출을 얼마까지 달성하겠다'와 같은 미래에 대한 회사의 의지를 나타내며, 회사 내부에서 자사를 바라보는 시각을 알 수 있습니다. 100% 믿을 수 있는 자료는 아니지만, 참고할 만한 가치가 있습니다.

IR 자료 찾기

기업공시채널 KIND[kind.krx.co.kr]에 접속합니다.

불곰's Tip

주의!

사업보고서를 읽은 뒤 IR 자료를 접해야 더 객관적으로 바라보고 쉽게 이해할 수 있습니다.

'상장법인 상세정보'를 클릭합니다.

'IR일정/IR자료실'을 클릭합니다.

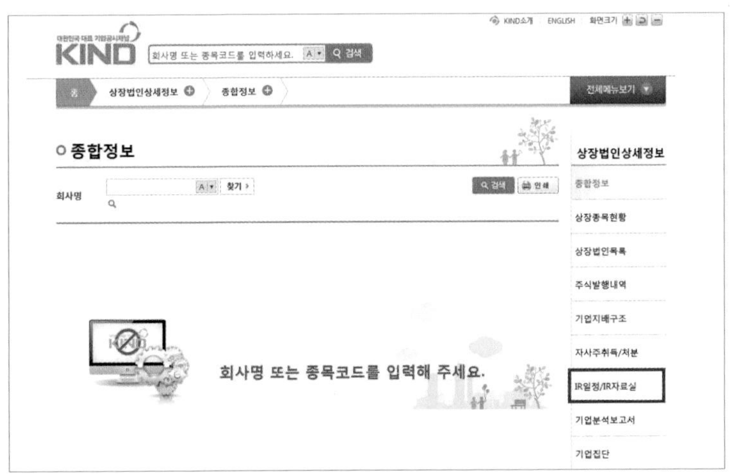

'IR자료실'을 클릭합니다.

회사명 및 기간을 입력하고 첨부파일을 클릭하여 저장합니다.

출처: KIND

이보다 간단하게 더 많은 자료들을 찾는 방법이 있습니다. 구글 google.com에서 '회사명 pdf IR'이라고 검색하면 IR 자료 파일들을 볼 수 있습니다.

어떤 내용들을 담고 있는지 예시를 통해서 알아보겠습니다.

| 예시 | 우리손에프엔지 포지셔닝

출처: 우리손에프엔지

우리손에프엔지의 IR 자료 중 일부분으로 이 회사가 축산업계에서 구축한 포지셔닝을 보여줍니다. '필리핀 2개 농장 운영' 사항 외에는 모든 면에서 최상위권에 있습니다. 원종돈을 500두 보유하고 있고, 사료/양돈/도축 · 가공은 수직계열화 돼 있고, 1등급 비율이 74.5%로 품질 안정을 인정 받았고, 영업이익률은 17%로 높은 수익성을 확보했습니다.

| 예시 | 오이솔루션 성장계획

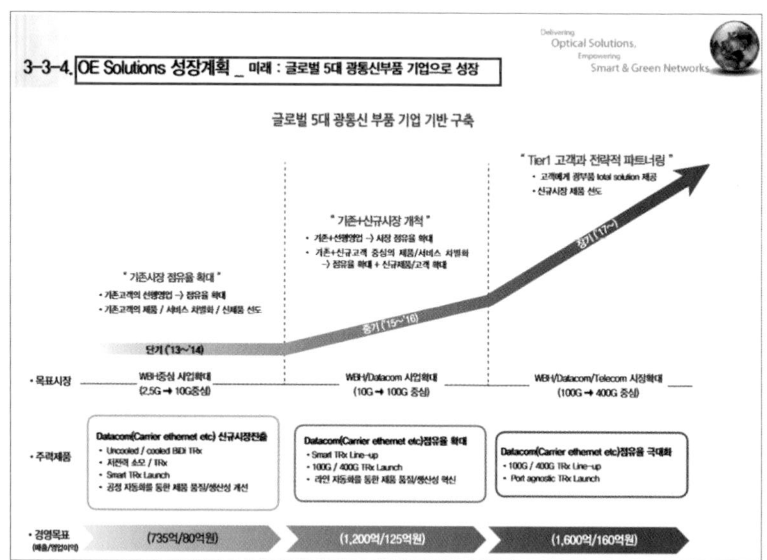

출처: 오이솔루션

오이솔루션 IR 자료 중 성장계획 부분으로 글로벌 5대 광통신부품 기업으로 성장하겠다는 목표를 확인할 수 있습니다. 2013~ 2014년 기존 시장점유율을 확대하고, 2015~2016년간 기존 시장과 신규 시장을 개척하고, 2017년부터 최상위 고객과 전략적인 파트너십으로 성장하겠다는 계획입니다. 이러한 내용들을 믿을지 말지, 혹은 어느 부분까지만 믿을지는 본인이 직접 조사해서 결정해야 합니다.

| 예시 | 코프라 고기능성 폴리머 시장의 특성

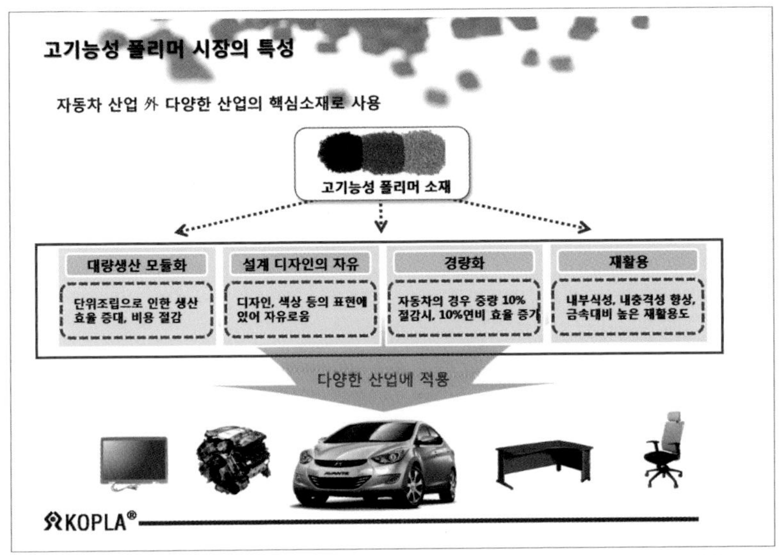

출처: 코프라

코프라의 아이템은 자동차 업계 등 다양한 산업의 핵심 소재로 사용되는 고기능성 폴리머입니다. 대량 생산 모듈화, 설계 디자인의 자유, 경량화, 재활용 가능이라는 장점을 내세우고 있습니다. 이처럼 IR 자료는 해당 업계 종사자가 아닌 이상 접하기 어려운 정보를 담고 있어 투자 고려 시 필수적으로 검토해야 합니다. 홍보자료이기 때문에 다소 장밋빛이라는 단점과 함께 이해하기 쉽게 작성됐다는 장점도 있습니다.

4단계: 증권사 종목리포트 숙지

4단계에서는 증권사 종목리포트를 숙지해야 합니다. 3단계가 회사 내부에서 회사를 바라보는 시각이었다면, 4단계에서는 외부에서 회사를 바라보는 시각을 알 수 있습니다. 증권사 종목리포트는 증권사가 회사를 평가하는 자료라고 생각하면 됩니다.

종목리포트에는 투자에 도움이 되는 좋은 정보도 많지만 '투자의견'이나 '목표주가'는 믿을 필요도, 볼 필요도, 고려할 필요도 없습니다. 목표주가가 실제주가와 10% 이내로 근접했던 사례는 23%에 불과합니다. 투자의견은 주로 '매수'이고 '중립'이 약간 있고 '매도'는 거의 없습니다. 2016년 1월부터 9월까지의 종목리포트를 분석해보면 국내 증권사는 매수 87%, 중립 12.8%, 매도 0.2%의 투자의견을 냈습니다.•

2017년에도 크게 달라지진 않았습니다. 2017년 1월 1일부터 7월 11일까지 나온 전체 1만 2,827건 리포트 중 매수가 1만 176건(79.27%), 중립이 1,176건(9.16%), 의견 없음이 1,479건(11.52%), 비중 축소가 고작 6건(0.05%)이었습니다.••

• 매일경제, 2017년 1월 9일, "증권사 목표주가 10건중 8건은 '꽝'"

•• 헤럴드경제, 2017년 7월 12일, "10건 중 8건은 '매수'…무조건 '사라'는 증권사"

종목리포트에 대한 결론은 '취할 것만 취하자'입니다. 기재된 내용만 확인하고 질문사항이 있으면 증권사가 아닌 해당 회사 IR 담당자에게 질문하도록 합니다.

종목리포트 열람하기

증권사 사이트에 접속하는 방법보다 구글에서 검색하는 쪽이 간편합니다. 대부분의 종목리포트는 pdf 파일로 저장되어 있기 때문에 '회사명 pdf'로 검색하면 종목리포트를 찾을 수 있습니다.

5단계: 모든 과거 뉴스 검토

5단계에서는 회사의 모든 과거 기사들을 검토해서 회사의 발자취를 파악해야 합니다. 광범위하긴 하지만 유상증자, 상장 등의 소식은 신문사별로 동일하게 기사를 내기 때문에 중복되는 뉴스가 많습니다. 한 시간 정도 투자해서 100개 가량의 기사를 검토할 수 있습니다.

뉴스 열람하기

네이버naver.com에 접속해 회사명을 검색하고 '뉴스' 카테고리를 클릭합니다. 기사를 보는 중 새로운 기사가 올라올 수 있기 때문에 '오래된 순'으로 정렬하면 검토하기 편리합니다.

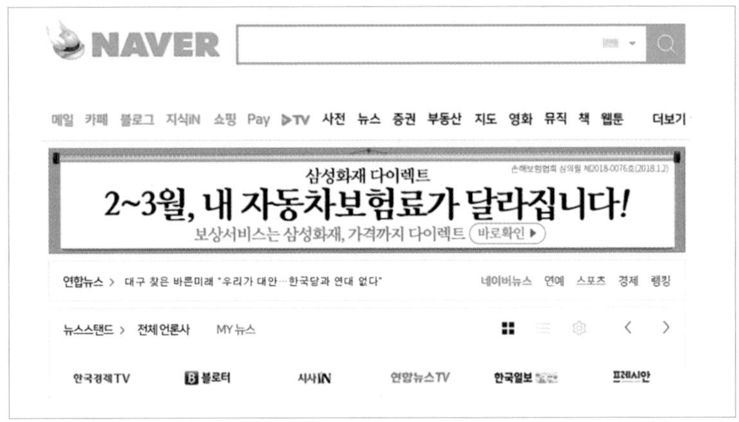

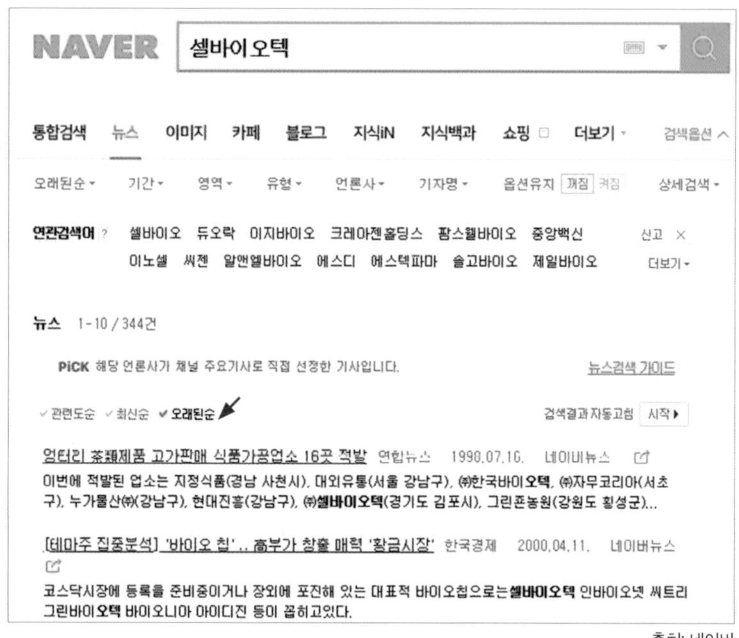

출처: 네이버

6단계: 회사에 직접 연락하기

1단계부터 5단계까지 고급 정보를 조사하고 취합하는 과정에서 생긴 여러 의문점과 회사 측이 생각하는 아이템의 성장성을 질문하는 단계입니다. 회사의 IR 담당자(주식 담당자), 영업팀, 마케팅팀, 연구팀에게 연락하도록 합니다.

6단계에서 가장 중요한 점은 상대방이 대답하기 쉽게 질문하는 것입니다. 무작정 미공개 정보에 대해 물어보면 회사는 공정공시거래

법상 알려줄 수 없습니다. 공정공시거래법에 따르면 기업의 정보는 동시에, 공평하게, 모두에게 제공해야 합니다. 기업이 애널리스트, 기관 투자자, 특정 개인에게 주요 정보를 제공하고 싶다면 반드시 일반 투자자에게도 동일하게 공시해야 합니다.

공식적으로 발표되지 않은 정보를 얻을 수 있다는 기대는 버려야 하며, 정확한 수치까지 답변을 바라는 것은 욕심입니다. 특정 기준을 제시하면서 포괄적으로 질문하도록 합니다. '요즘도 제품이 잘 팔리는지,' '회사에 큰 문제는 없는지,' '작년과 비교해서 불황인지 활황인

지,' '업계 상황은 어떤지,' '신사업 진출 사항은 어떤지,' '소송 진행은 어떻게 되고 있는지' 등의 질문으로 어느 정도 답변을 들을 수 있습니다.

1단계부터 5단계까지 착실하게 조사해왔다면, 포괄적인 대답도 투자 결정을 내리는 데 큰 도움이 됩니다. 매출이 작년보다 높을 것이라고 예상했는데, 회사 IR 담당자나 영업팀도 '매출이 작년보다 높을 것 같다'라고 답한다면 자기확신이 서게 됩니다. 기다림을 견딜 수 있게 해주는 자기확신은 주식투자에 있어 매우 중요한 요소입니다.

실전 사례 학습

예시 1: 씨유메디칼

추천일 2012년 4월 17일　　1만 5,000원
매도일 2013년 2월 26일　　1만 2,600원
최종 수익률 -16%

이 종목을 추천할 당시 한의학에 관심이 많아서 침과 뜸을 놓는 법을 공부하고 있었습니다. 사람의 몸은 신비하게 작동하고, 의학도 시대에 맞춰서 발전한다는 사실이 신기했습니다.

한의학 공부 중 접하게 된 종목이 씨유메디칼이었습니다. 씨유메디칼은 AED(Automated External Defibrillator) 제조업체로 AED는 심장이 갑자기 멈췄을 때, 충격을 가해 심장을 다시 뛰게 만드는 심장충격기입니다. AED의 'Automated'는 자동이라는 뜻도 있지만, '자동'이므로 의사가 없을 때도 누구나 응급상황에서 사용할 수 있음을 의미합니다.

심장은 생명 활동을 주관하는 우리 몸의 핵심입니다. 심장이 갑자기 멈췄을 경우 적절한 응급조치를 취하지 못했다면 병원에 도달하기 전 95% 이상이 사망합니다. 따라서 AED는 일상생활에서 필요하진 않지만 응급상황에선 필수인 제품입니다.

1단계: 투자철칙 3가지 체크

첫 번째, 부채비율 100% 이하인지 확인해보겠습니다.

자산 418억 원, 부채 67억 원, 자본 350억 원으로 부채비율은 전혀 문제가 없었습니다. 금융권 부채가 거의 없는 무차입 경영 수준이었습니다.

두 번째, FD PER가 10 이하여야 합니다.

추천 당일 주가 1만 5,000원, 시가총액 917억 원이었지만, 희석 시가총액은 992억 원이었습니다. 2013년 6월에 스톡옵션 50만 주가 나올 예정이었습니다.

현재 시가총액 + (희석증권의 주식수 × 현재 주가)
917억 + (500,000 X 15,000) = 917억 + 75억 = 992억

Ⅲ. 재무에 관한 사항

1. 요약 재무정보

(단위: 백만 원)

구분	2011년도 (제11기)	2010년도 (제10기)
[유동자산]	30,115	15,478
· 현금및현금성자산	9,844	2,235
· 당기손익인식금융자산	–	180
· 매출채권	14,815	7,557
· 기타수취채권	990	280
· 기타자산	80	389
· 미수법인세환급액	–	–
· 재고자산	4,385	4,836
[비유동자산]	11,686	10,907
· 매도가능금융자산	247	201
· 기타수취채권	428	382
· 유형자산	7,864	7,837
· 무형자산	2,580	1,587
· 투자부동산	324	336
· 이연법인세자산	242	565
자산총계	41,801	26,384
[유동부채]	3,663	2,221
[비유동부채]	3,083	4,742
부채총계	6,746	6,963
[자본금]	3,057	2,417
[주식발행초과금]	17,019	8,252
[이익잉여금]	14,545	8,445
[기타의자본항목]	434	307
자본총계	35,055	19,421
매출액	23,013	17,351
영업이익	7,646	5,139
계속사업이익	7,549	5,037
당기순이익	6,167	4,342
· 기본주당순이익(원)	1,542	1,298
· 희석주당순이익(원)	1,013	848

출처: 전자공시시스템

(단위: 백만 원)

사업연도	2010년 (10기)	2009년 (9기)	2008년 (8기)	2007년 (7기)	2006년 (6기)
회계처리기준	K-GAAP	K-GAAP	K-GAAP	K-GAAP	K-GAAP
감사인(감사의견)	삼일회계(적정)	삼일회계(적정)	삼일회계(적정)	세일회계(적정)	세일회계(적정)
유동자산	15,427	10,145	7,067	6,422	3,018
당좌자산	10,592	6,350	4,908	4,776	2,394
재고자산	4,836	3,796	2,159	1,646	624
비유동자산	10,391	9,650	9,927	4,362	2,442
투자자산	202	147	57	177	157
유형자산	7,791	8,056	8,530	3,063	1,051
무형자산	1,285	868	866	1,054	1,234
기타비유동자산	1,114	580	474	68	–
자산총계	25,819	19,795	16,994	10,785	5,461
유동부채	2,154	1,287	1,817	1,535	1,299
비유동부채	4,013	4,534	4,846	3,479	1,899
부채총계	6,167	5,821	6,664	5,014	3,198
자본금	2,417	2,317	2,160	1,910	1,043
자본잉여금	8,379	7,995	7,573	3,990	857
자본조정	307	90	–	–	–
이익잉여금	8,549	3,572	598	−129	363
자본총계	19,652	13,974	10,330	5,771	2,263
매출액	17,351	13,102	10,225	4,919	3,623
영업이익	5,407	2,469	952	233	646
당기순이익	4,977	2,974	727	−485	578
기본주당순이익(원)	1,489	932	243	−180	317
희석주당순이익(원)	939	579	166	−122	285

출처: 전자공시시스템

당시 당기순이익이 61억 원이었으므로 고평가라고 볼 수도 있지만, 성장성을 봤을 때 예상 당기순이익을 높게 추정했습니다.

2006년 매출액 36억 원에서 2007년 49억 원으로 전년 대비 36%,

용어

가젤형 기업 | 매출액이 3년 연속 평균 20% 이상 성장하는 기업을 말합니다.

2008년 102억 원으로 108%, 2009년 131억 원으로 28%, 2010년 173억 원으로 32%, 2011년 230억 원으로 33% 성장했습니다. 가젤형Gazelles 기업보다도 높은 성장성을 봤을 때, 2012년도 매출액 300억 원, 영업이익 90~100억 원, 당기순이익 80~100억 원 정도로 예상했습니다. 그래서 FD PER는 10 내외로 예측했습니다. 2012년 당기순이익이 80억 원 정도로 나온다면 FD PER는 조금 높아지지만 성장성을 고려해볼 때 크게 문제되지 않을 것이라고 판단했습니다.

세 번째, 영업이익의 지속성장성을 살펴보겠습니다.

지난 6년 동안 매출과 영업이익은 단 한 번도 감소한 적이 없었습니다.

2단계: 전자공시시스템(DART) 공시 검토

(가) 해외 시장 현황

Company	2003년	2006년
Medtronic	44%	36%
Philips Medical Systems	25%	35%
Others(Zoll, Cardiac Science, Welch Allyn 등)	31%	29%
Total	100%	100%

※ 출처: "The Global External Defibrillator Market" - FROST & SULLIVAN Report No. A245-56 (2003. 09)
※ 출처: "Cardiac Defibrillators" - GLOBAL INDUSTRY ANALYSTS Report (2008. 10)
2009년 기준 전 세계 심장충격기 시장의 규모는 1조 6천 원으로 추정되며, 당사의 시장점유율은 1% 내외입니다.

(나) 국내 시장 현황

Company	2009년	2010년
CU Medical Systems	38%	48%
Others	62%	52%
Total	100%	100%

주) 산출근거: 2010년 조달청을 통한 판매수량 및 기타 입찰결과를 통한 당사 추정

출처: 전자공시시스템

2009년 국내 시장점유율이 38%였고, 2010년 48%를 달성하면서 거의 과점했다고 봐도 무방합니다. 해외시장은 'Medtronic'과 'Philips Medical Systems'가 약 70%의 시장점유율을 가지고 있었습니다. 2009년 기준 세계 심장충격기 시장 규모는 1조 6천억 원*이었습니다. 씨유메디칼의 세계 시장점유율은 1% 내외로 미미했으나 해외 시장 진출에 대한 포부가 있었고, 세계 시장에서 어느 정도 자리를 잡으면 회사의 위치가 크게 상승할 수 있다고 판단했습니다.

추천 당일 기준으로 가장 최근에 공시한 네 기관들의 '주식등의 대량보유상황보고서'입니다. 씨유메디칼은 오래 전부터 기관들이 많이 들어와 있던 종목입니다. 아이엠엠인베스트먼트는 2006년에 들어왔다가 1.05%만 남기고 전부 매도한 상황입니다. 5% 미만이므로 추천했을 당시 다 팔았거나 곧 다 팔 것이라는 것을 알 수 있습니다. 한국산업은행은 2006년과 2007년에 30억 원 정도를 투자했습니다.

* 1조 6천 원이 아니라 1조 6천억 원인데, 공시에 오타가 난 것입니다.

주식등의 대량보유상황보고서

(약식서식: 자본시장과 금융투자업에 관한 법률 시행령 제154조 제3항 또는 동조 제4항 규정에 의한 보고)

금융위원회 귀중
한국거래소 귀중

보고의무발생일 : 2011년 12월 30일
보고서작성기준일 : 2012년 01월 05일
보고자 : 아이엠엠인베스트먼트(주)

발행회사명	(주)씨유메디칼시스템	발행회사와의 관계	주주
보고구분	변동		
보유주식등의 수 및 보유비율		보유주식등의 수	보유비율
	직전 보고서	333,325	5.45
	이번 보고서	63,925	1.05
보고사유	보유중인 보통주 장내매도로 인한 지분율 변동		

금융위원회 귀중
한국거래소 귀중

보고의무발생일 : 2012년 1월 3일
보고서작성기준일 : 2012년 1월 11일
보고자 : 한국산업은행

요약정보			
발행회사명	(주)씨유메디칼시스템	발행회사와의 관계	주주
보고구분	변동		
보유주식등의 수 및 보유비율		보유주식등의 수	보유비율
	직전 보고서	533,325	8.72
	이번 보고서	50,000	0.82
보고사유	보유주식 매각에 의한 변동		

금융위원회 귀중
한국거래소 귀중

보고의무발생일 : 2012년 1월 2일
보고서작성기준일 : 2012년 1월 11일
보고자 : JAFCO ASIA TECHNOLOGY FUND IV

요약정보			
발행회사명	(주)씨유메디칼시스템	발행회사와의 관계	주주
보고구분	변동		
보유주식등의 수 및 보유비율		보유주식등의 수	보유비율
	직전 보고서	585,556	9.58
	이번 보고서	0	0
보고사유	장내매도		

금융위원회 귀중
한국거래소 귀중

보고의무발생일 : 2011년 12월 15일
보고서작성기준일 : 2011년 12월 22일
보고자 : (주)파트너스벤처캐피탈

요약정보			
발행회사명	(주)씨유메디칼시스템	발행회사와의 관계	주주
보고구분	신규		
보유주식등의 수 및 보유비율		보유주식등의 수	보유비율
	직전 보고서	-	-
	이번 보고서	450,000	7.36
보고사유	신규 상장		

출처: 전자공시시스템

0.82%만 남기고 다 판 것을 보아서, 나머지도 팔았을 확률이 큽니다. 'JAFCO ASIA TECHNOLOGY FUND IV'의 경우 전량을 매도했습니다.

아직 씨유메디칼의 주식을 가지고 있는 기관은 (주)파트너스벤처캐피탈입니다. 45만 주로 7.36%를 가지고 있습니다. 공모가 이상에서 샀기 때문에 당분간 시장에 나올 확률은 낮습니다.

3단계: IR 자료 검토

씨유메디칼의 IR 자료 중 일부분입니다. 갑작스럽게 심장이 멈췄을 때 1분이 경과할 때마다 생존율이 7~10%씩 줄어듭니다. 심장이 멈추고 4분 30초가 지나면 영구적으로 뇌가 손상되고 6분이 지나면 뇌사, 즉 식물인간 상태가 되며 10분이 지나면 생물학적 사망에 이릅니다. 심장이 멈췄을 때 조기에 사용할 수 있는 의료기기가 씨유메디

출처: 씨유메디칼

칼의 AED라고 홍보하고 있습니다.

AED라는 의료기기를 평생 쓸 일이 없는 이들이 대다수일 테지만, 위급한 상황은 언제 누구에게 생길지 모릅니다. 필요한 상황에서는 무조건 있어야 하는 제품으로 모든 주택에 의무적으로 구비해야 하는 소화기만큼 중요도가 높습니다.

'정부의 적극적인 AED 관련 법률제정'으로 인해서 AED 설치가 의무화되면 매출은 더 오를 것입니다. 설치의무 대상은 16만 2,121곳, 설치권고 대상은 11만 3,749곳으로 결코 적은 숫자가 아닙니다. 통계청, 국토해양부, 보건복지부 자료를 근거로 한 추정치지만, 회사를 홍보하는 IR 자료인 만큼 보수적인 관점에서 접근하도록 합니다.

사람의 건강이나 목숨과 직결된 제품들은 신뢰도를 높이는 것이

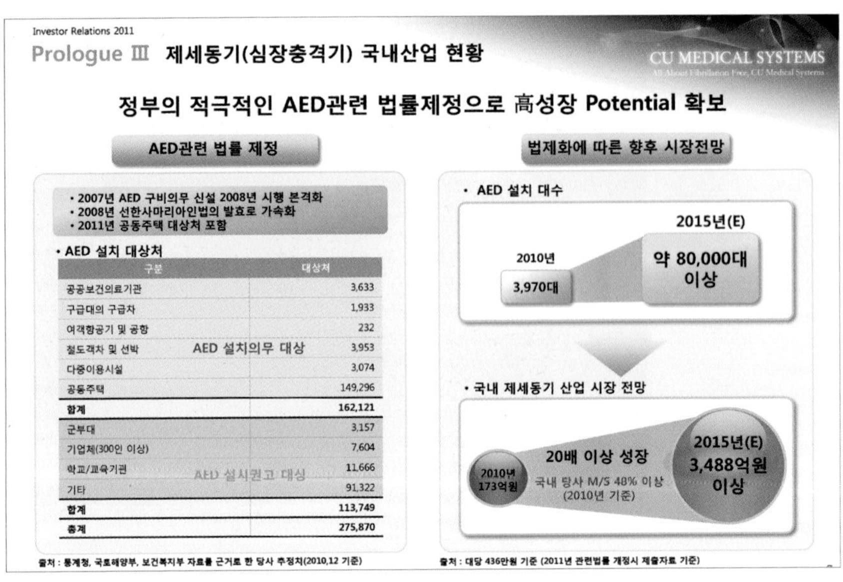

구분	대상처
공공보건의료기관	3,633
구급대의 구급차	1,933
여객항공기 및 공항	232
철도객차 및 선박	3,953
다중이용시설	3,074
공동주택	149,296
합계	**162,121**
군부대	3,157
기업체(300인 이상)	7,604
학교/교육기관	11,666
기타	91,322
합계	**113,749**
총계	**275,870**

출처: 씨유메디칼

최우선 과제입니다. 이 신뢰도를 쌓는 데는 오랜 시간, 노력 그리고 공신력을 갖춘 단체의 인증이 필요합니다. 이 자체가 굉장히 높은 진입장벽입니다. 씨유메디칼의 경우 우수한 R&D(연구 개발)Research & Development 인프라를 구축해 아시아 최초로 개발한 AED로 FDA, 일본 후생노동성, CE 인증을 획득했습니다.

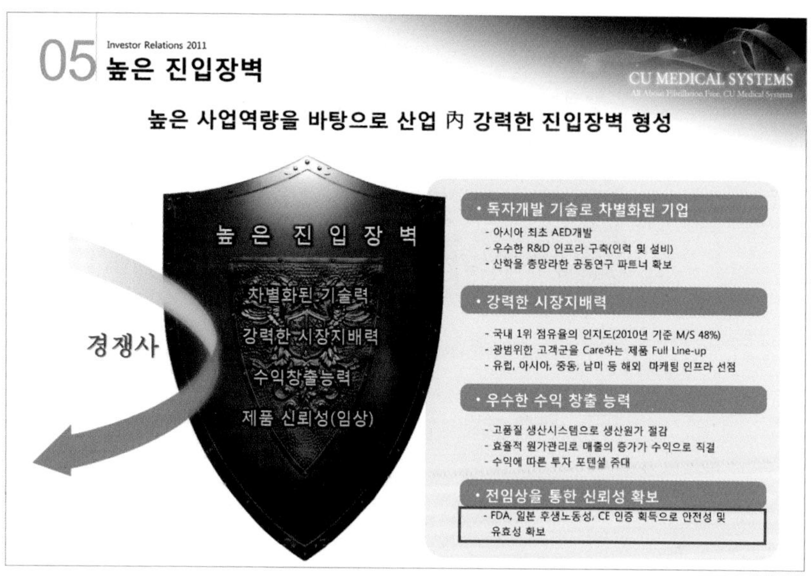
05
Investor Relations 2011
높은 진입장벽
CU MEDICAL SYSTEMS
높은 사업역량을 바탕으로 산업 內 강력한 진입장벽 형성
높 은 진 입 장 벽
차별화된 기술력
강력한 시장지배력
수익창출능력
제품 신뢰성(임상)
경쟁사
• 독자개발 기술로 차별화된 기업
- 아시아 최초 AED개발
- 우수한 R&D 인프라 구축(인력 및 설비)
- 산학을 총망라한 공동연구 파트너 확보
• 강력한 시장지배력
- 국내 1위 점유율의 인지도(2010년 기준 M/S 48%)
- 광범위한 고객군을 Care하는 제품 Full Line-up
- 유럽, 아시아, 중동, 남미 등 해외 마케팅 인프라 선점
• 우수한 수익 창출 능력
- 고품질 생산시스템으로 생산원가 절감
- 효율적 원가관리로 매출의 증가가 수익으로 직결
- 수익에 따른 투자 포텐셜 증대
• 전임상을 통한 신뢰성 확보
- FDA, 일본 후생노동성, CE 인증 획득으로 안전성 및 유효성 확보

출처: 씨유메디칼

4단계: 증권사 종목리포트 숙지

종목리포트 중 '투자포인트: 1) 공동주택 AED 설치의무대상 포함, 2) 높은 수익성' 부분이 눈에 띕니다. 공동주택의 AED 설치가 의무화되면 씨유메디칼에게는 큰 호재입니다. 2012년 약 7,000여 대, 2015년 약 8만여 대가 신규 설치될 것으로 추정하는데, 그만큼 회사의 매출은 상승할 수밖에 없습니다.

사측이 예상하는 30%대의 영업이익률은 굉장히 높은 수준입니다. 영업이익률이 2011년 29.4%, 2012년 30%대라면 '회사가 운영을 잘하고 있다'라고 볼 수 있습니다. 매출 증가로 인한 고정비 절감, 높은 시장점유율, 가격경쟁력을 고려해볼 때 30%대의 영업이익률 예상은 보수적으로 봐도 문제가 없다고 판단했습니다.

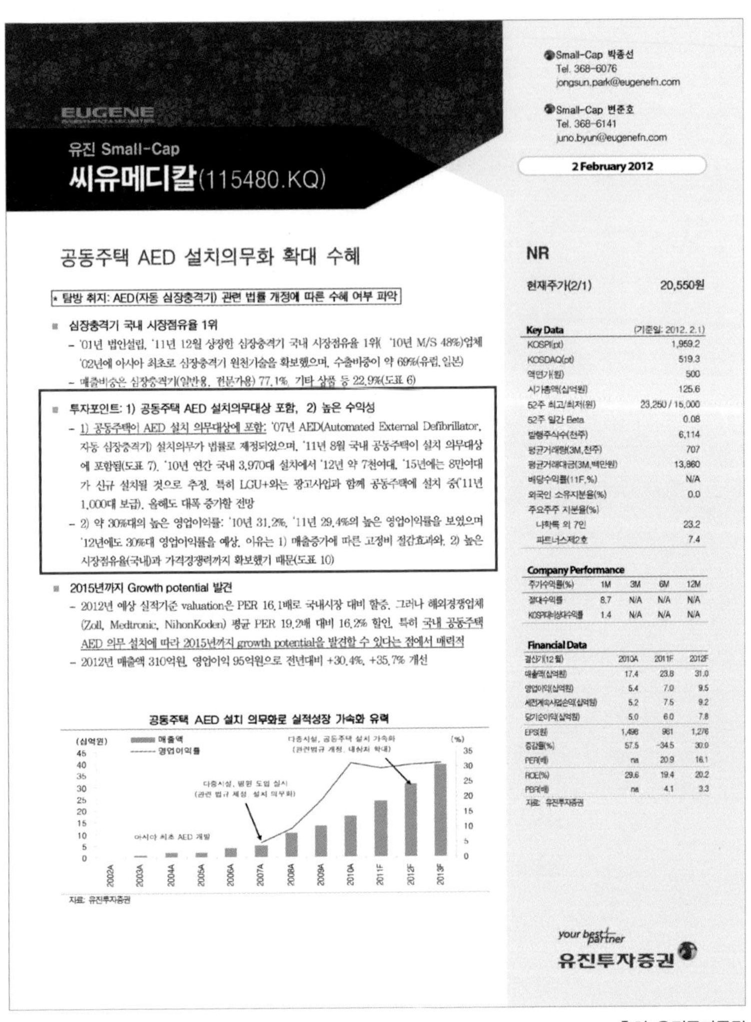

EUGENE

유진 Small-Cap

씨유메디칼(115480.KQ)

Small-Cap 박종선
Tel. 368-6076
jongsun.park@eugenefn.com

Small-Cap 변준호
Tel. 368-6141
juno.byun@eugenefn.com

2 February 2012

공동주택 AED 설치의무화 확대 수혜

* 탐방 취지: AED(자동 심장충격기) 관련 법률 개정에 따른 수혜 여부 파악

■ **심장충격기 국내 시장점유율 1위**

- '01년 법인설립, '11년 12월 상장한 심장충격기 국내 시장점유율 1위('10년 M/S 48%)업체 '02년에 아시아 최초로 심장충격기 원천기술을 확보했으며, 수출비중이 약 69%(유럽, 일본)
- 매출비중은 심장충격기(일반용, 전문가용) 77.1%, 기타 상품 등 22.9%(도표 6)

■ **투자포인트: 1) 공동주택 AED 설치의무대상 포함, 2) 높은 수익성**

- 1) 공동주택이 AED 설치 의무대상에 포함: '07년 AED(Automated External Defibrillator, 자동 심장충격기) 설치의무가 법률로 제정되었으며, '11년 8월 국내 공동주택이 설치 의무대상에 포함됨(도표 7). '10년 연간 국내 3,970대 설치에서 '12년 약 7천여대, '15년에는 8만여대가 신규 설치될 것으로 추정. 특히 LGU+와는 광고사업과 함께 공동주택에 설치 중('11년 1,000대 보급). 올해도 대폭 증가할 전망
- 2) 약 30%대의 높은 영업이익률: '10년 31.2%, '11년 29.4%의 높은 영업이익률을 보였으며 '12년에도 30%대 영업이익률을 예상. 이유는 1) 매출증가에 따른 고정비 절감효과와, 2) 높은 시장점유율(국내)과 가격경쟁력까지 확보했기 때문(도표 10)

■ **2015년까지 Growth potential 발견**

- 2012년 예상 실적기준 valuation은 PER 16.1배로 국내시장 대비 할증. 그러나 해외경쟁업체(Zoll, Medtronic, NihonKoden) 평균 PER 19.2배 대비 16.2% 할인. 특히 국내 공동주택 AED 의무 설치에 따라 2015년까지 growth potential을 발견할 수 있다는 점에서 매력적
- 2012년 매출액 310억원, 영업이익 95억원으로 전년대비 +30.4%, +35.7% 개선

공동주택 AED 설치 의무화로 실적성장 가속화 유력

자료: 유진투자증권

NR

현재주가(2/1)	20,550원

Key Data	(기준일: 2012. 2.1)
KOSPI(pt)	1,959.2
KOSDAQ(pt)	519.3
액면가(원)	500
시가총액(십억원)	125.6
52주 최고/최저(원)	23,250 / 15,000
52주 일간 Beta	0.08
발행주식수(천주)	6,114
평균거래량(3M,천주)	707
평균거래대금(3M,백만원)	13,860
배당수익률(11F,%)	N/A
외국인 소유지분율(%)	0.0
주요주주 지분율(%)	
나학록 외 7인	23.2
파트너스제2호	7.4

Company Performance

주가수익률(%)	1M	3M	6M	12M
절대수익률	8.7	N/A	N/A	N/A
KOSPI대비상대수익률	1.4	N/A	N/A	N/A

Financial Data

결산기(12월)	2010A	2011F	2012F
매출액(십억원)	17.4	23.8	31.0
영업이익(십억원)	5.4	7.0	9.5
세전계속사업손익(십억원)	5.2	7.5	9.2
당기순이익(십억원)	5.0	6.0	7.8
EPS(원)	1,498	981	1,276
증감률(%)	57.5	-34.5	30.0
PER(배)	na	20.9	16.1
ROE(%)	29.6	19.4	20.2
PBR(배)	na	4.1	3.3

자료: 유진투자증권

your best partner
유진투자증권

출처: 유진투자증권

5단계: 모든 과거 뉴스 검토

씨유메디칼 관련 2011년 4월 18일자 뉴스입니다.

AED는 필립스, 메드트로닉이 전세계 시장의 70%를 차지하고 있다. 이 가운데 지난 2002년 씨유메디칼이 순수 국산 기술로 세계에서 6번째, 아시아 최초로 AED(CU-ER1) 개발에 성공했다. 업체는 유럽, 미국, 일본으로부터 AED의 품질 인증을 획득하며 글로벌 업체가 독점하고 있는 시장에서 괄목할 만한 수출 실적을 거두고 있다.

회사의 AED는 지난 2003년 이탈리아를 시작으로 미국, 프랑스, 독일, 네덜란드, 남아공, 그리스, 일본 등 세계 70개국에 수출되고 있다. 지난 2007년 4,000대 수준이던 연간 수출량이 2009년 8,000대를 돌파하며 2년만에 2배 성장을 기록했다. 지난해 174억 원의 매출을 올려 전년 131억 원보다 약 33% 성장한 것으로 나타났다.•

첫 문단에서 씨유메디칼이 아시아 최초이자 전 세계에서 6번째로 AED 개발에 성공했다고 나와 있습니다. 다음 문단에서 회사가 해외 시장에서 급속도로 성장 중임을 알 수 있습니다.

• 디지털타임스, 2011년 4월 18일, "씨유메디칼시스템, AED 점유 1위 '국산 의료기기의 자존심'"

6단계: 회사에 직접 연락하기

| 질문 1: 1조 6천 원인가요? 1조 6천억 원인가요? |

해외시장 진출과 관련해서 회사 측에 여러 가지 질문을 했습니다. 사업보고서, IR 자료와 거의 동일한 답변을 얻었지만 유일하게 공시와 달랐던 대답이 있었습니다. 공시의 "2009년 기준 전 세계 심장충격기 시장의 규모는 1조 6천 원으로 추정되며, 당사의 시장점유율은 1% 내외입니다"에서 '1조 6천 원'에 의문이 생겨 물어봤는데, 단순 오타로 '1조 6천억 원'을 잘못 적은 것이었습니다.

| 질문 2: 'Good Samaritan law'는 무엇을 의미하나요? |

2012년 3월 20일 서울경제 신문에서 "AED는 심장박동이 멈춘 환자에게 전기 충격을 가해 다시 심장이 뛰도록 도와주는 장치다. 심장마비 사고의 경우 발생 후 5~10분 사이에 응급조치를 어떻게 하느냐에 따라 생사가 갈린다. 일명 '선한 사마리아인 법'이라고 불리는 '응급 의료법 일부 개정 법률안'이 지난 2008년 시행되면서 일반인도 사용 가능한 AED 시장이 급성장하고 있다"•라며 선한 사마리아인 법Good Samaritan law을 언급했습니다.

AED 시장이 급부상하는 원인이라는 선한 사마리아인 법에 대해 사측에 물어봤습니다. 기존에는 누군가 심장마비로 쓰러졌을 때, 다

• 서울경제, 2012년 3월 20일, "씨유메디칼시스템 '상반기 獨법인 설립...해외AED 시장 적극 공략'"

른 사람이 응급조치를 취하다 쓰러진 사람이 다치거나 사망하면 민사소송이 가능했습니다. 선한 사마리아인 법은 응급상황에서 구조 활동의 결과가 잘못되더라도 구조자에게 책임을 묻지 않는다는 조항으로 적극적으로 구조 활동을 펼칠 수 있게 지지합니다.

| 질문 3: AED 설치가 '의무'인데, '페널티penalty가 없다'는 것이 무슨 뜻인가요? |

공동주택에서 AED 설치를 의무화한다는 말은 약 15만 대 정도의 AED가 더 팔릴 것이라는 뜻입니다. 이는 추천했을 당시보다 시장이 20배 정도 커진다는 것을 의미합니다. 하지만 조사한 바에 의하면, 의무적으로 설치를 해야 하는데 설치하지 않아도 별도의 제재 조치가 없다는 내용이 있었습니다. 상식적으로 이해가 되지 않아 회사에 물어봤지만 돌아온 답변은 제가 알던 내용 그대로였습니다. "의무이기는 한데, 제재 조치에 대해서는 알려진 바 없습니다."

법에 대해 잘 아는 지인에게 "어떻게 의무 조항인데 시행하지 않아도 제재 조치가 없을 수 있는지" 물어보니 "정확한 이유는 알 수 없지만, 초기에는 제재 없이 시행하다가 차츰 제재를 만들어나갈 수도 있다"라는 답변을 얻었습니다.

투자자 입장에서 이런 상황들을 고려했을 때 '당분간 공동주택 AED 설치 의무화는 없는 일로 봐야 하는 않을까'라고 생각할 수도 있지만 결국 천천히 매출이 증가할 것이라고 내다봤습니다. 의무 조항인 것은 사실이고, 사람의 목숨과 연결돼 있기 때문에 당장은 제재가 없더라도 시간이 지나면서 제재가 생길 것이라 판단했습니다.

매도 이유

2012년 4월 17일 씨유메디칼 매수를 추천한 이후 그해 11월에 3분기 실적이 발표됐습니다.

기존에는 가젤형 기업보다 성장성이 높았는데, 작년 3분기보다 매출은 거의 반토막 났고, 영업이익과 당기순이익은 적자로 돌아섰습니다. 누적을 봐도 매출액이 소폭 줄었고 영업이익, 당기순이익은 크게 줄어들었습니다.

회사의 실적 악화는 투자자에게 가장 큰 악재입니다. 2013년 2월 26일 엎친 데 덮친 격으로 악재가 하나 더 터집니다.

씨유메디칼이 100억 원짜리 신주인수권부사채(BW)를 발행했다는 소식이었습니다. 주식의 가치를 희석시키는 CB나 BW는 매도 사유 중 하나입니다. 만약 2012년 3분기에 적자를 내지 않고 계속 급성장 중이었다면 100억 원의 BW를 발행했어도 바로 매도 신호를 보내지는 않았을 겁니다. 물론, 아무리 급성장하고 있어도 주주 입장에서 BW를 좋게 볼 수는 없습니다. 그래도 급성장 중인 회사가 BW를 발행한 이유가 해외 진출이었다면 조금 더 기다려봤을 것입니다.

포괄손익계산서

제 12 기 3분기 2012.01.01 부터 2012.09.30 까지
제 11 기 3분기 2011.01.01 부터 2011.09.30 까지
제 11 기 2011.01.01 부터 2011.12.31 까지
제 10 기 2010.01.01 부터 2010.12.31 까지

(단위: 원)

	제 12 기 3분기		제 11 기 3분기		제 11 기	제 10 기
	3개월	누적	3개월	누적		
매출액	2,802,144,661	12,916,856,264	4,750,890,199	14,122,038,455	23,013,297,670	17,350,795,639
매출원가	1,505,557,108	6,430,026,472	2,235,215,765	6,166,726,325	9,715,009,164	6,994,920,126
매출총이익	1,296,587,553	6,486,829,792	2,515,674,434	7,955,312,130	13,298,288,506	10,355,875,513
판매비와 관리비	1,646,734,699	4,807,882,091	1,398,297,125	4,466,306,442	6,184,394,041	4,934,768,159
기타영업수익					1,357,292,792	214,786,540
기디영업비용					825,435,481	497,005,393
영업이익	-350,147,146	1,678,947,701	1,117,377,309	3,489,005,688	7,645,751,776	5,138,888,501
영업외수익	46,947,213	313,193,363	632,721,412	1,139,847,616	38,810,901	51,570,917
영업외비용	355,089,860	615,114,672	80,383,986	541,182,731	135,994,678	153,307,165
법인세비용차감전 순이익	-658,289,793	1,377,026,392	1,669,714,735	4,087,670,573	7,548,567,999	5,037,152,253
법인세비용	18,407,177	-55,092,455	-315,890,712	-522,489,803	-1,381,117,885	-694,671,490
당기순이익	-639,882,616	1,321,933,937	1,353,824,023	3,565,180,770	6,167,450,114	4,342,480,763
기타포괄손익	-111,533,667	-423,252,335	-11,381,225	-41,167,949	-67,053,525	-54,403,514
총포괄손익	-751,416,283	898,681,602	1,342,442,798	3,524,012,821	6,100,396,589	4,288,077,249
주당순이익						
기본주당순이익	-106	218	340	896	1,542	1,298
희석주당순이익	-100	204	233	565	1,013	848

주) K-IFRS에서의 영업손익이 '일반기업회계기준'과 동일하게 수익(매출액)에서 매출원가 및 판매비와 관리비를 차감하여 산출하도록 개정됨에 따라, 2012년 3분기 본 보고서부터 조기적용 하였습니다.

출처: 전자공시시스템

신주인수권부사채권 발행 결정

<table>
<tr><td colspan="2">1. 사채의 종류</td><td>회차</td><td>1</td><td>종류</td><td>무기명식 무보증 사모 분리형 신주인수권부사채</td></tr>
<tr><td colspan="2">2. 사채의 권면총액(원)</td><td colspan="4">10,000,000,000</td></tr>
<tr><td rowspan="4">2-1. 해외발행</td><td>권면총액(통화단위)</td><td colspan="3">-</td><td>-</td></tr>
<tr><td>기준환율등</td><td colspan="4">-</td></tr>
<tr><td>발행지역</td><td colspan="4">-</td></tr>
<tr><td>해외상장시 시장의 명칭</td><td colspan="4">-</td></tr>
<tr><td rowspan="4">3. 자금 조달의 목적</td><td>시설자금(원)</td><td colspan="4">2,000,000,000</td></tr>
<tr><td>운영자금(원)</td><td colspan="4">8,000,000,000</td></tr>
<tr><td>타법인증권 취득자금(원)</td><td colspan="4">-</td></tr>
<tr><td>기타자금(원)</td><td colspan="4">-</td></tr>
<tr><td rowspan="2">4. 사채의 이율</td><td>표면이자율(%)</td><td colspan="4">0</td></tr>
<tr><td>만기이자율(%)</td><td colspan="4">3</td></tr>
<tr><td colspan="2">5. 사채만기일</td><td colspan="4">2017년 8월 27일</td></tr>
<tr><td colspan="2">6. 이자지급방법</td><td colspan="4">이자는 "본 사채" 발행일로부터 이자 납입일 전일까지 원금에 대하여 만기보장이자율을 적용하여 만기시 또는 조기상환(put option) 시 일괄 지급하기로 한다. 다만, 이자지급기일이 공휴일 또는 은행 휴업일인 경우에는 그 익영업일에 지급한다.</td></tr>
<tr><td colspan="2">7. 원금상환방법</td><td colspan="4">만기까지 보유하고 있는 본 사채의 원금에 대하여는 사채의 만기일에 사채원금의 114.3960%에 해당하는 금액을 일시 상환하되, 원금상환기일이 공휴일 또는 은행 휴업일인 경우에는 그 익영업일에 지급한다.</td></tr>
<tr><td colspan="2">8. 사채발행방법</td><td colspan="4">사모</td></tr>
<tr><td rowspan="2">9. 신주인수권에 관한 사항</td><td>행사비율(%)</td><td colspan="4">100</td></tr>
<tr><td>행사가액(원/주)</td><td colspan="4">13,150</td></tr>
</table>

출처: 전자공시시스템

신주인수권에 관한 사항

<table>
<tr><td rowspan="3">신주인수권
가치산정
관련 사항</td><td colspan="2">이론가격</td><td>1,717</td></tr>
<tr><td colspan="2">이론가격 산정모델</td><td>블랙-숄즈의 옵션가격 결정모형</td></tr>
<tr><td colspan="2">신주인수권의 가치</td><td>신주인수권 총액의 13.054%</td></tr>
<tr><td></td><td colspan="2">비고</td><td>신주인수권 가치는 변동성에 비례하므로, 신주인수권 가치의 보수적 평가를 위해, 변동성이 작은 코스닥 지수의 20일 변동성(13,150원, 8.456%, 2013.02.26 기준)을 사용하여 평가함. 단, 실질가격은 이론가격과 다를 수 있음.</td></tr>
<tr><td rowspan="8">신수인수권증권
매각 관련 사항</td><td rowspan="6">매각 계획</td><td>매각예정일</td><td>2013년 2월 27일</td></tr>
<tr><td>권면총액</td><td>5,200,000,000</td></tr>
<tr><td>신주인수권증권</td><td rowspan="2">208,000,000</td></tr>
<tr><td>매각총액</td></tr>
<tr><td>신주인수권증권</td><td rowspan="2">526</td></tr>
<tr><td>매각단가</td></tr>
<tr><td colspan="2">매각 상대방</td><td>나학록</td></tr>
<tr><td colspan="2">매각 상대방과
회사 또는
최대 주주와의 관계</td><td>발행회사의 대표이사</td></tr>
</table>

출처: 전자공시시스템

누가 이 신주인수권을 가지고 가는지 확인해보니 대표이사였습니다. 이런 경우 대표이사가 지분율을 높이기 위해서 신주인수권을 발행했다고 생각해도 무방합니다. 경영진의 판단이기 때문에 투자자 입장에서는 이 또한 CEO 리스크에 해당됩니다.

결국 실적 악화와 BW 발행으로 매도 신호를 보냈습니다. 철저한 투자 결정 6단계를 거쳐도 이렇게 -16%의 투자 손실이 날 수 있습니다. 좋은 회사도 한순간에 무너질 수 있으며, 투자의 천재도 손해를 볼 수 있는 것이 주식투자이므로 우리는 분산투자해야 합니다.

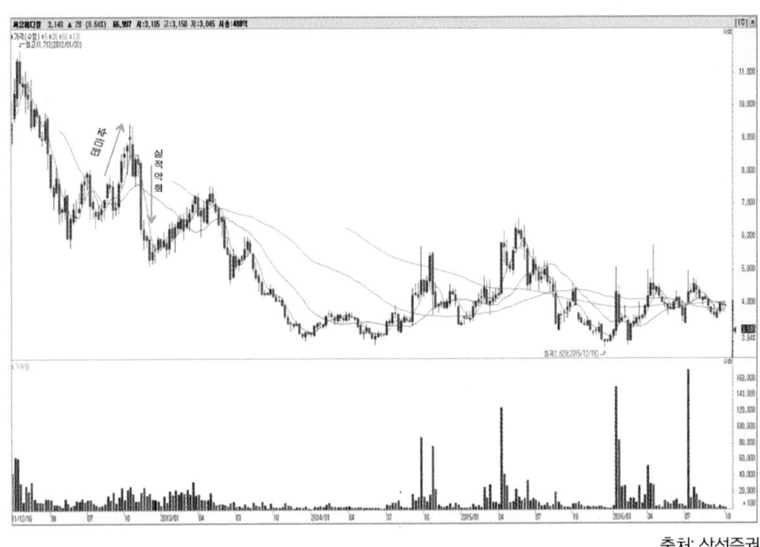

출처: 삼성증권

학습하는 의미에서 위의 그래프를 한번 보겠습니다. 2012년 4월 17일 추천했을 때 주가는 1만 5,000원이었는데, 무상증자 때문에 지금 찾아보면 당시 주가가 7,500원으로 나옵니다. 주가가 급격하게 올랐던 적이 있는데, 북한의 김정일이 심근경색으로 사망하면서 씨유메디칼이 테마주가 되었을 때입니다. 그러다 얼마 뒤 폭락하면서 3분기 실적이 악화됐습니다. 이후 BW와 CB를 발행하면서 주가는 전체적으로 계속 하락했습니다. 결국 종목 추천을 했을 때의 가격과 비교하면 반토막이 났습니다. 지금에 와서는 그나마 -16%의 투자 손실이 다행으로 느껴집니다.

불곰's Pick

실패 이유

1. 실적에 대한 예측이 빗나갔다.
2. 운이 없었다.

예시 2: CJ CGV

매수일 2011년 9월 29일	2만 3,100원
매도일 2013년 2월 27일	4만 1,250원
2년 배당(배당세율 16.5% 제외)	542원
최종 수익률 +81%(반올림)	

저는 삼성물산을 퇴사한 이후, 미국 뉴욕 필름 아카데미(할리우드)에서 영화 제작을 공부했습니다. 다소 엉뚱해보일 수 있는 이력이지만 이는 저의 오랜 꿈입니다. 주식투자를 할 때 '이 회사가 경영을 잘하고 있다'라고 판단하는 것처럼 '이 영화 잘될 수 있다'라는 판단으로 한번쯤 영화 제작에 참여할 수 있지 않을까 생각합니다.

영화 제작을 공부하면서 영화가 어떻게 만들어지는지, 제작사·투자사·영화관은 어떻게 수익을 배분하는지 등에 대한 호기심이 일었습니다. 이 호기심 때문에 접하게 되어 공부한 종목이 CJ CGV입니다.

영화 사업은 불황에 강하다는 특징이 있습니다. IMF가 터졌을 때도 직장을 잃은 많은 사람들이 시간을 보낼 곳이 없어서 영화관을 찾았습니다. 여행이나 어디론가 멀리 가는 것에 비해 영화는 저렴한 종합 엔터테인먼트이기 때문에, 경제가 어려울수록 영화관을 찾는 사람들은 늘어납니다. 제가 이 종목을 추천했을 때도 세계 경제가 둔화되고 있을 때였습니다.

출처: 삼성증권

CJ CGV는 2004년 상장했고, 2008년 9월 리먼브라더스 사태가 일어났습니다. 그 후 시장은 제자리를 찾는 듯 보였지만 2011년 미국, 유럽, 중국의 경제 둔화로 한국 경제도 불안해졌습니다. 더구나 추천일 당일에는 주가가 많이 급락했습니다. '일 단위'로 보면 얼마나 급락했는지 더 확실히 알 수 있습니다.

출처: 삼성증권

그래프만 분석하면, 3만 원 초반까지 올랐다 20% 넘게 하락했으니 CJ CGV에 문제라도 생긴 것처럼 보입니다. 하지만 주가가 높았던 2004~2005년 말보다 매출이나 이익은 2배 이상 증가했습니다. 이런 상황에서 주가 급락은 굉장한 호재입니다.

1단계: 투자철칙 3가지 체크

Ⅲ. 재무에 관한 사항

가. 요약재무정보 (단위: 백만 원)

구분	제12기	제11기	제10기	제9기	제8기
자산총계	631,458	575,880	479,829	438,710	378,307
[유동부채]	165,485	244,480	160,192	145,934	148,323
[비유동부채]	206,270	100,937	124,430	113,259	53,739
부채총계	371,754	345,417	284,622	259,193	202,062
[자본금]	28,609	28,609	28,608	28,608	28,608
[자본잉여금]	67,151	67,151	63,581	63,581	63,581
[자본조정]	△ 3,357	△ 4,716	△ 2,005	△ 2,079	130
[기타포괄손익누계액]	1,434	1,745	2,855	71	△1,508
[이익잉여금]	165,868	137,675	102,168	89,336	85,434
자본총계	259,704	230,464	195,207	179,517	176,245
매출액	503,167	421,878	358,776	320,466	272,016
영업이익	66,980	59,544	54,801	40,918	36,860
당기순이익	33,347	40,660	20,047	12,148	22,865
주당순이익	1,617원	1,972원	972원	589원	1,109원

출처: 전자공시시스템

첫 번째, 부채비율이 100% 이하인지 알아보겠습니다.

이 종목 같은 경우 약간 특이한 케이스로 부채비율이 100% 이상, 140% 정도입니다. 그럼에도 불구하고 추천했던 이유는 무서운 성장성 때문이었습니다.

8기(2006년) 2,720억 원에서 시작했던 매출액이 9기 3,204억 원, 10기 3,587억 원, 11기 4,218억 원, 12기 5,031억 원으로 급성장했습니다. 영업이익도 8기 368억 원에서 9기 409억 원, 10기 548억 원, 11기 595억 원, 12기 669억 원으로 급성장했습니다. 또한 영화관은 플랫폼의 특수성을 가지고 있기 때문에 매출액이나 영업이익이 갑자기 급락할 확률은 크지 않습니다. 이 정도의 급성장성과 안성정이라면 부채비율 140%는 큰 위험요소가 아니라고 판단했습니다.

두 번째, 불곰 PER(FD PER)가 10 이하인지 살펴보겠습니다.

2010년 12기 반기보고서	매출 2,414억	
	영업이익 306억	
	당기순이익 216억	배당 250원/주
2011년 13기 반기보고서	매출 2,441억	
	영업이익 320억	
	당기순이익 178억	
2011년 13기 예상 실적	매출 5,500억	
	영업이익 700억	
	당기순이익 480억~500억	

2011년 9월에 추천했기 때문에, 2011년도 반기까지의 실적은 확인할 수 있었습니다. 이런 경우 2010년 반기의 실적과 비교해서 계속 성장하고 있는지 확인해야 합니다. 2010년 반기에는 매출 2,414억 원, 영업이익 306억 원, 당기순이익 216억 원이었습니다. 2011년 반기에는 매출 2,441억 원, 영업이익 320억 원, 당기순이익 178억 원이었습니다. 매출이나 영업이익이 줄어들지 않은 상황에서 일시적으로 당기순이익이 줄어든 것이므로 크게 걱정할 필요는 없습니다.

2010년 반기 매출이 2,414억 원, 영업이익이 306억 원이었는데, 2010년 전체 매출은 5,031억 원, 영업이익은 669억 원인 것을 보면 상반기보다 하반기 실적이 더 좋습니다. 회사는 계속 성장세로 여러 공시 · IR 자료 · 종목리포트 · 뉴스에서 2011년에도 영업을 잘하고 있음을 확인하고 하반기 실적이 더 좋다는 점을 감안했을 때, 2011년 매출 5,500억 원, 영업이익 700억 원, 당기순이익 480~500억 원 정도를 예상했습니다. 당시 회사 측에서도 이 정도로 예상하고 있었습니다.

당시 시가총액이 4,760억 원이었으므로 FD PER는 10 이하였습니다. 주식 가치를 희석화시킬 사항도 없었습니다.

세 번째, 영업이익의 지속성장성을 확인해보겠습니다.

당기순이익은 다소 오락가락하는 면이 있었지만 영업이익만큼은 꾸준히 성장해왔다는 사실을 알 수 있었습니다.

불곰's Pick

실적 예상은 빗나갔지만

여담이지만 2011년 실적 예상은 보기 좋게 빗나갔습니다. 매출액은 6,285억 원으로 예상보다 높았지만 영업이익 448억 원, 당기순이익 149억 원으로 크게 빗나갔습니다. 다행히도 2012년에는 매출액 7,793억 원, 영업이익 551억 원, 당기순이익 549억 원으로 2011년보다는 예상에 근접했습니다. 영업이익은 여전히 예상보다는 낮았지만, 객관적으로 봤을 때는 좋은 편이었기 때문에 성공적인 주식투자가 될 수 있었습니다.

2단계: 전자공시시스템(DART) 공시 검토

당시 발표된 공시 중 주요 사항 두 가지를 검토해보겠습니다.

타법인 주식 및 출자증권 취득결정

1. 발행회사	회사명(국적)	Envoy Media Partners Ltd. (British Virgin Islands)	대표이사	Donald DeVivo
	자본금(원)	11,308,187,500원	회사와 관계	기타
	발행주식총수(주)	151,650	주요사업	주식(지분)의 소유를 통하여 자회사의 경영을 지배
2. 취득내역	취득주식수(주)	139,518		
	취득금액(원)	78,332,480,000원		
	자기자본(원)	259,704,196,965원		
	자기자본대비(%)	30%		
	대규모법인여부	미해당		
3.취득후 소유주식수 및 지분비율	소유주식수(주)	139,518		
	지분비율(%)	92%		
4. 취득방법		지분 취득 및 유상 증자		
5. 취득목적		베트남 극장사업 진출		

출처: 전자공시시스템

추천하기 두 달 전 있었던 공시로, CJ CGV를 추천하는 데 중요하게 작용했습니다. CJ CGV가 'Envoy Media Partners Ltd.'를 783억 원에 인수했다는 내용의 공시로, Envoy Media Partners Ltd.는 베트남 시장점유율이 60%나 되는 회사입니다. CJ CGV는 이 회사를 인수해 60%의 시장점유율을 가지고 '베트남 극장사업 진출'을 계획했습니다.

주식등의 대량보유상황보고서

요약정보			
발행회사명	CJ CGV(주)	발행회사와의 관계	주주
보고구분	변동		
보유주식등의 수 및 보유비율		보유주식등의 수	보유비율
	직전 보고서	2,205,141	10.7
	이번 보고서	2,004,836	9.72
보고사유	1% 이상 변동 보고		

2010.09.03 주식등의 대량보유 상황보고서(약식)

요약정보			
발행회사명	CJ CGV(주)	발행회사와의 관계	주주
보고구분	변동		
보유주식등의 수 및 보유비율		보유주식등의 수	보유비율
	직전 보고서	1,701,230	8.25
	이번 보고서	1,466,957	7.12
보고사유	1% 이상 변동 보고		

2011.07.08 주식등의 대량보유 상황보고서(약식)

출처: 전자공시시스템

시선을 사로잡았던 또 다른 공시는 '주식 등의 대량보유 상황보고서'였습니다. 한국투자신탁운용에서 지속적으로 CJ CGV의 주식을 팔고 있었습니다. 주가가 급락했던 이유 중 하나가 해당 기관의 매도였습니다. 회사가 운영을 잘하고 있는 상황에서, 기관은 계속 매도를 하고 있으니 주가가 크게 오를 일은 없고 저가매수가 가능하다고 판단했습니다.

3단계: IR 자료 검토

관람객 수

(단위: 천명)	Q2 / FY2011	Y-Y	Q2 / FY2010
전국 관람객수	34,008	6.7%	31,865
CGV 관람객수 (위탁포함)	14,754	15.1%	12,823
CGV 직영 관람객수	10,569	10.6%	9,554
시장점유율 (직영점유율)	43.4% (31.1%)	+3.2%pt (+1.1%pt)	40.2% (30.0%)
CGV 3D 관람객 비중	19.6%	6.6%pt	13.0%

◈ 2011년 6월말 현재 46개 직영사이트, 387개 직영스크린 운영 (위탁사이트 32개, 위탁스크린 251개)

◈ 2011년 상반기 중 직영점 신규오픈 – 없음

2011년 2/4 분기 TOP5 흥행작

순위	2011년 2/4분기	기중 관람객 (천명)	2010년 2/4분기	기중 관람객 (천명)
1	써니	5,903	아이언맨 2	4,451
2	쿵푸팬더 2	4,876	방자전	2,737
3	캐리비안의 해적: 낯선 조류	3,128	타이탄	2,661
4	위험한 상견례	2,593	드라곤 길들이기	2,556
5	엑스맨: 퍼스트 클래스	2,408	하녀	2,289

출처: CJ CGV

2011년 2분기 IR 자료 중 일부분입니다. 전국 관람객수, CGV 관람객수(위탁 포함), CGV 직영 관람객수, 시장점유율, CGV 3D 관람객 비중 모두 상승하고 있음을 알 수 있습니다. 특히 일반 영화보다 관람료가 비싼 3D 관람객 비중이 증가하고 있다는 사실을 큰 호재로 판단했습니다.

2011년 주요 개봉 예정작

FY 2011			FY 2010		
분기 (관람객, 천명)	Most expected titles	관람객(천명)	분기 (전국관람객)	Top 5 titles	관람객(천명)
Q1 (34,315천명)	조선명탐정 라스트 갓파더 글러브 아이들 걸리버 여행기	4,794 2,010 1,895 1,868 1,763	Q1 (38,490천명)	아바타 의형제 전우치 하모니 이상한 나라의 앨리스	8,123 5,433 3,637 3,039 2,066
Q2 (34,008천명)	써니 쿵푸팬더 2 캐리비안의 해적: 낯선 조류 위험한 상견례 엑스맨: 퍼스트 클래스	5,903 4,876 3,128 2,593 2,408	Q2 (31,865천명)	아이언맨 2 방자전 타이탄 드라곤길들이기 하녀	4,451 2,737 2,661 2,556 2,289
Q3	트랜스포머3 (3D) 해리포터와 죽음의 성물 (3D) 고지전 퀵 제7광구 (3D) 外	-	Q3 (47,968천명)	아저씨 인셉션 이끼 솔트 슈렉 포에버	6,053 5,870 3,379 2,896 2,230
Q4	미션임파서블 4 삼총사 (3D) Contagion 신들의 전쟁 (3D) 마이웨이 外	-	Q4 (30,366천명)	부당거래 해리포터 초능력자 쩨쩨한 로맨스 황해	2,751 2,417 2,153 2,024 1,509
연간 관람객	?		연간 관람객	148,689천명	

출처: CJ CGV

2011년부터 등장한 3D 영화에 대해서 회사도 큰 기대를 걸고 분기마다 2~3편씩 상영할 계획이었습니다. 당시 3D 영화가 영화 시장의 판도를 바꾸던 시점으로 영화관 입장에서는 같은 관객수로 더 많은 돈을 벌 수 있는 기회였습니다.

HI Stock-Picking Idea

CJ CGV (079160)

민영상,이은정
미디어/엔터테인먼트 (2122-9193)
mys@hi-ib.com

3박자 성장 동력 이상무 – M/S 상승, 3D 확대, 해외진출

Buy (Maintain)

목표가(6M)	38,000원
종가(2011/09/23)	26,000원

Stock Indicator

자본금	286 억원
발행주식수	2,062만주
시가총액	5,361억원
외국인지분율	20.40%
배당금(2010)	250원
EPS(2011E)	2,525 원
BPS(2011E)	13,859 원
ROE(2011E)	18.5 %
52주 주가	23,800~32,000원
60일평균거래량	103,866주
60일평균거래대금	29.2억원

Price Trend

■ **3Q실적 시장기대 부합 예상. 영화성수기 및 3D영화 비중 확대 효과**

3분기의 경우 1) 영화성수기의 관람객수 증가와 2) 3D 영화비중 확대에 따른 ATP 상승 효과로 동사 실적은 시장기대치에 부합하는 양호한 성장세를 기록할 것으로 예상된다. 3분기 예상 매출과 영업이익은 전년동기대비 각각 13.7%, 7.8% 증가한 1,785억원과 348억원으로 추정되고, 직영 관람객수(1,504만명)와 ATP(8,246원)는 각각 6.4%, 7.0% 증가할 것으로 예상된다. 특히 3분기 흥행작인 '트랜스포머3(전체 누적관객수 779만명)' 에서의 3D 관람객 비중 증가(70% 수준 근접) 효과가 동사의 ATP 상승으로 이어진 것으로 파악된다.

■ **국내 영화상영 시장에서의 점유율과 지배력 상승 여력 충분**

동사 관객수 점유율은 2분기에 43.2%를 기록하였다(직영관람객수 점유율 31%상회). 하반기 신규 직영점(5개 오픈 예상)의 관객수 흡수 효과를 감안할 경우 2012년 전체 관람객 점유율(직영+위탁)의 44% 상회는 무난할 전망이다. 동사의 3D 영화비중은 트랜스포머3의 효과로 3분기 25% 수준으로 예상되는데, 이는 3D 대작인 '아바타' 효과가 극대화된 전년 1분기(27.6%)에 근접하는 수준이다. 이러한 3D영화 상영의 대중화 효과를 감안한다면 동사의 3D 영화관객 비중은 2~3년내 30~40% 수준에 무난히 도달하고 이는 ATP 상승에 의한 이익증가를 견인하는 동인으로 작용할 것이다.

■ **해외진출 강화는 중장기 성장동력. 투자의견 Buy(목표가 3.8만원)**

동사는 장기 성장동력 확보를 위해 중국시장에서의 출점 강화와 베트남 영화시장 진출(Mega Star 인수)에 주력하고 있다. 중국에서는 상반기 2개 사이트를 오픈하였고(현재 7개 보유), 하반기 3~4개 사이트를 추가 출점할 예정이다(2015년 60개 사이트 예상). 베트남 시장에 대한 투자(7,360만달러 투자)는 인수한 멀티플렉스(Mega Star)의 시장지배력(M/S 60% 수준)과 베트남 영화시장의 잠재 성장성 감안시 무리한 투자수준은 아니라고 판단되며, 오히려 중장기 동남아시아 시장진출의 핵심 교두보 역할 측면에서 긍정적 성장모멘텀으로 작용할 수 있을 것으로 예상된다.

FY	매출액 (억원)	영업이익 (억원)	순이익 (억원)	EPS (원)	PER (배)	EV/EBITDA (배)	BPS (원)	PBR (배)	ROE (%)	부채비율 (%)
2009	4,219	595	407	1,972	11.2	7.4	10,466	2.1	17.6	149.9
2010	5,032	670	333	1,617	17.3	8.0	11,725	2.4	13.6	143.1
2011E	5,513	770	521	2,525	10.3	6.7	13,859	1.9	18.5	134.2
2012E	6,133	892	604	2,927	8.9	6.1	16,463	1.6	18.4	132.5
2013E	6,838	1,003	680	3,298	7.9	5.5	19,522	1.3	17.7	124.0

자료 : CJ CGV, 하이투자증권 리서치센터
주 : 영업이익은 회사발표 기준

출처: 하이투자증권

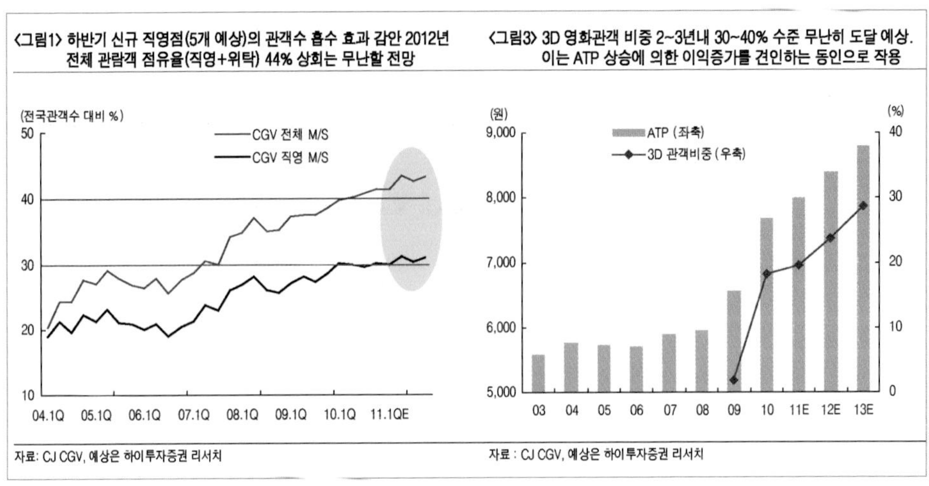

이 종목리포트에는 네 가지 중요한 내용이 포함돼 있습니다. 첫째, 3분기는 영화관 성수기여서 관객수가 증가하게 됩니다. 둘째, 3D 영화 비중 증가로 인한 ATP(평균 티켓 가격)Average Ticket Price 상승이 예상됩니다. 셋째, 시장점유율 44% 상회는 큰 문제가 없을 것으로 보입니다. 넷째, 중국 시장 출점을 강화하고 베트남에 진출할 예정입니다.

5단계: 과거 뉴스 검토

CJ CGV 관련 뉴스를 전부 검토했는데, 특히 해외 진출 뉴스들이 눈길을 끌었습니다. 한국 시장은 포화 상태라는 의견이 많았기 때문에 CJ CGV가 새로운 시장을 개척해야만 장기적으로 성장할 수 있다고 판단했습니다.

당시 CJ CGV의 터키, 중국, 베트남, 인도네시아, 미얀마, 미국 진출

관련 뉴스가 많았습니다. 그중에서도 2006년 중국 상하이에 멀티플렉스를 개관한다는 뉴스•와 2011년 베트남 영화시장에 진출한다는 뉴스••가 인상적이었습니다. 중국 뉴스가 인상적이었던 이유는 대기업 멀티플렉스가 해외에서 자체 브랜드로 문을 여는 최초의 사례였기 때문입니다. 베트남 관련 뉴스에서 눈 여겨 봤던 부분은 CJ CGV가 현지 시장점유율 60%인 영화관 체인을 인수해서 베트남에 진출한다는 내용이었습니다.

6단계: 회사에 직접 연락하기

1단계부터 5단계까지 조사하던 중 다음의 세 가지 의문사항이 생겼습니다.

| 질문 1: '기타 판매'가 무엇인가요? |

티켓 판매는 영화 티켓, 매점 판매는 팝콘이나 음료, 광고 판매는 영화 시작 전에 나오는 광고나 영화관 내 비치된 광고를 말합니다. 여기까지는 이해했는데 '기타 판매'가 무엇인지 물어봤더니, 영화관 안에 설치된 놀이기구나 오락실 등의 수익이 해당한다는 답변을 받았습니다. 가족 단위로 영화를 보러 오는 경우 자녀들이 주로 이용하기 때문

• 한국경제, 2006년 10월 16일, "CJ CGV '만리장성' 넘는다…대기업 멀티플렉스의 자체 브랜드로는 해외 첫 진출"

•• 뉴스핌, 2011년 7월 8일, "CJ CGV '베트남' 영화시장 전격 진출"

(단위: 백만 원, %)

	2008년		2009년		2010년		2011년 반기	
	금액	비중	금액	비중	금액	비중	금액	비중
티켓 판매	236,092	65.8	283,906	67.3	341,041	67.8	161,874	66.3
매점 판매	60,039	16.7	71,892	17	78,389	15.6	38,902	15.9
광고 판매	43,894	12.2	39,823	9.4	51,348	10.2	27,746	11.4
기타 판매	18,750	5.2	26,258	6.3	32,389	6.4	15,636	6.4
합계	358,775	100	421,878	100	503,167	100	244,158	100

출처: 전자공시시스템

에 기타 판매가 꾸준히 상승할 수밖에 없으며, 영화 시작 전 자투리 시간에 이용하는 고객들이 많다는 답변도 받았습니다.

| 질문 2: 해외 진출이 잘 진행되고 있나요? |

공시, IR 자료, 종목리포트, 해외 진출 뉴스 등 모든 정보들을 취합했을 때 투자하기 좋은 종목이라는 판단이 섰습니다. 확인차 회사에 연락한 결과 공시, IR 자료, 종목리포트, 뉴스의 내용들은 전부 사실이었고, 자기확신을 갖고 CJ CGV를 추천했습니다.

| 질문 3: 하반기에 기대할 만한 3D 영화가 있나요? |

정기적으로 영화를 보러 가는 사람들의 수요가 있지만 더 많은 사람들이 영화관을 찾게 만들기 위해서는 좋은 영화를 많이 상영해야 합니다. 이 좋은 영화가 3D 영화라면 영화관은 더 많은 이득을 챙길 수 있습니다.

매출에 도움이 될 하반기 상영 예정인 3D 영화에 대해 물어봤는데, 회사 측에서는 〈해리포터와 죽음의 성물〉과 〈트랜스포머3〉를 언급했습니다. 해리포터는 원작인 책이 많이 팔렸고, 마니아 층이 두터워 관객수는 어느 정도 보장돼 있다고 결론 내렸습니다. 트랜스포머도 1, 2편은 2D였지만 3편은 3D로 개봉할 예정이어서 기대를 걸어 볼 만하다고 생각했습니다. 3D 영화에서 사람들이 기대하는 요소는 작품성보다 '과학의 발전'이며, 액션 신이나 폭발 신을 화려하게 찍는 마이클 베이Michael Bay 감독과 3D의 만남은 관객들을 만족시키기 충분할 것이라고 판단했습니다.

매도 이유

종목을 추천하고 난 직후 주가가 2만 200원까지 떨어졌지만 금세 반등했습니다. 그리고 1년 동안 제자리걸음을 계속했습니다. 2011년 당기순이익이 386억 원이었고, 2012년 727억 원으로 약 88% 상승했지만 2012년 3분기까지 예상만큼 주가가 오르지 않았습니다. 그러다 주가가 오르기 시작했고, 잠깐 떨어졌다가 다시 급등해서 목표했던 시가총액인 8,500억 원에 도달하자 매도 신호를 보냈습니다.

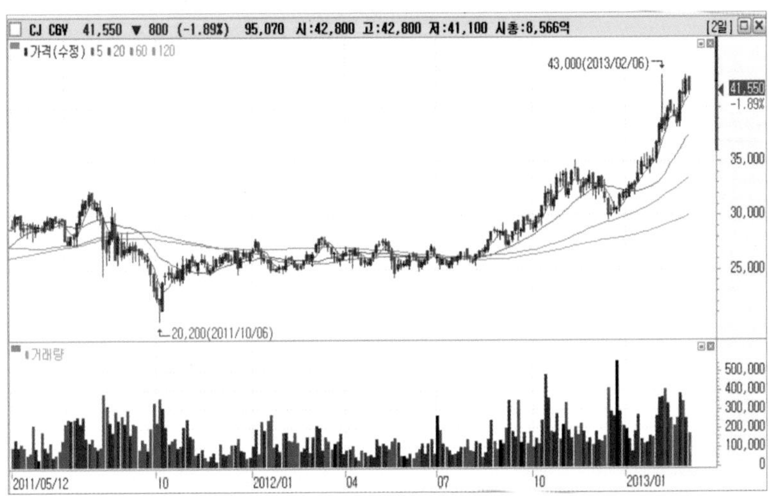

출처: 삼성증권

불곰's Pick

투자 성공 이유

1. 불곰 기준에 맞는 종목을 골랐다.
2. 실적이 좋으니 주가가 오르지 않아도 기다릴 수 있었다.
3. 운이 좋았다.